中國學術思想 研究輯刊

十 編

林 慶 彰 主編

第12冊

「管子四篇」的黃老思想研究

陳 政 揚 著

管子道法學述義

施 昭 儀 著

花木蘭文化出版社

國家圖書館出版品預行編目資料

「管子四篇」的黃老思想研究　陳政揚　著／管子道法學述
義　施昭儀　著 — 初版 — 台北縣永和市：花木蘭文化出版社，
2010〔民 99〕
目 2+130 面／序 2+ 目 2+70 面；19×26 公分
（中國學術思想研究輯刊　十編；第 12 冊）
ISBN：978-986-254-341-2（精裝）
1. 管子　2. 黃老治術　3. 法家　4. 研究考訂
121.617　　　　　　　　　　　　　　　　　　99016452

ISBN - 978-986-2543-41-2

9 789862 543412

中國學術思想研究輯刊
十　編　第十二冊　　　　　　ISBN：978-986-254-341-2

「管子四篇」的黃老思想研究
管子道法學述義

作　　者　陳政揚／施昭儀
主　　編　林慶彰
總 編 輯　杜潔祥
出　　版　花木蘭文化出版社
發 行 所　花木蘭文化出版社
發 行 人　高小娟
聯絡地址　台北縣永和市中正路五九五號七樓之三
　　　　　電話：02-2923-1455／傳真：02-2923-1452
網　　址　http://www.huamulan.tw 信箱 sut81518@ms59.hinet.net
印　　刷　普羅文化出版廣告事業
封面設計　劉開工作室
初　　版　2010 年 9 月
定　　價　十編 40 冊（精裝）新台幣 62,000 元

「管子四篇」的黃老思想研究

陳政揚　著

作者簡介

陳政揚，東海大學哲學系博士畢業。曾任職東海大學哲學系、靜宜大學通識教育中心兼任副教授。現職南華大學哲學系專任副教授。研究領域包括宋明理學、先秦儒道哲學、黃老哲學與法家哲學。著作有《孟子與莊子「內聖外王」比較》（2003）、《張載思想的哲學詮釋》（2007）及相關論文二十餘篇。

提　　要

　　「管子四篇」在當代中國哲學得到重視，主要是受到兩個重要事件的影響：其一，是在1944年，郭沫若先生主張應當將〈心術上〉、〈心術下〉、〈白心〉與〈內業〉等四篇，視為《管子》中的一個類集來研究；另一則是在1973年長沙馬王堆三號漢墓帛書的出土。前者使我們注意到「管子四篇」在《管子》書中的獨特性，後者則提供清楚的黃老思想風貌，使我們能藉此重新檢視包含《管子》在內的先秦經典，判讀何者可以歸屬於黃老學著作，以及哪些經典著作中又曾受到黃老思想影響。然而不可否認的是，從1944年至筆者寫作本論文當時（2000），關於「管子四篇」的研究，多數學者的主要關懷還是在修養論或政治思想上。至於「管子四篇」與《老子》書中的道論是否有繼承與轉化的關係？二者的道論又有何共通的觀點？彼此的根本差異為何？以及天道如何能下降為治道等等問題？都鮮少有學者以專書或專題論文的方式處理。基於此，本文嘗試從不同的思想面向上，探討「管子四篇」如何透過其「心術」觀，銜接天道與治道，進而發展為以「道」兼綜儒、墨、名、法以及陰陽各家所長，呈現出王霸雜陳、刑德並用風貌的南面之術。

目次

第一章 緒 論

　　《管子》中呈現黃老思想的篇章，當然不是只有〈心術〉等四篇，如果以「君人南面之術」爲標準，那麼整部《管子》都呈現這種政治哲學的風貌；如果是從「以道家思想爲基礎，雜採眾家之言」〔註1〕來檢選，那麼除了〈心術〉等四篇外，包括〈形勢〉、〈樞言〉、〈宙合〉、〈正〉、〈勢〉、〈水地〉、〈九守〉等篇在內的道家篇章，也都可以算是稷下黃老的作品。本文選擇〈心術上〉、〈心術下〉、〈白心〉、〈內業〉等四篇作爲主要論述的對象，除了「管子四篇」在《管子》黃老思想中，不論是在工夫論或者是「精氣說」，都有作爲專題討論的價值之外，更主要的是，從 1944 年至今，「管子四篇」〔註2〕作爲一個專題討論的對象，已經廣泛的爲學界所接受。基於上述兩點，本文將對〈心術上〉、〈心術下〉、〈白心〉、〈內業〉等四篇作專題性的論述。

第一節 「管子四篇」的作者

　　儘管《管子》書中〈心術上〉、〈心術下〉、〈白心〉、〈內業〉等四篇，早在宋代就已經有人將之視爲一組相關的文章討論。〔註3〕但是〈內業〉等四篇

〔註1〕 吳光，《儒道論述》，台北：東大圖書公司，1994 年 6 月，頁 31～46。

〔註2〕 基於行文的便利，在以下的討論中，筆者將《管子》書中〈心術上〉、〈心術下〉、〈白心〉、〈內業〉等四篇簡稱爲「管子四篇」。

〔註3〕 宋，張嵲曰：「管子，天下奇文也。〈白心〉〈心術〉上下〈內業〉諸篇，是其功業所本。」見《管子》，房玄齡注（一云：尹知章注），戴望校，冊一，商務印書館。轉引自楊儒賓，〈論「管子・白心、心術上下、內業」四篇的精氣說與全心論〉，《漢學研究》第 9 卷第 1 期，1991 年 6 月，頁 181。

在當代學界受到重視，卻是由於一個學派歸屬上的問題。

劉節先生於 1943 年，發表〈管子中所見之宋鈃一派學說〉〔註4〕一文，首先將「管子四篇」視爲宋鈃、尹文遺著。然而，眞正將「管子四篇」推入學界討論高峰的，卻是郭沫若先生。他以爲《管子》一書，應當「分析成若干類集以進行研究」。〔註5〕在這個原則下，1944 年，郭沫若先生在〈宋鈃、尹文遺著考〉〔註6〕一文中指出，《管子》書中〈心術〉、〈白心〉、〈內業〉、〈樞言〉等篇，爲宋鈃、尹文所著。雖然，其後郭沫若先生在〈稷下黃老學派的批評〉〔註7〕一文中所說的「管子四篇」，與〈宋鈃、尹文遺著考〉一文略有不同，指的是〈心術上〉、〈心術下〉、〈白心〉、〈內業〉等四篇，不過，郭沫若先生並未交代這項轉變的原因。儘管這項意見仍然有可議的空間，但是，正如馮友蘭先生所說：「指出這四篇在哲學史上的價值，並加以仔細的考訂分析，這個功勞屬於郭沫若先生的。」〔註8〕

大抵而言，我們可以將討論「管子四篇」究竟應該歸屬哪一個思想派別的看法，歸類爲以下幾種：

1.「宋尹遺著說」

郭沫若先生以爲四篇是「宋尹遺著」。但是，〈白心〉是尹文所著，而〈心術上、下〉和〈內業〉是宋鈃所著；而且〈心術下〉是〈內業〉不全的底本。劉、郭二人以爲「管子四篇」與宋鈃、尹文都有一套心靈理論以及與這一套心靈理論相應的政治倫理學說，最重要的是「管子四篇」與宋鈃、尹文的這些理論都恰好互相吻合，因此論證「管子四篇」乃是宋鈃、尹文遺著。這種說法引發許多不同的意見，因此有以下幾種說法予以駁斥。

2.「田駢、慎到說」

〔註4〕 劉節，〈管子中所見之宋鈃一派學說〉，《說文月刊》，1943 年，後收入《古史考存》，香港：太平書局，1963 年。

〔註5〕 見郭沫若，〈侈靡篇的研究〉，《奴隸制時代》，頁 149，頁下注。收於《郭沫若全集・歷史篇》第三卷，北京：人民出版社，1982 年。

〔註6〕 此文 1945 年收入《青銅時代》，見郭沫若，〈宋鈃、尹文遺著考〉，《青銅時代》，重慶：文治出版社，1945 年。後收入《郭沫若全集・歷史篇》，卷 1，北京：人民出版社，1982 年。

〔註7〕 郭沫若，〈稷下黃老學派的批評〉，《十批判書》，北京：東方出版社，1996 年，頁 156～191。

〔註8〕 馮友蘭，〈先秦道家所謂道底物質性〉，《中國哲學史論文集》，上海人民出版社，1958 年，頁 127。

　　裘錫圭〔註9〕先生在早年的研究中，將「管子四篇」一分為二，〈內業〉與〈心術下〉先存而不論，以為〈心術上〉與〈白心〉可能是田駢、慎到的作品。朱伯崑〔註10〕先生則說：「由於史料缺乏，雖然還不能斷定這四篇的作者是誰，但就其思想體系看，可以肯定是慎到一派的著作」。〔註11〕吳光〔註12〕先生則持保留的態度說：《管子》四篇的作者問題，諸說不一，因為史料缺乏，現在很難斷定。從其內容與稷下道家學派『學黃老（應為學老子）道德之術，因發明序其指意』的傾向分析，四篇應是稷下道機學者所著。再從其緣道德、兼禮法的傾向與〈天下〉、〈非十二子〉所論田駢慎到思想具有共同特點來看，則四篇有可能是田駢、慎到學派的作品。但作者究竟是誰？不敢妄斷，且存疑以待賢者深考。」〔註13〕由此可見，「田駢、慎到」說仍有不足之處。

3.「稷下黃老學派說」

　　馮友蘭〔註14〕先生以為《管子》一書是稷下學術中心的一部論文總集。而四篇並非宋尹遺著，而是稷下黃老之學的論文。白奚〔註15〕先生以為，四篇由於側重以道家哲學論說法家政治的理論建設工作，並同時注重吸收別家的長處，因而通常被視為《管子》中的稷下黃老學派之作品。〔註16〕這是較為保守的說法。

4.「管仲學派說」

　　張岱年先生則以為，「管子四篇」既非郭、劉二人所主張的「宋、尹遺著說」，也不是裘、朱兩人所說的「田駢、慎到說」，而應該是戰國時齊管仲學派所著。〔註17〕

　　關於「管子四篇」究竟為何人所作這一個問題，首先，我們可以發現在

〔註9〕 裘錫圭，〈馬王堆帛書《老子》甲乙本卷前後佚書與「道法家」〉，《中國哲學》第 2 輯，1993 年。

〔註10〕 朱伯崑，〈管子四篇考〉，《中國哲學史論文集》第 1 輯，濟南：山東人民出版社，1979 年。

〔註11〕 同上，頁 113。

〔註12〕 吳光，《黃老之學通論》，大陸：浙江人民出版社，1985 年，頁 99。

〔註13〕 同上，頁 99～100。

〔註14〕 馮友蘭，《中國哲學史新編》第二冊，北京：人民出版社，1984 年 10 月。

〔註15〕 白奚，《稷下學研究——中國古代的思想自由與百家爭鳴》，北京：三聯書店，1998 年 9 月。

〔註16〕 同上，頁 220。

〔註17〕 張岱年，《中國哲學史料學》，北京：三聯書店，1982 年，頁 156。

前輩學者們的討論中，不論是將「管子四篇」歸屬於哪一個學派，都會產生
與所欲歸屬的學派間的不侔之處。例如宋鈃、尹文所主張的「禁攻寢兵」便
與〈白心〉所說的「兵不義不可」不合，而向來被視為「宋、尹遺著說」重
要論證依據的「白心」、「情欲寡」、「別宥」等概念，朱伯崑先生也指出，《莊
子・天下》所述的宋、尹之「白心」概念，指的是「表白心意」，而不是某種
治心工夫。宋、尹所說的「情欲寡」，是指人的本性其欲即寡，但是，「管子
四篇」所說的則是「虛欲去智」的治心工夫。至於「別宥」之說，宋、尹是
將其與寬容的思想連結在一起，而不是如「管子四篇」所說的是一種虛靜無
為之術。〔註18〕至於「管子四篇」所清楚呈現的「治國之本在於治心」這個
部分，卻也不見於田駢、慎到思想中。因此，裘錫圭先生說：

> 現在看來，無論把〈心術〉等四篇定為宋鈃、尹文學派著作，還是
> 定為慎到、田駢學派著作，證據都嫌不足。〔註19〕

其次，從「管子四篇」所呈現的思想內容來看，「管子四篇」屬於稷下黃
老思想的作品，這一點應該是較為多數學者所認同的。〔註20〕基於上述兩個
原因，筆者以為蒙文通先生之說頗為中肯，蒙文通先生以為：

> 《管子》中的〈心術〉、〈內業〉、〈白心〉等篇，我以前認為是慎到、
> 田駢的學說，也有同志從「白心」二字著眼，認為這幾篇是宋鈃、尹
> 文的學說，如果從或使論來看，也可以說是接子的學說，〈白心〉一
> 篇把「或使」理論闡發的很透明，以見前論，此不贅述。〔註21〕總的
> 來說，這些學者都是黃老派，他們同在稷下，必然互相影響，說這幾
> 篇書是黃老派的學說就可以了，似不必確認其何人的書。〔註22〕

〔註18〕詳見朱伯崑，〈管子四篇考〉，《中國哲學史論文集》第一輯，濟南：山東人民
出版社，1979 年；或楊儒賓，〈論《管子》四篇的學派歸屬問題——一個孟子
學的觀點〉，《鵝湖學誌》第 13 期，1994 年 12 月。

〔註19〕裘錫圭，〈稷下道家精氣說的研究〉，《道家文化研究》第二輯，1992 年，頁
167～168。

〔註20〕吳光先生從「管子四篇」尚未形成兼綜陰陽、儒、墨、名、法、道各家理論
的理論體系這一點上，認為「管子四篇」並非黃老之學的作品。但是吳光先
生也認為，從「管子四篇」的內容上看，「管子四篇」與稷下道家學派「學黃
老道德之術，因發明序其指意」的傾向一致。見吳光，《黃老之學通論》，大
陸：浙江人民出版社，1985 年，頁 93～99。

〔註21〕見蒙文通，〈楊朱學派考〉，《古學甄微》，頁 256～257。

〔註22〕蒙文通，〈略論黃老學〉，《中國哲學思想探源》，台北：台灣古籍出版社，1997
年，頁 392。

因此，在更具決定性的證據出現之前，本文接受蒙文通先生的看法，不將「管子四篇」硬性歸屬於某學派之作，而將之視爲代表稷下黃老思想的作品。

第二節　「管子四篇」的寫作時間

關於「管子四篇」的寫作年代，從歷史發展而言，「管子四篇」既然是稷下黃老思想的作品，那麼「管子四篇」的寫作年代，應該就是在稷下學宮興盛至衰亡的這段期間內最有可能。根據東漢末徐幹《中論·亡國篇》記載：

> 齊桓公（指威王之父，桓公午）力稷下之官，設大夫之號，招致賢
> 人而尊寵之。自孟軻之徒皆由於齊。〔註23〕

稷下學宮歷經桓公、威王的創建發展，至宣王、湣王的最爲興盛，到襄王、王建時的日見衰敗，及秦滅六國，學宮結束，稷下學宮約有 145 年的歷史。〔註24〕「管子四篇」作爲活躍於稷下學宮的稷下黃老思想的代表作品，應當是在這一段期間中完成的。就思想發展上而言，我們應該首先留意到，稷下黃老思想「因陰陽之大順，采儒墨之善，撮名法之要」的思想特色。由於稷下黃老思想是以道論爲核心，有系統的兼採儒、墨、名、法、陰陽各家的思想，進而發展成爲以「君人南面之術」爲主的學說。因此，稷下黃老思想在消化、吸收各家思想這一過程上，必然需要經過一段不短的醞釀期。所以，「管子四篇」的寫作期間應該不會在稷下學宮成立的早期，而應該是中、晚期的事。這一點也與吳光先生以及羅根澤先生等人的推斷相符。因此筆者以爲，在還未有更具代表性的證據出現前，將「管子四篇」的寫作年代大約定在戰國中、晚期，應該是較爲穩當的推斷。

第三節　「管子四篇」屬於同一個思想體系

討論「管子四篇」否屬於同一個思想體系這樣一個問題，是由「管子四

〔註23〕關於齊桓公創立稷下學宮之說，錢穆先生以爲此說「《中論》以外無言者」，乃爲孤証。孫開泰先生則進一步主張，稷下學宮應該創立於齊威王初年。不過在本文的論述中，是以稷下學宮的存在「最早不會早於哪一個年代」爲推論上限，因此，依舊採取文獻上最早的記載作爲推論的上限。關於孫開泰先生的主張，見〈稷下學宮創建于齊威王初年考辨〉，《管子學刊》1994 年第 1 期。

〔註24〕胡家聰，《稷下爭鳴與黃老新學》，北京，中國社會科學院，1998 年 9 月。楊寬，《戰國史》，上海人民出版社，1957 年 5 月。

篇」應該歸屬於哪一個學派,這一個問題所衍生出來的。裘錫圭先生早年以為〈心術上〉與〈白心〉是道家田駢、慎到一派的作品,因此將二者與〈內業〉、〈心術下〉兩篇分開來討論。〔註25〕祝瑞開先生則以為「管子四篇」是從先秦道家分化出來的唯物主義派別,其中〈心術上〉與〈白心〉一派為道法結合,而〈心術下〉與〈內業〉一派為儒道結合。然而,如果我們仔細檢視「管子四篇」所處理的問題以及處理的方式,我們就可以發現〈心術上〉〈心術下〉〈內業〉〈白心〉等四篇之間存在著一貫的關係。丁原明先生在其《黃老學論綱》一書中曾說:

> 儘管這四篇中每篇的內容各有側重,但其哲學觀點大體相同,諸如修養內心、保蓄精氣、抱虛守靜、排除嗜欲與成見等,幾乎為它們所共同論及;並且其基調則講治國與治身、內治與外治的統一,從特定的層面對原始道家的內在結構進行了調整,將其指向了入世的領域。因此,〈心術上〉等四篇應是稷下黃老學的代表作,不管它們出自於誰人之手,但都屬於同一個思想體系。〔註26〕

此外,我們還可以從以下的這幾個方面,說明「管子四篇」應該屬於同一個思想體系。首先,〈心術上〉〈心術下〉〈內業〉〈白心〉等四篇的篇名都是有意義的,就像是《荀子》、《韓非子》書中的篇名一樣,通常是用以標明一篇之大要,而不是如同《論語》、《孟子》等書,用篇首的二、三字做為篇名。從「管子四篇」的篇名以及其內容可以發現,〈心術上〉〈心術下〉〈內業〉〈白心〉等四篇所處理的,都是某種內在的心性之學。其次,「管子四篇」均出現「治國之本在於治心」的觀點,主張從治心之理來契合治國之道,並且都強調喜、怒、哀、樂、欲對於人的傷害,而在其心性之學上,皆採取「虛欲去智」的治心工夫。再者,儘管在內容上四篇各有側重,但是,四篇都是以「道」作為其思想的最高範疇,由天道下降為治道,主張國君應該用虛一靜因之術去統治,強調君臣異道,結合刑名與法,呈現出刑德並用、王霸雜陳的黃老思想。〔註27〕

〔註25〕裘錫圭,〈馬王堆《老子》甲乙本卷前後佚書與道法家——兼論《心術上》《白心》為慎到田駢學派作品〉,《中國哲學》第 2 期,1980 年 3 月。

〔註26〕丁原明,《黃老學論綱》,山東:山東大學出版社,1997 年 12 月,頁 142。

〔註27〕上述的這些思想特質,不但和 1973 年長沙馬王堆三號漢墓出土的黃老帛書,所呈現的思想一致,也和司馬談〈論六家要旨〉中所說的黃老道家思想相符。由此可以証明「管子四篇」,當為黃老思想作品無誤。

基於上述理由，筆者以爲，〈心術上〉〈心術下〉〈內業〉〈白心〉等四篇應該被視爲同一個思想體系。

第四節　「管子四篇」黃老思想探究之價值

西元前四世紀中葉，歷史步入了戰國中期，[註28] 田氏爲了鞏固剛獲得的齊國政權，在齊都臨淄的稷門之外，設立了促成日後百家爭鳴的稷下學宮。儒、墨、名、法、道德、陰陽各家，在這裡相互激盪、相互影響，從而激發出無數的思想火花。「管子四篇」作爲一度活躍於稷下學宮的黃老思想家們的作品，正記錄著這些思想交流的結果。

郭沫若先生將《管子》分爲若干類集的主張，使我們首先重視到「管子四篇」在《管子》中的獨特地位。1973 年，長沙馬王堆三號漢墓出土的「黃老帛書」，[註29] 則爲「黃老思想」提供了明確的風貌，使我們能以黃老帛書所呈現的思想風貌爲基礎，重新檢視包含《管子》在內的先秦以前的典籍。這都對「管子四篇」在當代中國哲學史上的研究，造成深遠的影響。從 1944 年至今（1999AD.），關於「管子四篇」的研究，除了前述由追問「管子四篇」的作者以及寫作年代出發，這一個面向之外，有的從心理學的角度出發，[註30] 有的從身體觀出發，[註31] 也有從「道論」[註32] 或者是「認識論」[註33] 出發的，

〔註28〕關於戰國時期的開始年代，學術界的認知不統一，一般主張以西元前 403 年三家分晉，作爲進入戰國時代的序幕，也有學者主張以西元前 473 年越王句踐滅吳的次年，作爲銜接春秋時代的結束。本文爲了論述的方便，根據第二種說法，以西元前 473 年爲上限，前 221 年爲下限，以西元前 473～389 年爲戰國早期，前 388～304 年爲中期，前 303～221 爲晚期。

〔註29〕由於馬王堆三號漢墓出土的隸篆雙體《老子》附抄古佚書都無篇題，而且在定名上爭議頗多，在此爲了行文方便，筆者以爲可以依循陳麗桂先生的看法：「不論它們是否真如唐蘭諸人所說，就是《黃帝四經》和《伊尹九主》，它們都是研究戰國秦漢之際黃老思想最直接有利的資料與證據，我們姑且稱之爲『黃老帛書』。見陳麗桂，《戰國時期的黃老思想》，台北：聯經出版社，1991 年，頁（三）。

〔註30〕例如，林之達，〈《管子·心術》篇的心理學思想〉，《西南師院學報》，1982 年第 3 期。

〔註31〕例如，楊儒賓，〈論「管子·白心、心術上下、內業」四篇的精氣説與全心論——兼論其身體觀與形上學的聯繫〉，《漢學研究》第 9 卷第 1 期，1991 年 6 月。

〔註32〕例如，楊陰樓，〈《管子》道論的特色〉，《管子學刊》，1991 年第 4 期；滕復，〈黃老哲學對老子「道」的改造和發展〉，《哲學研究》，1986 年第 9 期；以及

當然，也不乏整體宏觀的研究著作，胡家聰〔註34〕與白奚〔註35〕兩位先生，將之放在稷下學的思想脈絡下省思，以及陳麗桂〔註36〕先生以黃老帛書的思想體系為基礎，重新檢視「管子四篇」的思想內容，都在「管子四篇」黃老思想的研究上，有顯著的成就。但是，不可否認的，大多數學者的主要關懷還是在它的政治思想和修養理論方面，至於「管子四篇」和《老子》道論間的關係，雖然已經逐漸走出舊日窠臼，不在侷限於唯心、唯物的區別，可惜仍然較少觸及「管子四篇」何以能轉化《老子》道論，成為以「道」為核心兼綜各家之學的南面之術這一問題。本文通過分析「管子四篇」與《老子》道概念在實踐性格上的不同，嘗試回答上述的問題，此即〈第二章　稷下黃老的產生背景及其道論〉的論述動機。

其次，雖然以「黃老帛書」的思想體系為基礎重新檢視「管子四篇」，的確使我們能更充分掌握它與帛書在思想上的一致性，然而，我們可以追問的是：「管子四篇」黃老思想除了與帛書間的這種一致性之外，是否有自身所要處理的核心議題呢？我們將在〈第三章　「管子四篇」的精氣說〉中，處理這一個問題。

再者，從〈心術上〉、〈心術下〉、〈白心〉、〈內業〉等四篇篇名以及內容，可以得知，這四篇都與某種心靈理論有關，但是，是否「管子四篇」的心靈理論最後都只能導向心理學或是修養論上呢？此外，「管子四篇」與《莊子》同樣都受到《老子》的影響，兩者又同處於戰國亂世，〔註37〕那麼《管子》的「心

周立升、王德敏，〈《管子》中的精氣論及其歷史貢獻〉，《哲學研究》，1983年第 5 期。

〔註33〕 例如，林永光，〈《管子》認識論初探〉，《中國哲學史研究》，1988 年第 2 期；周立升、王德敏，〈評《管子》書中「靜因之道」的認識論〉，《文史哲》，1984年第 3 期。

〔註34〕 胡家聰，《稷下爭鳴與黃老新學》，北京，中國社會科學院，1998 年 9 月；以及《管子新探》，中國社會科學出版社，1995 年。

〔註35〕 白奚，《稷下學研究：中國古代的思想自由與百家爭鳴》，北京：三聯書店，1998 年 9 月。

〔註36〕 陳麗桂，《戰國時期的黃老思想》，台北：聯經，1991 年 4 月。

〔註37〕 莊子的生平年代在學界的意見並不一致，但是，根據黃錦鋐先生在《新譯莊子讀本》一書中所列的「莊子生卒年異說表」，莊子的年代，最早不會先於西元前 370 年，最晚不會後於西元前 270 年，根據前注 26，可以推斷莊子的年代應當是處於戰國中晚期。見黃錦鋐，《新譯莊子讀本》，台北：三民書局，1998 年 3 月，十四版，頁 4～5。

術」與《莊子》的「心齋」，以及《孟子》心氣論之間，是否存在著相同或者是相異之處呢？這都是〈第四章　「管子四篇」的心術〉所要討論的內容。

最後，黃老思想最主要的特色就是降天道以爲治道、推天理以爲人事的南面之術。所以，討論「管子四篇」是如何將「心術」落實爲「治術」，就成爲處理「管子四篇」無可避免的議題。我們將討論：體道的聖人（國君）是如何將虛無無形的天道，轉化爲「督言正名」、「知時斷事」、「刑德並用」的統治之道。這就是〈第五章　從治心到治國〉的具體內容。

總括以上的課題，筆者冀盼能通過文獻的詮解與論理的推証，尋找可能的答案。

第二章　稷下黃老的產生背景及其道論

第一節　黃老思想的契機

　　「黃老」一詞首先見於《史記》，多數學者認為它是黃帝〔註1〕、老子的合稱。〔註2〕儘管「黃老」學說中，關於老子的思想仍然有流傳，而《史記·老莊申韓列傳》也說：「韓非者，韓之諸公子也。喜刑名法術之學，而其歸本於黃老」，《漢書·司馬遷傳》說：「自曹參薦蓋公言黃老，而賈誼、朝錯明申韓，公孫弘以儒顯，百年之間，天下遺文古事靡不畢集。」，而東漢王充也說：「賢之純者，黃、老是也。黃者，黃帝也；老者，老子也」。〔註3〕但是，「黃老」學說中的「黃」究竟指的是什麼？過去卻並不清楚。例如周紹賢先生就說：「黃帝書中之言論，亦即老子所祖述者。為至戰國始著成專書而已；故黃老之學，即道家之學。……老子之書與黃帝之書同意；道家由老子溯及黃帝，因而專治老子之學者，亦稱黃老。」，〔註4〕侯外廬先生也說：「漢代在初期與末期，都借助老莊，初期試求復古於老莊，以與儒學相抗，末期再試求復古

〔註1〕　這裡指的是黃帝書，它是以黃帝故事為形式的一類書。見李零，〈說"黃老"〉，《道家文化研究》第五輯，頁142～146。
〔註2〕　也有學者持不同的意見，例如，夏曾佑先生以為黃老之黃是黃生（見傅斯年，《傅孟真先生集》第二冊中篇丙，《戰國子家序論》，台北：台灣大學，1952年，頁39。）；李歷城先生懷疑黃老原非指黃帝、老子，而是指張良所見的黃石公（見李歷城，《司馬遷之人格與風格》，台北：漢京文化公司，1983年，頁9。以上兩說，江璋先生（《讀子卮言》，廣文，頁92～93。）和王叔岷先生（見《黃老考》該文附於王先生《莊學管闚》，藝文，頁161；或〈司馬遷與黃老〉，《文史哲學報》（台灣大學）1981年12月第30期。）都分別有所駁斥。）
〔註3〕　王充，《論衡·自然》，台北：中華書局四部備要本，第18卷，頁4～5。
〔註4〕　周紹賢，〈黃老思想在西漢〉，《政大學報》1972年12月第26期。

於老莊，以代替儒學」〔註5〕這樣的誤解當然是出於資料的不足，因而將《史記》中所說的「道家」和「老莊」一類的道家混爲一談了。

1973 年對於從事黃老學研究的學者們而言是重要的一年，由於這一年長沙馬王堆三號漢墓帛書的出土，我們才得以直接接觸到黃老學說的思想內容。從出土的「黃老帛書」的內容裡，我們至少知道以下這幾件事：

1. 《史記》中說的「黃老之術」或「黃老言」是確實存在的。

2. 《史記》有時也稱「黃老思想」爲「道論」，治黃老言的人爲「道家」。但是從「黃老帛書」的內容裡，我們知道史記中所說的「道家」和「老莊之流的道家」是不一樣的。

3. 「黃老帛書」中所呈現的「黃老思想」是一種結合道法，兼包陰陽、儒、墨、名等家思想的龐雜體系。《經法‧道法》說：「道生法。法者，引得失以繩，而明曲直者直也。」；《十六經‧觀》說：「其明者以爲法，而微道是行。」；《稱》又說：「凡論必以陰陽□【明】〔註6〕大義」，皆可以爲明證。

由於「黃老帛書」的出土，使我們有機會重新檢視盛行於戰國中期至西漢初的黃老思想的實質內容。在接下來的討論中，我們將以「道」範疇爲主軸，討論幾個存在於稷下黃老思想中的問題。〔註7〕

第二節　稷下學宮的產生背景

壹、稷下學宮的產生

在討論稷下黃老之前，筆者以爲有必要先說明稷下黃老的重要發源處——「稷下學宮」的產生背景。「稷下」一詞首見於韓非子。〔註8〕劉向《別錄》

〔註5〕 侯外廬，《中國思想史》卷2，大陸：人民出版社，1992 年，頁 59。

〔註6〕 所缺之字，帛書小組經法本補爲「明」。陳鼓應先生以爲缺字也可能是「之」字。見陳鼓應，《黃帝四經今註今譯》，台北：台灣商務，1995 年 6 月，頁 464～465。

〔註7〕 由於「道家」一語在接下來的討論中可能有歧異性，所以筆者以爲當有所區分，由於司馬談在〈論六家要旨〉中所談的道家，有別老莊一系的道家而又足以代表黃老思想，故稱之爲「黃老道家」，而以老、莊思想爲主的道家，稱之爲「老莊道家」，至於稷下學宮中以黃老想爲中心的道家，則稱之爲「稷下黃老道家」或「稷下道家」。

〔註8〕 《韓非子‧外儲說》：「兒說，宋人，善辯者也。持白馬非馬也服齊稷下之辯

說：「齊有稷門，城門也，談說之士期會於稷下也」，「稷下」當指稷門之下。
〔註9〕司馬遷談到稷下學宮時說：「齊王喜文學遊說之士，自如鄒衍、淳于髡、田駢、接輿、慎到、環淵之徒七十六人，皆賜列第，爲上大夫，不治而議論。是以齊稷下學士復興，且數百千人。」（《史記·田敬仲完世家》），可爲稷下學宮勾勒出一個陣容龐大、學風鼎盛的輪廓。關於稷下學宮的形成，白奚先生說：「稷下學宮的出現不是偶然的，它是齊國三百年養士傳統和政策的最終產物」〔註10〕在這個認知基礎下，筆者以爲稷下學宮的形成有以下幾個原因：

1. 雄厚的經濟基礎

姜尚（太公）封齊時，採取了因其俗，簡其禮，通工商之業、漁鹽之利的措施，爲齊國打下了良好的經濟基礎。管仲輔佐桓公時，又修舊法、廢除井田制，並且積極發展工商業，更促成了齊國成爲經濟大國。《戰國策·齊策》引蘇秦的話說：「齊地二千里，帶甲數十萬，粟如山……臨淄甚富而實……臨淄之途，車轂擊，人肩摩，連衽成帷，舉袂成幕，揮汗成雨，家敦而富，志高氣揚。」爲齊國的富強做了生動的描繪。對於要支持像稷下學宮這種龐大的學術機構，使學者們能「不治而議論」並且「貲養千鍾」、「開第康莊之衢、高門大屋尊寵之」（《史記·孟荀列傳》），沒有雄厚的經濟條件是不可能辦到的。

2. 良好的思想傳統

桓公聽管仲之言，效法「先王」開設一個議政機構——「嘖室之議」〔註11〕（《管子·桓公問》），這對於學術風氣的活躍、人才的聚集都產生了積極的作用。

者，乘白馬而過關，則顧白馬之賦。故籍之虛辭則能勝一國，考實按形不能謾於一人。」

〔註9〕 關於稷門所在，一說爲齊城西門，唐司馬貞《索隱》引《齊地記》：「齊城西門側，系水左右有講室，趾往往存焉」；一說爲齊城南門，見〈臨淄齊國故城勘探紀要〉（《文物》1972年5月），根據董治安，王志民二位所說，稷門當爲齊城南門（見〈試論稷下學宮的地理位置和政治性質〉，《齊魯學刊》1983年第1期，頁24。）

〔註10〕 白奚，《稷下學研究：中國古代的思想自由與百家爭鳴》，北京：三聯書店，1998年9月，頁35。

〔註11〕 《管子·桓公問》：「齊桓公問管子曰：『吾念有而勿失，得而勿忘，爲之有道乎？』對曰：『勿創勿作，時至而隨，毋以私好惡害公正，察民所惡以自爲戒。黃帝立明臺之議者，上觀於賢也，堯有衢室之問者，下聽於人也。舜有告善之旌，而主不蔽也。禹立諫鼓於朝，而備訊唉。湯有總街之庭，以觀人誹也。武王有靈臺之復，而賢者進。此古聖帝明王所以有而勿失，得而勿忘者也』。桓公曰：『吾欲效而爲之，其名云何？』對曰：『名曰嘖室之議』」。

當魏惠王向齊威王誇耀「有徑寸之珠照車前後各十二乘，吉十枚」時，威王回答說：「寡人之所以為寶與王異。吾臣有檀子者，使守南成，則楚人不敢為寇東取，泗上十二諸侯皆來朝。……吾臣有種首者，使備盜賊，則道不時遺，將以照千里，豈特十二乘哉！」〔註12〕由上可知，齊國禮賢下士，視賢士為瑰寶的風氣是由來已久的。而這種風氣正是形成稷下學宮所不可缺少的。

3. 時代的趨勢

《史記‧太史公自序》曰：「春秋之中，弒君三十六，亡國五十二，諸侯奔走不得保其社稷者不可勝數」突顯了整個社會的動亂與國家的競爭。社會動亂使得有一定知識和專長的士階級成為社會中的游離分子；國家的競爭使得各國的國君為了鞏固自己的地位必須增加自己的實力，《管子‧霸言》說：「夫爭天下者必先爭人，明大數者得人，審小計者失人。得天下之眾者王，得其半者霸。是故聖王卑禮以下天下之賢而王之，均分以釣天下之眾而臣之....」是以養士之風成為春秋戰國無法避免的趨勢；而士階層也紛紛以己之所學，尋覓名主、一展所長，如《漢書‧藝文志》所說：「諸子十家……各引一端，崇其所善，以此馳說，取合諸侯」。

4. 政治上的需要

田和將齊康公流放到海外，進而取代為齊王。田氏代齊之後，為了鞏固剛剛到手的政權採取了一系列措施，其中首要的就是為自己正名，申明田氏取代姜氏不是篡國違禮，而是具有宗法的合理性，應該得到諸侯的認可。齊威王鑄鼎聲稱：「皇考孝武桓公（陳午侯）恭哉，大謨克成。其唯因齊，揚皇考昭統，高祖黃帝，邇嗣桓文，朝向諸侯，合揚厥德。」〔註13〕這項舉動表示齊威王不僅要維護自己的統治，使「子子孫孫永保用」；〔註14〕更要稱霸天下。田氏尊黃帝的目的一方面顯然是附會和利用黃帝戰勝炎帝而有天下的歷史傳說，論證田齊取代姜齊的合理性；另一方面也為日後的王霸之業製造了輿論。〔註15〕

從稷下學宮的發展背景可以發現，得天獨厚的雄厚經濟基礎和長久以來的重士風氣，提供了學術交流、百家爭鳴的條件；而從政治上的需求來說，

〔註12〕 轉引自郭志坤，〈簡論稷下學宮〉，《齊魯學刊》1982 年第 1 期，頁 28～29。

〔註13〕 《陳侯因資敦》銘文，轉引自民國九年篡修的《臨淄縣志》。

〔註14〕 同上。

〔註15〕 見張福信，〈關於稷下學昌盛的理由〉，《齊魯學刊》1983 年第 1 期；白奚，《稷下學研究：中國古代的思想自由與百家爭鳴》，北京：三聯書店，頁 94。

稷下學者也爲齊王正名、稱帝的企圖提供了輿論上的支持。

　　根據前述可以發現，稷下學宮有很大的一部份是出於政治上的需求而成立的。不論是爲了提昇齊國於列強之中的競爭力，或是爲了替田氏篡齊取得合理的說明，都反應了齊國希望在亂世之中保有一席之地，進而稱霸天下的政治需求。是以田駢以道術遊說齊王，齊王會對田駢說：「寡人所有者齊國也，道術難以除患，願聞齊國之政」（《呂氏春秋‧執一》），這同孟子見梁惠王，梁惠王劈頭就問：「叟不遠千里而來，亦將有以利吾國乎？」（《孟子‧梁惠王章句上》）是同樣的道理。因此，從稷下學宮成立的目的上來說，稷下學風的政治性是十分明顯的。在這種以政治實踐爲主導的氣氛下，稷下學者雖說是「不治而議論」，但是談論的議題多半還是圍繞著政治方面的事居多，是以《鹽鐵論‧論儒》說稷下先生「不任職而論國事」。學者們圍繞著相似的議題各自抒發己論，自然擦出許多火花，甚至開創出許多前人所未曾思及的問題和解決之道。在這種氣氛下，如果說各家學者不曾在自己的學說下反思這些議題，並且嘗試提出解決應對的方法，似乎是說不通的。因此，《荀子》書中出現與黃老思想相近的說法，〔註16〕以及孟子的「浩然之氣」與稷下黃老之學的「精氣說」間所存在的相似性，〔註17〕都只是更加證明了學者們在稷下學風的影響之下，都不可避免的針對當時的議題將自身的學說架構有所增減發揮。

　　齊王以「有智爲寡人用之」（《說苑‧尊賢》）的態度對待來自四方的各家學者，重視的是能否爲齊王、齊國解決眼前的問題和增加最大的利益，因此稷下學者各展其長。百家爭鳴的結果一方面突顯了各家學說間的差異性；〔註18〕但是，另一方面，齊王的態度也促成了思想的交流與整合。以「道

〔註16〕《荀子‧君子》：「天子無妻，告人無匹也。四海之內無客禮，告無適也。足能行，待相者然後進；口能言，待官人然後詔。不視而見，不聽而聰，不言而信，不慮而知，不動而功，告至備也。天子也者，埶至重，形至佚，心至愈，志無所詘，形無所勞，尊無上矣。《詩》曰：『普天之下，莫非王土；率土之濱，莫非王臣。』此之謂也」趙吉惠先生以爲這一番話和《黃帝四經》、《文子》所反應的「無爲而治」的君人南面之術是完全一致的。見趙吉惠，〈論荀學是稷下黃老之學〉，《道家文化研究》第四輯，1994年3月，頁113。

〔註17〕關於這方面的文章可參考孫開泰，〈稷下黃老之學對孟子思想的影響〉，《道家文化研究》第6輯，1995年6月；白奚，〈《管子》心氣論對孟子思想的影響〉，《道家文化研究》第6輯，1995年6月；楊儒賓，〈論《管子》四篇的學派歸屬問題──一個孟子學的觀點〉，《鵝湖學誌》1994年12月第13期。

〔註18〕孟子說：「楊氏爲我，是無君也。墨氏兼愛，是無父也。無父無君，是禽獸也。」

論」為主，兼採陰陽、儒、墨、名、法各家學說之「善」的稷下黃老，就是在這種背景下產生的。

貳、稷下黃老對於陰陽、儒、墨、名、法各家學說的整合與吸納

由於在《老子》中，並沒有主張透過仁、義、禮、法等等範疇，來重建周文疲弊後的價值理序，所以和儒、法兩家對於「仁、義、禮」、「法」的主張不同；而《老子》說：「道可道，非常道。名可名，非常名」，而且罕言陰陽，〔註19〕所以和陰陽、名家學說也大異其趣。但是在《管子》中，卻可以看到兼綜儒、墨、名、法、陰陽各家的情況。這是《老子》和稷下黃老思想很不相同的一個地方。關於《管子》對陰陽、儒、墨、名、法各家學說的整合與吸納，主要表現在以下幾個面向中：

1. 陰陽家

稷下黃老思想承襲陰陽家以陰陽四時的生殺消息，主張刑德並用的思想。以為陰陽之理是刑德之施的根據，將四時之序與政治實踐相結合，認為天上有此道，人間就有此理。例如《管子·四時》說：「是故陰陽者，天地之大理也；四時者，陰陽之大經也；刑德者，四時之合也。刑德合於時則生福，詭則生禍」，而這也就是《管子》中所主張的「務時而寄政」。

2. 儒　家

稷下黃老繼承《老子》思想而又與老子並不完全相同，其中一項很大的不同就在於二者對待仁、義、禮的態度上。儒家「序君臣父子之禮，列夫婦長幼之別」（《論六家要旨》），仁、義、禮是構成儒家學說的三個基本範疇。但是在《老子》書中並沒有主張透過仁、義、禮等範疇來重建價值秩序，事實上，對於當時已經流於形式的儀文，《老子》以為只是對人之自由的束縛，因此《老子·三十八章》會說：「失道而後德，失德而後仁，失仁而後義，失義而後禮·夫禮者，忠信之薄，而亂之首」。然而，在稷下黃老思想中，對仁、義、禮是持正面肯定的態度的，《管子·心術上》說：「君臣父子人間之事，謂之義。登降揖讓，貴賤有等，親疏之體，謂之禮」、《管子·牧民》也稱禮、

（《孟子·滕文公》），荀子說慎到「尚法而無法」（《荀子·非十二子》）都反應了這種學說上的差異性。

〔註19〕《老子》提及「陰陽」之處，僅出現在〈四十二章〉：「萬物負陰而抱陽，沖氣以為和。」

義、廉、恥爲國之四維。稷下黃老除了吸收儒家仁、義、禮的思想外，也吸收了孔子對於「刑」的看法。《論語·爲政》說：「道〔註20〕之以政，齊之以刑，民免而無恥；道之以德，齊之以禮，有恥且格·」，稷下黃老以爲只是使用刑罰強迫人民服從，並不能得人心。然而有別於孔子的是，稷下黃老是從獲取最大政治實效的目的出發，主張輕刑用罰，是以《管子·牧民》說：「故刑罰不足以畏其意，殺戮不足以服其心。故刑罰繁而意不恐，則令不行矣。殺戮眾而心不服，則上位危矣。」

3. 法　家

從現有的資料可以發現，黃老思想與法家的關係十分緊密，鍾肇鵬先生說：「黃老之學，以道法爲主」，〔註21〕陳麗桂先生也說：「透過對黃老帛書思想的分析，可以發現：不論《經法》等四篇還是《伊尹九主》，都充滿道法色彩」。〔註22〕就如同對待仁、義、禮的態度有所不同，稷下黃老與《老子》在對待「法」的態度上也是大不相同。《老子》書中排斥「法」，強調「法令滋彰，盜賊多有」。〔註23〕但是《管子·心術上》卻說：「事督乎法，法出乎權，權出乎道」，《管子·任法》說：「聖君任法而不任智，任數而不任說，任公而不任私，任大道而不任小物，然後身佚而天下治」。同樣的思想，也見於「黃老帛書」。《經法·道法》也說：「道生法。法者，引得失以繩，而明曲直者也」。黃老學者將「法」視爲「道」的具體化，具有形上依據的保障。「法」這個範疇在稷下黃老思想中，除了指「法令」之外，更泛指一切衡量和規範事物的功能，例如，《管子·七法》就說：「尺寸也、繩墨也、規矩也、衡石也、斗斛也、角量也、謂之法」。

4. 名　家

稷下黃老吸收名家「循名責實，審察形名」爲主的思想，與《老子》的「無爲」思想結合轉化，表現在政治實踐上就是強調「君臣異道」，主張君主虛一靜因而無爲，以形名之學考核臣下的政績，使群臣竭盡其力而有所做爲，並以此來成就國君的大有爲。例如，《管子·心術上》說：「心之在體，君之位也。九竅之有職，官之分也」，《管子·九守》又說：「循名而督實，按實而

〔註20〕皇侃在《論語義疏》中，將兩「道」均作「導」。
〔註21〕鍾肇鵬，〈黃老帛書的哲學思想〉，《文物》1978年第二期，頁65。
〔註22〕陳麗桂，《戰國時期的黃老思想》，台北：聯經，1991年，頁（三）。
〔註23〕《老子·五十七章》。

定名。名實相生，反〔註24〕相爲情，名實當則治，不當則亂」。從形名與道論的關係來看，稷下黃老強化《老子》「道」的規律性，將「道」視爲普遍內藏於一切事物的秩序。而「循名督實，按實定名」的形名之學能替一切事物審明定分，等於是將一切事物都推向應有秩序的最好工具。因此《管子・心術上》說：「物固有形，形固有名，名當謂之聖人」，而《經法・四度》也說：「美亞（惡）有名，逆順有刑（形），請（情）僞有實，王公執□〔註25〕以爲天下正」。

5. 墨　家

《論六家要旨》說：「墨者儉而難遵，是以其事不可遍循；然其彊本節用，不可廢也。」墨家從功利主義出發，強調「國家百姓之利」，主張強本節用，重視增加生產。稷下黃老吸收這種思想，重視「強本節用」。一方面，強調滿足人民生活基本需求的重要；一方面，對於一切飲食享樂都主張有所節制。所以《管子・牧民》說：「倉廩實，則知禮節；衣食足，則知榮辱」，而在「黃老帛書中」，《經法・四度》也說：「黃金珠玉藏積，怨之本也。女樂玩好燔材（蕃載），亂之基也」。

相較於《老子》，稷下黃老思想兼採各家思想的轉變，可能是出於以下幾個理由：

1. 時代的共同課題與稷下學術的交流

牟宗三先生在《中國哲學十九講》中曾經說過，先秦諸子的思想是針對周文之疲弊而發的。〔註26〕《史記・太史公自序》也說：「易大傳：『天下一致而百慮，同歸而殊塗。』夫陰陽、儒、墨、名、法、道德，此務爲治者也，直所從言之異路，有省不省耳。」也同樣主張先秦諸子所關懷的其實是相同的問題。稷下學者從這項共同的時代課題出發，以己之所長，各自提出相應的解決方法。齊王設稷下學宮，以優渥的條件吸引學者來此一展長才，自然構成了學術交流的條件與環境。《戰國策・齊策》有「先生高議，設不爲宦」之說，《新序》說他們「善議政事」，可見學術間的研討、爭辯，可說是常事。據劉向《別錄》說：「談說之士，期會於稷下也」，可知還可能定期舉行這種

〔註24〕丁士涵云：「反」讀還反之反。《說文》：「還，復也」。

〔註25〕□原缺，陳鼓應先生在《黃帝四經今註今譯》一書中補爲「之」字。詳見陳鼓應，《黃帝四經今註今譯》，台北：台灣商務，1995 年 6 月，頁 171。

〔註26〕牟宗三，《中國哲學十九講》，台北：台灣學生書局，1983 年 10 月，頁 60。

討論。來自各種背景的稷下學者們，對於共同的時代課題，相互爭辯、討論。如果說，都不曾彼此影響，或者說，都不曾經由對方所提出的詰難，重新反省自身的學說。這種說法是不太合理的。因此可以說，稷下學宮提供稷下學者們，對於共同的時代課題之不同的解決方法，以及重新反省自身學說的機會。不同思想間的綜合雜流，往往就在這種情況下發生。

2. 稷下學宮的政治特質〔註27〕

儘管稷下學者標榜的是「不治而議論」。但是，學者們議論的仍然是政事。《史記・孟子荀卿列傳》說他們「各著書言治亂之事，以干世主」就是很好的証明。在面對稷下學者時，齊王同時也以實際的政治需求爲考量，用「有智爲寡人用之」的態度，來面對他們的主張。因此，對於齊王而言，不論是哪一種學說，只要能滿足他的政治需求的，他都欣然接受。在這個前提下，君王的政治需求，一方面催化各家在君術上的成分，一方面也成爲篩檢各家學說的標竿，各家思想自然逐漸向君權靠攏。

3. 「道」的無限性與客觀規律性

「道」在先秦諸子思想中，並非道家的專利，可以說是儒有儒道、墨有墨道。史華茲先生以爲，先秦有些觀念，例如「氣」，乃是「共法」（common discourse），各家共用，人人共享，不存在誰影響誰的問題。〔註28〕楊儒賓先生就以爲，同樣的情況不只適用於「氣」概念，有可以移之於「道」的概念。〔註29〕金春峰先生也說：「實際上『道德』一詞在戰國末年已發生了很大的變化，『道』成爲各家使用的名詞，『德』也如此。因此，道德一詞的眞實含義，正需要根據它出現的具體情況，聯繫整個思想體系才能確定」〔註30〕在此一背景下，如果從先秦諸子的時代共同課題出發，「道」可以說是先秦諸子用以濟天下之溺的最高理想與方法。由於「道」的這種特殊性，所以「道」的意義是無限豐盈的。它可以單獨的指「先王之道」，也可以是具有道家所說的種

〔註27〕稷下學的官學色彩，這一點可以由本文第二節得知。此外，胡家聰也說：「稷下學屬於官學，黃老學各派闡發的道論現實性很強，其性質均屬『君人南面之術』，即政治哲學。」，見胡家聰，《稷下爭鳴與黃老學》，北京：中國社會科學院，1998 年 9 月，頁 11。

〔註28〕B. I. Schwartz, The World of Thought in Ancient China, PP.173～185, Cambridge/Mass, 1985.

〔註29〕楊儒賓，〈論《管子》四篇的學派歸屬問題——一個孟子學的觀點〉，《鵝湖學誌》1994 年 12 月第 13 期，頁 84～85。

〔註30〕金春峰，《漢代思想史》，北京：中國社會科學出版社，1987 年 4 月，頁 73。

種性質，而爲其學說核心的「道」。〔註31〕上述這種「道」的理想性，使它具有足以包容各家學說的無限性。因此，當齊王需要一種「指約易操」，而且能涵括各家學說中有利王政之思想的治術，「道」概念的無限性與包容性，顯然較仁、義、禮、法要爲合適些。此外，「道」的客觀規律性與形上性格，一方面，可以直接與同樣具有秩序性的法、義、禮等概念相互結合，〔註32〕另一方面，可以提供法、義、禮等概念形上的保障。所以可以說，法、義、禮都是「道」具體化後的一個面向。從「道」的無限性與客觀規律性中，我們可以約略說明稷下黃老以道論兼採各家學說之「善」的理由。

第三節　稷下黃老思想的道論

　　本文一開始便說，黃老思想一般而言，指的是黃帝與老子的合稱。但是，假拖黃帝立言主要是從黃老思想作品的寫作形式上說；就思想內容而言，對於《老子》「道」的繼承與轉化才是黃老思想的主體。因此，分析黃老思想到底繼承《老子》「道」的哪些部分以及作了哪些轉變，就是處理黃老思想不得不去碰觸的問題。此外，儘管黃老思想有著「以道論法，兼採百家」的共同特色，但是由於地域文化的不同，稷下黃老與南方（楚）的黃老思想仍然有些不同之處。因此，在接下來的討論中，我們將首先說明稷下黃老的基本特色，以及區分它與南方黃老之不同。其次，將分析包含《管子》、《呂氏春秋》、「黃老帛書」以及《鶡冠子》等等黃老思想作品對於《老子》的「道」概念繼承了哪些部分；最後，我們將論稷下黃老思想對於《老子》的「道」概念，作了哪些主要的轉化。

壹、稷下黃老思想的基本特色

　　關於黃老之學的理論特點，吳光先生以爲，是以道家思想爲基礎，雜採眾家之言，以及由早期道家老莊之學的消極「無爲」理論，轉變爲黃老道家

〔註31〕在儒、墨等思想中，「道」雖然也泛指理想的政治與實踐的原則，但是其思想都並非透過「道」來處理其時代問題。而在道家思想中，「道」不但具有種種性質，例如「道樸」，而且道家思想更以「道」爲其思想核心，來處理其時代課題。

〔註32〕《管子・心術上》說：「君臣父子人間之事謂之義。登降揖讓，貴賤有等，親疏之體，謂之禮。簡物小未一道，殺僇禁誅謂之法。」如果從認同世界是具有某種内存的秩序的這一點出發，義、禮、法可以說，都是人間價值禮序的一個面向。

的積極「無爲理論」。﹝註33﹞儘管對於老莊的「無爲」之學是否爲「消極」
這一點還有許多討論的空間，但是黃老思想對於「無爲而無不爲」思想的理
解顯然傾向「有爲」或「無不爲」，卻是不爭的事實。《十六經‧姓爭》：「作
爭者凶，不爭亦毋（無）以成功」，《十六經‧兵容》曰「因天時，與之皆斷；
當斷不斷，反受其亂」，都明確指出，雖然主動挑起爭端是有危險的，但是
如果因此就不採取任何行動則是不可能獲致成功的，因此主張要掌握天時，
等待時機到了才行動。由此可知，相對於老莊道家，黃老道家的「無爲」更
傾向於「靜待天時，伺機而動」，例如，〈心術上〉曰：「毋先物動，以觀其
則。動則失位，靜乃自得」就十分明顯的將「主靜」的思想作了「術」的發
揮，以順應客觀形勢和自然規律的發展變化，作了由「無爲」轉向「有爲」
的發揮。

丁原明先生依據司馬談〈論六家要旨〉對於「道家」的敘述，以爲黃老
之學的理論特點，主要可以歸之爲以下三點：

1. 道論（「氣化」論或規律論）。

2.「虛無爲本，因循爲用」的無爲論。

3. 以「采儒墨之善，撮名法之要」的態度對待百家之學。

同時，黃老之學所關注的就是「道」與治國、治身如何協調一致的問題。
﹝註34﹞一般而言，學者都同意黃老道家的基本特點，就在於「以道家思想爲
基礎，雜採眾家之言」，陳麗桂先生形容黃老思想的特色，以爲它們有著如下
的共通之處：

> 都充滿道法色彩，都從天道上去講治道，它們下降老子的「道」去
> 牽合刑名，爲「刑名」取得合理根源，也用「刑名」去詮釋老子的
> 「無爲」。繼承並改造老子的雌柔哲學，轉化爲正靜因時的政術。同
> 時擷取陰陽家與儒家的理論，去調和潤飾這些因道全法的理論。全
> 部思想因而呈現著王霸雜治的色彩，完全印證了司馬談〈論六家要
> 旨〉裡的話。﹝註35﹞

陳德和老師根據稷下黃老道家的作品，以及長沙馬王堆漢墓出土之「黃老帛
書」，以爲除了陳麗桂先生上述所說的黃老之學特點之外，還可重新再化約爲

﹝註33﹞吳光，《儒道論述》，台北：東大，1994年6月，頁31～46。
﹝註34﹞丁原明，《黃老學論綱》，山東：山東大學出版社，1997年12月，頁3～4。
﹝註35﹞陳麗桂，《戰國時期的黃老思想》，台北：聯經出版社，1991年4月，頁（四）。

以下幾個共同特徵：〔註36〕

1. 道的精氣化：確定道即精氣而將道明白實體化。
2. 君的威權化：強調尊君，主張君臣異道；君虛一靜因而無爲，臣適才適用而無不爲。
3. 術的多元化：從陰陽四時的消息生殺，主刑德並用、王霸雜陳的南面之術。
4. 法的必然化：黃老給予了法的形上基礎，是刑名法術皆出於道而有其必然性。

綜合前輩學者們的觀點，黃老思想的特點主要表現在「因道全法」、「刑德並用」、「采善撮要」以及偏重於「無不爲」的「無爲」思想這幾個地方。然而在這些共通性之外，由於地域文化的不同，黃老思想彼此間也有所不同。蒙文通先生就在其〈略論黃老學〉一文中指出，「因循」是北方（齊）道家的精義，南方（楚）道家無此理論。〔註37〕不過，蒙文通先生這裡指的「南方道家」，是莊周一系的道家而非如《鶡冠子》之類的黃老道家。吳光先生在《黃老之學通論》一書中，將黃老學派分成三大流派：

1. 楚國黃老學派

從學派發展的聯繫來看，楚國黃老學派的形成不僅與早期道家的老、莊、環淵之流有關，而且還與荀子有著一定的聯繫。《漢書‧藝文志》所著錄的道家著作，凡注明了作者姓名的，以楚人居多，如《老萊子》、《鶡冠子》、《曹羽》等，都注明是「楚人」所著，也說明道家在楚國影響甚大。此外，吳光先生也以爲，荀子居楚時發展了一個荀子學派，而且荀子之學是由稷下百家之學通向道家黃老學的一座橋樑。

2. 齊國黃老學派

齊湣王之後，齊國興起了一個「善修黃帝、老子之言」，以河上丈人爲本師的黃老學派。從《史記‧樂毅列傳》所記載，可知該學派的師承關係如下：河上丈人→安期生→毛翕公→樂瑕公→樂臣公→蓋公。蓋公與之後的相國曹參，較可能是政治家與政策顧問間的關係，而非師徒關係。這一學派活動的地區，主要是齊國中部的膠西、高密一帶，至樂臣公時，已「顯聞于齊，稱

〔註36〕陳德和，《淮南子的哲學》，嘉義：南華管理學院，1999 年 2 月，頁 38。
〔註37〕蒙文通，〈略論黃老學〉，《道家文化研究》第十四輯，北京：三聯，1998 年 7 月，頁 234～260。

賢師」(《史記‧樂毅列傳》)。

3.《呂氏春秋》學派

秦相呂不韋在政治得勢之後，招致許多士人組織他們著書立說，最後編成一部二十餘萬言的《呂氏春秋》，因此，呂不韋實際上已經建立了自己的學派，可稱之為《呂氏春秋》學派。此派兼綜陰陽、儒、道、墨、法、名、兵、農各家，反映了戰國末期的黃老之學的基本特點。〔註38〕

吳光先生雖然將黃老學派三分，不過主要是從地域上區分出黃老學派的發展，而並沒有對這三者間思想上的不同作詳細的區分。相較於吳光先生將《呂氏春秋》獨立出而將黃老學派三分，丁原明先生則將戰國時期的黃老學分成南（楚）北（齊）兩支。他說：

> 由於這兩支黃老學分別生長在楚國和齊國的社會環境中，故它們的思想必然帶有地區社會和文化的特點。另外，從這兩支黃老學的形成來看，南方黃老學是通過老莊道家的內分化而發展出來的，稷下黃老學則是在道家系統外實現道與其他各家的結合。〔註39〕

丁原明先生並且以為南北黃老思想的學派風格有以下三點的不同：

1. 二者雖都有依託黃帝而論道，但是表現的風格並不相同。南方黃老學中黃帝的形象是雜以神話傳說而與神仙聯繫起來的，《十六經‧立命》將黃帝描寫為前後左右都有面目的多面人，說他「方四面，傅一心，四達自中，前參後參，左參又參」。相較於南方黃老學，齊地所託的黃帝是一位精通經濟、軍事、律曆的政治家，《管子‧揆度》曰：「燧人以來未有不以輕重為天下也。……至於黃帝之王，謹逃其爪牙，不利其器，燒山林，破增藪，焚沛澤，逐禽獸，實以益人。然後天下可得」把黃帝說成是一個精通「輕重」的經濟學家。

2. 二者雖然都由「道」引導出「無為而治」的政治主張，但是二者對於「道」的理解和改造是有差別的。丁原明先生以為南方黃老學「主要從法則或規律上對老莊哲學有了突破，發展了老子哲學中關於規律的思想，把『道』理解為外在於人類精神的客觀規律，並以此作為決定人的思想、行為和制定刑名法術的客觀依據」例如，《經法四度》將《老子》的「道」視為客觀事物的規律，說「順則生，理則成，逆則死」。

〔註38〕吳光，《黃老之學通論》，大陸：浙江人民出版社，1985年，頁121～128。
〔註39〕丁原明，《黃老學論綱》，山東：山東大學出版社，1997年12月，頁154～159。

北方稷下道家對老莊道家的改造，主要體現在對「道體」的闡釋上，將「道」變成一種具有現實性的「客觀實體」，如《內業》等四篇，將「道」解釋爲「精氣」，又說：「精也者，氣之精者也」等。

3. 在「用世方式」上，二者也有不同。南方黃老學似乎對黃老學的推闡還停留在學術層面，而北方稷下黃老學，則是由學術向政術轉化的狀態。

關於上述丁原明先生所舉的第二點，筆者以爲必須補充的是，將《老子》的「道」視爲客觀事物的規律秩序，是南北兩支黃老思想共同的特色，這一點從《管子‧心術上》曰：「事督乎法，法出乎權，權出乎道」就可以得知，稷下道家同樣以「道」作爲一切客觀秩序的根源，也因此可以發現稷下黃老思想與南方黃老思想的主要不同，主要在於稷下黃老的「道」與「氣」概念結合，由此發展出帶有氣化色彩的道論——「精氣說」。此外，據王博先生在〈《黃帝四經》和《管子》四篇〉一文中的估計，「黃老帛書」中的《經法》、《稱》和《道原》三篇中均未曾提及仁、義、禮，《十六經》中，「仁」出現一次（體正信以仁，慈惠以愛人），「禮」字亦不見，「義」字出現幾次，但多做「義兵」，而無多大哲學涵義，[註40]可是〈心術上〉曰：「君臣父子人間之事謂之義。登降揖讓，貴賤有等，親疏之體，謂之禮」〈內業〉說：「正形攝德，天仁地義，則淫然而自至」，可以發現，對待仁、義、禮等等範疇態度上的不同，也是稷下黃老與南方道家間的不同。

貳、黃老思想對於《老子》「道」的繼承

從「黃老帛書」、《管子》、《呂氏春秋》、以及《鶡冠子》等等黃老思想作品與《老子》的「道」概念的比較中，我們可以發現，這些作品在下述這幾點上，繼承了《老子》的「道」概念。

1. 「道」做爲萬物的本根

《老子》說：「有物混成先天地生。寂兮寥兮獨立不改，周行而不殆，可以爲天下母。吾不知其名，字之曰道。」；[註41]而《管子‧心術上》則說：「道也者，動不見其形，施不見其德，萬物皆以得，然莫知其極。」而《呂氏春秋‧仲夏紀》則說：「萬物所出，造於太一」又說：「道也者，至精也，

〔註40〕見王博，〈《黃帝四經》和《管子》四篇〉，《道家文化研究》第三輯，1993 年 8 月，頁 207
〔註41〕《老子‧二十五章》。

不可為形，不可為名，彊為之謂之太一。」，《經法・道法》說：「虛無形，其寂冥冥，萬物之所從生」。

2.「道」做為一切事物活動的規律

《老子》說：「夫物芸芸各復歸其根」〔註 42〕、「反者道之動。弱者道之用」；〔註 43〕《管子・宙合》說：「明者察于事，故不官于物而旁通于道。道也者，通乎無上，詳乎無窮，運乎諸生」，《韓非子・解老》：「道者，萬物之所然也，萬理之所稽也」，《鶡冠子》說：「道凡四稽：一曰天，二曰地，三曰人，四曰命（指君主之政令）。」

3.「道」的不可限定性

《老子》說：「道可道，非常道」〔註 44〕、「道之為物，惟恍惟惚。惚兮恍兮，其中有象。恍兮惚兮，其中有物。窈兮冥兮，其中有精。其精甚真，其中有信」；〔註 45〕《管子・幼官圖》：「始乎無端，道也。卒乎無窮，德也。道不可量，德不可數」。

4.「道」的不可感知性

《老子》說：「視之不見名曰夷。聽之不聞名曰希。搏之不得名曰微。此三者不可致詰，故混而為一。其上不皦，其下不昧，繩繩不可名，復歸於無物。是謂無狀之狀，無物之象，是謂惚恍」；〔註 46〕《管子・心術上》說：「道不遠而難極也」，《管子・內業》說：「道也者，口之所不能言也，目之所不能視也，耳之所不能聽也，所以修心而正形也。」

5.「道」做為政治理想的原則

《老子》說：「以道佐人主者，不以兵強天下」〔註 47〕、「道常無為，而無不為。侯王若能守之，萬物將自化」；〔註 48〕《管子・君臣上》說：「道也者，上之所以導民也」，《經法・道法》說：「故為執道者能上明於天之反，而中達君臣之半，密查於萬物之所終始，而弗為主。故為至素至精，怡彌無形，然後可以為天下正。」

〔註 42〕《老子・十六章》。
〔註 43〕《老子・四十章》。
〔註 44〕《老子・一章》。
〔註 45〕《老子・二十一章》。
〔註 46〕《老子・十四章》。
〔註 47〕《老子・三十章》。
〔註 48〕《老子・三十七章》。

　　扼要的說，與其說黃老思想繼承了《老子》「道」的上述幾點特質，不如說黃老思想繼承了《老子》對於「道」的描述。為了說明這一點，首先得討論「道」概念在《老子》中的一個特殊之處。由於《老子》書中向來都只是用描述性的語句說「道」有哪些性質，例如，「道沖而用之，或不盈。淵兮似萬物之宗。」（《老子・四章》）、「有物混成先天地生。寂兮寥兮獨立不改，周行而不殆，可以為天下母。吾不知其名，強字之曰道。」（老子・二十五章）等等；因而並沒有替「道」下一個完整的定義用以窮盡「道」的意義，這一點，可以由《老子》使用「似」「或」以及「強字之曰道」等詞語可以得知。而《老子》首句便說：「道可道，非常道；名可名，非常名」，也顯出拒絕用言語限定「道」的意思。《老子》的「道」在這個前提下，一方面具有無限的豐盈意義，另一方面也蘊藏著無數的詮釋可能。所以，除非我們扣緊老子時代的特殊機緣（Particular occasion）〔註49〕留意《老子》透過「道」概念所欲解決的問題，也就是留意「道」概念在《老子》書中的實踐性格。否則，單就《老子》中的某些描述「道」之性質的篇章來拼湊「道」，就只會使「道」呈現出具有種種性質之存有者的姿態。在這個意義下，我們可以說《老子》的「道」概念包含兩個部份：一是對於「道」的種種性質的外在描述，一是透過「不自見、不自是、不自伐、不自矜」〔註50〕解消所有依待、虛偽、造作，以重建周文崩解後之價值秩序的實踐性格。〔註51〕並且，我們可以說，決定「道」在《老子》中所呈現的整體意義的，不在於對「道」的種種性質的外在描述，而在於「道」的實踐性格。〔註52〕例如，「道之為物，惟恍惟惚」、「有物混成先天地生」等章，如果由外在的描述上，可以將

〔註49〕牟宗三先生曾明白表示，要理解道家的興起以及老子的「道」、「無」、「有」等概念，必須要扣緊老子時代的特殊機緣——「周文疲弊」，以及中國文化生命和所發出的智慧才行，詳見牟宗三，《中國哲學十九講》，台北：學生書局，1997 年 1 月，頁 87～109。

〔註50〕《老子・二十二章》。

〔註51〕從老子時代的特殊機緣——「周文疲弊」出發，我們可以知道老子哲學的時代課題是，繼周文崩解之後重新尋找價值秩序的形上基礎。牟先生同時也說，在道家，實有層和作用層是沒有分別的。道家只有「如何」（how）的問題，而沒有「是什麼」（what）的問題。因此，與其將「道」視為就「是」價值秩序的形上基礎，毋寧將「道」理解為「如何」重新建立價值秩序的形上基礎。

〔註52〕在下面幾章中，本文將說明「管子四篇」雖然繼承《老子》「道」的部分思想，但是卻反應出與《老子》極為不同風貌的原因，就在於二者在「道」的實踐性格上的不同。

「道」理解爲幽遠不可名狀，卻又先於天地而生的「實存物」，並且從「道沖而用之，或不盈。淵兮似萬物之宗」〔註53〕以及「道生一，一生二，二生三，三生萬物」，〔註54〕將「道」理解爲「無限實體」或「第一因」。然而，如此一來，就得面對作爲普遍必然的「存有原理」無法與人生實踐的「應然原理」構成邏輯推導關係的問題。〔註55〕但是，如果從「道」的實踐性格來看，「大道廢有仁義」〔註56〕、「爲學日益，爲道日損」〔註57〕等章，則可以將這些「實存物」、「本體」或「第一因」，視爲在吾人主觀心境中所呈顯之價值理緒的客觀姿態。

　　從上述可知，由於「道」概念在《老子》中的這個特殊之處，所以，討論黃老思想繼承《老子》「道」概念的那些部分，也應該從對於「道」的種種性質的外在描述和「道」的實踐性格，這兩個部分來了解。然而，我們在黃老思想中，卻見不到上述在《老子》中的那種實踐性格。〔註58〕因此，不論是「黃老帛書」、《呂氏春秋》、《管子》還是《鶡冠子》，儘管各自對於《老子》「道」的發展有所不同，而有「太一」、「精氣」、「靈氣」和「元氣」等等相應概念的產生。但是，黃老思想都繼承了《老子》對於「道」之無形無狀、不可感知等等的描述，將「道」設定爲本身學說的最高範疇。所以，「道」在黃老思想中依舊呈現著普遍性、無限性以及無形無狀，不可通過感官知覺卻

〔註53〕　《老子·四章》。

〔註54〕　《老子·四十二章》。

〔註55〕　關於此一問題，袁保新老師在《老子哲學之詮釋與重建》一書中有深入的討論。詳見袁保新，《老子哲學之詮釋與重建》，台北：文津出版社，1991年9月。

〔註56〕　《老子·十八章》。

〔註57〕　《老子·四十八章》。

〔註58〕　在黃老思想中，「道」並不具備《老子》那種透過「不自見、不自是、不自伐、不自衿」解消所有依待、虛僞、造作，以重建周文崩解後之價值秩序的實踐性格。黃老思想的實踐性格，不落在透過「道」來解消周禮的形式與造作上，也就是不以「始制有名」、「樸散爲器」作爲大道失廢的原因。所以，《老子》對於禮法採排斥的態度，在黃老思想中卻是道法明顯的結合，而且在以《管子》爲代表的稷下黃老思想中，更主張仁、義、詩、禮、樂是重要的治國要素。在黃老思想中，「道」的實踐性格是落在「因循」上。黃老思想以爲，「道」是萬事萬物所依循的總規律，它既不與萬物異理，而且還是「萬里之所稽」（《韓非子·解老》）。因此，強調人君應該放棄主觀的成見，而遵循於「道」。蒙文通先生曾說：「因循是黃老一派獨有之精義，南方道家莊周一流無此理論。」所以，《莊子·天下》會說慎到之道，是非人之行，而至死人之理，其最後結論是「彭蒙、田駢、慎到不知道」了。關於蒙文通先生的部分，請參考蒙文通，〈略論黃老學〉，《道家文化研究》第14輯，1998年7月。

能通過某種修養工夫得知等等特性，都共同在黃老思想中出現。這種對「道」的描述提供黃老思想在理論上幾條重要發展的依據：

1. 由於「道」做為政治理想的原則，因此為黃老思想「降天道以為治道」、「推天道以明人事」的發展奠定了根基。

2. 由於「道」的不可限定性，所以提供了《史記‧太史公自序》所說：「無成埶，無常形，……有法無法，因時為業；有度無度，因物與合。」之「靜因之道」足夠的發展空間。

3. 由於「道」的不可感知性，所以體悟「道」是通過工夫論的修養而非感官知覺對經驗現象的觀察。黃老思想下降天道為治道，同時又將國君設定為體道的聖人。因此，一旦禮、法皆由聖人體道而出，那麼不但國君依道所制定的法，具有神聖性，而且國君地位的權威性，同時也受到了「道」的保障。

在上述的討論中，我們處理的是黃老思想到底繼承了《老子》「道」的哪些部分，並且說明《老子》的「道」在黃老思想中有哪些發展及重要性。在接下來的討論中，我們將討論，在稷下黃老思想中，《老子》的「道」有哪些重要轉變。

參、黃老思想對於《老子》「道」的轉變

稷下黃老思想對於《老子》「道」的轉變主要表現在兩個方面：

1.「道」做為超越的創生實體之轉化。〔註59〕
2.「道」的客觀規律性之強化。

下面我們將分別討論之。

一、「道」做為超越的創生實體之轉化

稷下黃老對於《老子》「道」的其中一項轉化，在於它以「精氣」來理解「道」；而其相異於「黃老帛書」等南方黃老思想之處，就在於，它以「精氣說」來處理「創生」的問題。在《老子》中，雖然也有「道生之，德畜之，物形之，勢

〔註59〕由於「管子四篇」中，「道」與「精氣」可以互通，因此「精氣」或「道」都有形上的、超越的性格，但是，由於「精氣」雖然有別於實然之「氣」仍為「氣」的一種，所以「管子四篇」中的道或「精氣」，是從「有」來生化萬物的，因此具有「創生性」，基於上述，筆者將「管子四篇」中，「道」的內涵視為「超越的創生實體」。更細部的討論，請見本文第三章第二節。

成之」〔註60〕和「道生一，一生二，二生三，三生萬物」〔註61〕等等描述創生
的語句。然而，細觀《老子》一書的內容，則可以發現，似乎不必一定要將這
類語句從「創生」上理解，而可以詮釋爲「不生之生」。〔註62〕然而，在「管子
四篇」中，「道」的創生性就十分明顯了。在《老子》中，「道」並未與「氣」
概念結合使用。然而，從《管子・內業》說：「夫道者，所以充形也」，而《管
子・心術下》則說：「氣者，身之充也」，可以得知「管子四篇」中以爲「道」
即「精氣」，這種主張不但在《老子》中不曾出現，也不見於「黃老帛書」之中。
〔註63〕由於「氣」概念的介入，「道」與「精氣」可以互爲詮釋，因此當《管子・
內業》說：

> 凡物之精，此〔註64〕則爲生，下生五穀，上爲列星。流於天地之間，
> 謂之鬼神，藏於胸中，謂之聖人。

又說：

> 凡人之生也，天出其精，地出其形，合此以爲人。

可以發現，在稷下黃老中，天地萬物的化生不再是依據於「道」的「不禁其
性，不塞其源」，而是由「精氣的創生性」化生萬物。由於「精氣說」的部分，
在下一章會有更進一步的討論，故不在此處贅言。

二、「道」的客觀規律性之強化。

由於黃老思想的政治實踐性格遠遠大於對形上思辨的興趣，所以在黃老
著作中對於「道」的討論，最終都是傾向政治實踐上的目的。又由於黃老在
政治實踐上，主要在於提供國君某種處理國事、王霸天下的準則，做爲可供
參考的依據。所以某種「普遍爲一切事物所依循的總規律」（也就是做爲客觀
規律性的道），就成爲黃老思想的理想學說核心。〈心術下〉說：「執一〔註65〕

〔註60〕《老子・五十一章》。

〔註61〕《老子・四十二章》。

〔註62〕牟宗三，《中國哲學十九講》，台北：台灣學生書局，1997 年 1 月，頁 87～109。

〔註63〕同樣也不見於《韓非子・解老》〈喻老〉以及《鶡冠子》中。《鶡冠子》說的是
「元氣」而非「精氣」。不過，這裡不包括《呂氏春秋》，《呂氏春秋・季春紀》
說：「何以說天道之圜也？精氣一上一下，圜周復雜，無所稽留，故曰天道圜。」，
以精氣說天道，所以可知「精氣」與「道」在《呂氏春秋》中，應該是相同的。

〔註64〕丁士涵云：「此」乃「化」字誤。張佩綸云：「此」當爲「化」，字之誤也。《易・
繫辭下》：「天地絪縕・萬物化醇・男女構精・萬物化生」。筆者以爲此處「此」
當作「化」，較爲合理。

〔註65〕尹知章曰：「一」謂精專也。張舜徽曰：精專無雜，乃君道之根柢，故「一」

之君子，執一而不失，能君萬物。」而帛書《道原》也說：「夫爲一而不化：得道之本，握少以知多；得事之要，操正以政畸。前之大古，後【能】精明。抱道執度，天下可一也」就是這種思想最鮮明的陳述。

　　「道」在《老子》書中雖然也有作爲「原則」的用法，〔註66〕但只是做爲一切事物生長所憑恃的原理，〔註67〕或是對「道」之運動的反覆歷程的描述。〔註68〕然而在黃老思想中，卻強化「道」的客觀規律性，使其成爲典章、禮、法乃至於一切人間秩序的實然依據，做爲降天道以爲治道的根源。〔註69〕就《老子》內容來看，它陳述的是，通過國君心態的改變，就能夠「不禁其性，不塞其源」，還予天下百姓自由解放的空間。然而，黃老思想考慮的是，如何提供國君實際有用的施政依據和達到統一天下的目的。〔註70〕於是，「無爲之治」在《老子》那裡是期望國君通過實踐修養而能對蒼生百姓不操縱把持、不禁其性、不塞其源，使蒼生百姓能自由自在、自生自長之主觀心境的證成；〔註71〕而在黃老思想中，「無爲而無不爲」卻發展成一種國君以絕對威權來役使臣民的統御之術，如《管子・心術上》說：「心術者，無爲而制竅者也」又說：「毋代馬走，使盡其力，毋代鳥飛，使弊其羽翼」、而《呂氏春秋・似順論》也說：「能執無爲，故能使眾爲」都生動的描繪了這種君臣異道，國君居於虛靜之位，臣民適才適用而無不爲的君術。

　　筆者以爲，引入「權分」概念，並且將它的根源歸之於形上的「道」，正

又爲道之異名。《管子・兵法》曰：「明一者皇，察道者帝，通德者王」是「一」與「道」、「德」本無殊也。《老子・三十九章》曰：「天得一以清，地得一以寧」《莊子・至樂》曰：「天無爲以之清，必無爲以之寧」可知「一」即「無爲」，「無爲」即「道」耳。

〔註66〕如《老子・十四章》說：「執古之道以御今之有。能知古始，是謂道紀」。

〔註67〕如《老子・五十一章》說：「道生之，德畜之，物形之，勢成之」〈三十四章〉也說：「大道氾兮，其可左右。萬物恃之而生而不辭，功成不名有。衣養萬物而不爲主」。

〔註68〕如《老子・四十章》說：「反者道之動。弱者道之用」。

〔註69〕如《經法・道法》說：「道生法。」又說：「法者，引得失以繩，而明曲直者直也。故執道者，生法而弗敢犯也，法立而弗敢廢也。【故】能自引以繩，然後見知天下而不惑矣。」《管子・心術上》說：「故事督乎法，法出乎權，權出乎道」，而《管子・任法》則說：「所謂仁義禮樂者，皆出於法」。

〔註70〕如《管子・心術下》說：「執一而不失，能君萬物。」《管子・君臣上》也說：「道也者，萬物之要也，爲人君者，執要而待之」

〔註71〕如《老子》說：「道常無爲而無不爲。侯王若能守，萬物將自化。」（〈五十七章〉）、又說：「爲而不恃，長而不宰，是謂玄德」（〈三十七章〉）

是由於黃老思想將形上的「道」轉化爲客觀規律秩序的結果。《論語・季氏》
曰：

> 孔子曰：天下有道，禮樂征伐自天子出；天下無道，則禮樂征伐自
> 諸侯出。

勞思光先生以爲，上述這段引文，正指出孔子視「侵權」爲政治秩序崩潰的
主要問題所在，因此欲通過「正名」觀念建立政治秩序，這就是孔子重建周
文之理由，也是孔子對實際政治問題之基本觀點。〔註72〕黃老思想吸收此一
觀點，以爲「權分」的確立與否，足以影響一國的興亡，《經法・六分》曰：

> 凡觀國，有六逆：其子父。其臣主。雖強大不王。其謀臣在外位者，
> 其國不安，其主不悟，則社稷殘。其主失立（位）則國無本，臣不
> 失處則下有根，【國】憂而存；主失位則國芒（荒），臣失處則令不
> 行，此之胃（謂）頹國。【主暴則生殺不當，臣亂則賢不肖並立，此
> 謂危國】。主兩則失其明，男女爭威，國有亂兵，此謂亡國。

〈經法〉以國家的六種背逆現象作爲一國興亡的指標，以爲「君臣易位」、「后
妃擅政」、「太子行權」等等「侵權」的行爲，將會導至一國的滅亡。《尹文子・
大道》曰：

> 君不可與臣業，臣不可侵君事，上下不相侵與，謂之名正，名正而
> 法順也。

〈心術上〉曰：

> 心之在體，君之位也。九竅之有職，官之分也……毋代馬走，使盡
> 其力，毋代鳥飛，使弊其羽翼。

同樣都主張君、臣之間有一明顯的職能區分，彼此不應該僭越其應有的份際。
黃老思想將「權分」概念引入，並且預設了「道」的客觀規律性，不僅是爲
了國君施政找尋一個「握一以知要，事少而功多」的依據，它同時影響了黃
老另一個重要的思考面向。黃老思想以爲，「道」的客觀規律性就是宇宙人事
內藏著某種秩序，而世界是遵循著一定的規律不斷運動變化的。大凡人順之
則吉，逆之則遭逢災殃，而國家社會混亂失序的根源，正是來自於違背這種
萬事萬物所依循之「道」的緣故，《經法・道法》說：「天地有恒常，萬民有
恒事，貴賤有恒位，畜臣有恒道，使民有恒度」，《經法・國次》又說：「國失

〔註72〕勞思光，《新編中國哲學史》（一），台北：三民書局，1997 年 10 月，頁 121
～130。

其次,則社稷大匡」正是這種思想的具體表現。因此,就「周文崩解之後如何重建社會秩序」這一時代課題而言,「道」的客觀規律性正是重建人事秩序的形上根源,假使能讓國君的國政契合於道,那麼就能解決社會失序的時代課題。

　　綜合上述可以發現,時代的共同課題與稷下爭鳴,都是促成了稷下黃老思想產生的條件。從其思想整體而言,稷下黃老以道論兼採陰陽、儒、墨、名、法各家學說之「善」,在政治實踐上,主張人君虛一靜因而無為,廣納臣下意見,使臣適才適用而有為。然而,儘管稷下黃老思想兼採各家學說之善,但是,各家學說在「道」範疇的統攝之下,都只是居於「術」的地位。只有「道」才是居於整個學說的核心。在確立了稷下黃老思想的基本面貌之後,接下來的討論,將直接探究「管子四篇」的「道論」──精氣說。

第三章　「管子四篇」的精氣說

　　儘管《老子》與「管子四篇」的對話對象都是國君，〔註1〕而且「管子四篇」確實繼承《老子》「道」的部分思想，但是二者所呈現的風貌卻有很大的不同。《老子》說：「大道廢，有仁義；智慧出，有大偽；六親不和，有孝慈；國家昏亂，有忠臣。」〔註2〕顯然並不將忠、孝、仁、義等範疇，做為人通過生命的反省與心知的批判，重拾失落價值的方法。然而，〈內業〉說：「正形攝德，天仁地義，則淫然而自至」，卻是吸收了儒家的思想，將「仁」、「義」作為重建社會應有秩序的範疇。《老子》同時認為當時已成為空架子的「禮樂典章」，是對於我們自由自在生命的束縛桎梏，〔註3〕因此說：「故失道而後德，失德而後仁，失仁而後義，失義而後禮。夫禮者忠信之薄，而亂之首。」〔註4〕然而，〈內業〉說：「是故止怒莫若詩，去憂莫若樂，節樂莫若禮，守禮莫若敬，守敬莫若靜，內靜外敬，能反其性，性將大定。」則將「禮」，甚至將「詩」和「樂」都當成治身（心）的重要工夫。此外，《老子》也不鼓勵戰爭、用兵，說：「以道佐人主者，不以兵強天下，其事好還。師之所處，荊棘生焉。大軍之後，必有凶年。」〔註5〕又說：「夫佳兵者不祥之器，物或惡之，故有道者不處。」〔註6〕主張「不得已而用之」。但是，〈白心〉則說：「兵之出，出於人，其人〔註7〕入，

〔註1〕陳德和，《淮南子的哲學》，嘉義：南華管理學院，1999年2月，頁36。

〔註2〕《老子‧十八章》。

〔註3〕牟宗山先生以為，老子的「無為」是對著有為而發，周公所造的禮樂典章制度，到了春秋戰國時期都只成了空架子，是窒息我們生命的桎梏。牟宗三，《中國哲學十九講》，台北：台灣學生書局，1997年1月，頁89。

〔註4〕《老子‧三十八章》。

〔註5〕《老子‧三十章》。

〔註6〕《老子‧三十一章》。

〔註7〕王念孫云：「其人」之「人」，涉上句「人」字而衍，循尹（知章）注亦無「人」

入於身。兵之勝，從於適。〔註8〕德之來，從於身。故曰：祥於鬼者義於人，兵不義不可。」則是較正面的肯定用兵。在上一章我們曾經說過，稷下黃老思想相較於《老子》「道」，有兩個主要轉變，一是「道」的客觀規律性之強化，一是「道」做為超越的創生實體之轉化。由於前者我們在上一章已經討論過，在此不再贅述。在本章，我們將把焦點放在後者，也就是「精氣說」上。

第一節　氣說的淵源與意義

早在戰國以前，「氣」概念就已經出現在《左傳》、《國語》、《論語》等古代文獻中。周幽王二年，陝西發生大地震，周大夫伯陽父說：

> 周將亡矣！夫天地之氣，不失其序；若過其序，民亂之也。陽伏而
> 不能出，陰迫而不能烝，於是有地震。（《國語・周語上》）

伯陽父用天地之氣來說明地震的原因，可以得知，至少在這個時代，人們已經開始使用「氣」概念來解釋自然變化的現象。不過，儘管到了戰國時期，在楚地的《莊子》、《楚辭》等作品中，對於「氣」的思想也有一定的表述。〔註9〕但是，真正將「氣」概念做為一個哲學思想的核心概念，應該是出現在《管子》中，〈內業〉等四篇所提及的精氣說。推究其原因，應該和「氣」概念的靈活性與包容性，以及齊王對於長生之術的渴求有關。

壹、「氣」概念的緣起義與一般義

誠如張立文先生所說：「在中國哲學發展史上，氣由文字概念上升為哲學範疇，並且逐步豐富和深化發展，經歷了漫長的發展過程。」〔註10〕在中國不同時代以及不同哲學家的思想中，「氣」概念的發展也各有不同。在甲骨文中，「氣」字作「三」（《殷墟書契前篇》），「三」（《殷墟文字甲編》）。西周金文作「三」（《大羋簋》），東周金文作「三」（《洹子孟姜壺》）。《說文》曰：「气，雲气也，象形。」屬象形字，張立文先生說：「雲氣之形較為輕微，其流動如

字。郭沫若云：原文以三字為句，且有韻，「其人入」當為「其入人」之誤。筆者以為郭說較佳。

〔註8〕安井衡云：適、敵通。郭沫若云：「從於適」者為敵所從也。及好戰多樹敵。「從於身」者為己所從也，人以德貴我，己亦以德報之。

〔註9〕《楚辭・遠遊》說：「餐六氣而飲沆瀣兮，漱正陽而含朝霞」。

〔註10〕張立文，《氣》，北京：中國人民大學出版社，1990年12月，頁19。

野馬、流水，其多至層層疊疊，故气字以筆劃彎曲象其流動之形，而以三劃象其多層重疊。」〔註11〕天地之間升、降、聚、散之氣，便是雲氣。「雲氣」是氣的原始意義。除了其本義「雲氣」之外，根據于省吾先生之說，〔註12〕還有其他三種意義其：

1. 作爲「乞求」之意：「庚申卜今日气雨」（《殷墟粹篇》七一七）這條卜辭中的「氣」作爲「乞求」，整個卜辭的意義是：「卜于庚申，今日，能求到雨嗎？」。

2. 作爲「迄至」之意：「王占曰，有希、其有來艱。气至五日丁酉、允有來艱」（《殷墟書契精華》一）這條卜辭中的「氣」作爲「迄至」之意。整個卜辭的意義是：「王占曰，有災祟，它會降臨嗎？迄至五日丁酉，確實會降臨災難嗎？」

3. 作爲「迄終」之意：「之日气有來艱」（《殷墟書契前篇》七·三一·三）這條卜辭中的「氣」作爲「迄終」之意，整個卜辭的意義是：「這天終於降臨災難」之意。

在于省吾說之後，饒宗頤先生則指出「气」作爲「刉、汔」意義使用，〔註13〕日人前川捷三在〈甲骨文、金文中所見的氣〉〔註14〕一文中，對於「彡」在甲骨文中的意義，提出幾點說明：

1. 在甲骨文中，「气」作爲「彡」，可能是因爲甲骨的質地的關係。

2. 「气」（上下兩劃長，中間一劃短）與作爲數字的「三」（在甲骨文中，上中下三劃的長度相等）在記載上是有差別的。

3. 在甲骨文中，「气」字不是名詞，而是作爲動詞（或副詞）來使用的。

「气」作爲哲學範疇，主要是從其作爲「雲氣」這一意義上發展出來的。在《春秋》、《國語》等文獻中，我們已經可以找到以「气」解釋自然現象的例子，《左傳》以「六氣」的交感變化說明春夏秋冬四時的形成，並將五行（金木水火土）、五味（辛酸鹹苦甘）、五聲（宮商角徵羽）的生成與六氣結合，這種發展可以說是企圖尋求各種具體物質和自然現象的統一本原，並且將種統一的本原歸結爲「氣」。《國語》對於「氣」作了更深入的考察，將「氣」

〔註11〕同上。
〔註12〕于省吾，《甲骨文字釋林》，大通，1981。
〔註13〕饒宗頤，《殷代貞卜人物通考》，香港：香港大學，1959年。
〔註14〕前川捷三，〈甲骨文、金文中所見的氣〉，小野澤精一，福永光思，山井湧等編著，《氣的思想》，上海，上海人民出版社，1992年6月，頁13～15。

視為「天地陰陽之氣」。陰陽之氣包含在天地山川萬物之中，是構成天地山川萬物的本原，具有一定的秩序，其運動變化有一定的規律。一旦這種秩序產生混亂，便會影響自然的變化，例如造成地震等等。張立文先生以為「氣」範疇在中國哲學中所具有的意義有以下八義：〔註 15〕

1. 氣為雲煙或雲氣：《說文》：「气，雲气也，象形。」張立文先生以為這是中國先民對於自然雲煙的直觀觀察，它是一種象形的直覺思維。

2. 氣是浩然之氣和精氣：孟子提出「浩然之氣」，指出人們可以通過主體的道德修養，即「善養」來充實和擴大，從而可以充塞宇宙天地。孟子以心、志、氣的相輔相成，發展了儒家的心性學說。《管子》的「精氣」，可以說是五谷、群星、形體、精神的構成本原。

3. 氣為元氣：所謂「元氣」，是指本始的氣，也指天地天地陰陽中和之氣，它是產生萬物的本始。董仲舒綜合殷周以來天命論、陰陽五行思想，而歸宗於儒學，提出了「元氣」範疇。然而真正對於元氣如何產生萬物和人類的過程作一邏輯次序的開展論述的，要歸功於王充。王充提出元氣自然論，認為元氣無為、自然，而非有為、有意志，而張衡以天文學的實驗知識，終於發展出「道——元氣——萬物」的宇宙模型，使元氣成為宇宙模型中的中間環節。

4. 氣為無或有：王弼以無為本，認為氣不過是無的體現，然而郭象認為氣本自有，揭示了氣以自身為本，而非以無為本，氣為事物發展的無限過程。

5. 氣為識所現之境：密宗以為心境皆空，元氣是第八識（阿賴耶識）變現出來的境界，心境和合而成天、地、人，元氣被納入了佛教的心識理論。

6. 氣為導引神氣：導引神氣是指調整氣息，吐故納新，以促進血液循環，調動機體各部分機能，增強人的免疫和生命力，延年益壽。是道教氣功的胎息行氣，內丹功法。

7. 氣為太虛：張載以氣為自然的本原或本體，以為它不是某一種物質型態，例如雲煙，而是一種抽象概念。他將虛和氣結合，這是氣向本體範疇的昇華。

8. 氣為電氣、質點或以太。康有為、嚴復、譚嗣同在向西方追求真理的

〔註 15〕張立文，《氣》北京：中國人民大學出版社，1990 年 12 月，頁 1～17。

過程中，在中國傳統與西方近代文化的衝突中，吸收了西方近代的科學知識，以物理、化學、生物學解釋中國傳統的氣範疇。

從上述的八點，我們可以發現「氣」概念在中國哲學中的意義，除了以「氣」為萬物和自然現象的共同本質，以作為客觀存在的元素外，「氣」還是具有動態功能的客觀實體。氣始終處於不斷運動變化中，聚散，絪縕，升降，屈伸或磨蕩、衝突，以運動變化作為自己存在的條件形式。因此，氣視為是充塞宇宙的原質，同時也被引申與人的壽夭、善惡、貧富、貴賤、尊卑息息相關。當然，我們也不可以忘記氣與道德的關係，孟子心氣論中，充塞於天地之間的「浩然之氣」正是由於「集義」所生。

中國氣範疇的發展演變，從殷周至清朝滅亡，在此 3000 餘年的歲月中，其意義不斷的豐盈，由早期作為自然雲氣的本意，逐步發展成為與天地人息息相關，用以解釋自然、社會、人事的「氣」概念。經過了精氣、元氣等等階段的發展。在這個發展中，貫通著規則性原則與非規則性原則，一元獨化與多元兼化的迭相並進。

貳、稷下學派重氣的原因

儘管從現有的文獻資料中，我們並沒有足夠的證據可以直接說明氣範疇與道論思想結合的原因，但是我們仍然可以通過「氣」範疇的特性以及時代的背景因素，嘗試找到「道」概念與「氣」概念在發展中逐漸走向結合的原因。

一、「氣」概念的靈活性與包容性

「氣」概念在中國哲學裡和「道」一樣，是個廣被使用的概念。儘管「氣」概念在中國哲學中有多種不同的意義，〔註16〕從古代文獻，例如，《左傳·昭公元年》:「天有六氣」，杜預注曰:「陰陽風雨晦明也。」《莊子·齊物論》:「夫大塊噫氣，其名為風」等等中可知，「氣」概念的使用，應該和先民觀察自然

〔註16〕關於「氣」概念在中國哲學中種種不同的使用意義，劉長林先生以為，氣是一個包含了物質、功能和理（信息）三個部分的綜合性概念。李志林先生將「氣」歸納為五種:1.自然常識之氣:如雲氣，2.人生性命之氣:如清濁、壽夭等；3.精神狀態和道德境界之氣:如浩然之氣；4.客觀存在的物質之氣（Matter）:作為世界本原之氣；5.能動的實體之氣（Vitality）。見劉長林，〈說氣〉，文載於楊儒賓先生主編《中國古代思想中的氣論及身體觀》，台北:巨流圖書公司，1993 年，頁 119～120。以及李志林，《氣論與傳統思維方式》，上海出版社:學林，1990 年，頁 13～16。

世界裡，天氣現象的流動變化有關。此外，「氣」還指人和動物的呼吸以及生命活力。例如，《禮記‧祭義》：「气也者，神之盛也」，鄭玄注曰：「气謂噓唏出入者也。」《孟子‧公孫丑上》也說：「夫志，气之帥也；气，體之充也」。「氣」概念這種由感官知覺的直接把捉，然後逐漸朝向抽象的解釋世界現象與宇宙本原的方式，並非中國獨有，在早期的希臘哲學中也曾經出現過。米里塔斯（Miletus）學派學者安那西門尼斯（Anaximenes）以爲，「氣」爲萬物的第一原理，是我們生命的基本元素。原子論者恩拍多克利思（Empedocles）也以爲土、水、火、氣是宇宙中四種元素（或萬有之根），這些元素的聚散離合影響著宇宙中的物體的生長壞滅。〔註17〕

但是，中國「氣」概念在演化發展上與西方哲學仍有著明顯的不同。對於西方哲學而言，「氣」不論是作爲萬物的本原或是元素的一種，一旦從感覺直觀的把捉物，轉變爲抽象思考下的概念之後，這種概念的內涵和外延就被確定下來，基本上不會再產生大的變化。但是，在中國「氣」概念的演化發展過程中，「氣」的意義總是透過不斷吸收之前的「氣」概念，來使得本身更加豐厚。劉長林先生說：

> 中國與西方在哲學上採取了兩種不同的發展形式。中國哲學的演進，主要不是通過新舊概念的替代，而是通過概念自身的變化——自我完善、自我增值來逐步實現的。這期間，也有新的概念產生，但原有的概念並不退出歷史舞台，而是繼續發揮重要作用，正如氣概念最早的屬性，並不因後來增加了新的內容而從氣概念中排除一樣。〔註18〕

「氣」概念在中國哲學發展中的這種靈活性與包容性，使「氣」概念可以輕易的融入新的思想學說中，並且因應需求來增加自身意義的豐厚性，以符合新學說內容的需要。〔註19〕對於一向只能使用描述性語言來形容，而無法用一個確定的定義窮盡的「道」概念來說，「氣」概念的這些特性，顯然提供二者有利的結合條件。同時，從感官知覺直接把捉自然雲氣的聚散離合，經過

〔註17〕見梯利（Frank Thilly）著，《西洋哲學史》（臺北：臺灣商務印書館，1980年）。

〔註18〕見劉長林，〈說氣〉，文載於楊儒賓先生主編《中國古代思想中的氣論及身體觀》，台北：巨流，1993年，頁117～118。

〔註19〕例如，「氣」在《論語》中一共出現六次，但都只是做爲一般性用法。例如，〈鄉黨〉所說的「屏氣似不息者」，〈季氏〉所說的「血氣未定」、「血氣方剛」之類。但是，「氣」概念到了孟子的學說中，就成爲與其心性論緊密結合的哲學範疇。例如，孟子所說的「浩然之氣」、「平旦之氣」或「夜氣」。

抽象思維的轉化成為「氣」概念的屬性之一後，將「氣」的聚散離合用來說明「道」概念周行不殆的流動性，也更容易起著說明的作用。「氣」概念這種兼具抽象與具象的特性，使得道家學者〔註 20〕，在遊說國君時，更容易透過「氣」概念來說明抽象的「道」概念。這對於身處一群遊說之士中的稷下學者而言顯然是個重要的問題。〔註 21〕

二、齊王對於長生之術的渴求

此外，我們從齊王對於長生之術的渴望，也可以得到一些線索。白奚先生在《稷下學研究》一說中就曾說：

> 氣論為什麼和齊人結下不解之緣呢？這顯然同齊人注重養生的傳統文化有關，而齊人之注重養生，又同他們相信神仙世界的存在和渴望長壽永生的文化背景有密切的關係。〔註 22〕

齊王追尋長生不老的事蹟在《史記‧封禪書》中有這樣的一段記載：

> 自威、宣、燕昭使人入海求蓬萊、方丈、瀛洲。此三神山者，其傳在勃海中，去人不遠；患且至，則船風引而去。蓋嘗有至者，諸僊人及不死之藥皆在焉。

由於「氣」概念與人的呼吸的關係，易透過吐納、導引而與追求養生以至於長生不老的方術相互結合。1975 年，考古工作者在青海樂都地區，發掘了一個距今約 4000～4500 年，屬於半山馬廠文化的彩陶罐。此罐雙耳、小口、大腹、底部緊收，面積如罐口。罐體有一彩繪浮雕人像。該人像雙腳平放，比肩稍寬，下肢彎曲做蹲當式，腹部為隆，雙手環抱，口張並作吐氣狀。雙眼微閉，面部表情平和靜穆。整個身體呈站樁功、氣沉丹田的狀態。學者們以為，這當是我國目前發現最早以藝術形象顯現氣功演練的實物。〔註 23〕白奚

〔註 20〕 這裡泛指一切以「道」為其學說核心或最高範疇的學者。

〔註 21〕 《史記‧田敬仲完世家》說：「齊王喜文學遊說之士，自如鄒衍、淳于髡、田駢、接輿、慎到、環淵之徒七十六人，皆賜列第，為上大夫，不治而議論。是以齊稷下學士復興，且數百千人。」而據《漢書‧藝文志》所載，田駢號稱「天口駢」、鄒衍號「談天衍」而鄒奭號「雕龍奭」，足見良好的表達能力，是稷下學者應備的基本能力之一。因此，能夠更簡明的將本身表達給國君知道，就成為稷下學者推銷自身學說的重要條件。

〔註 22〕 白奚，《稷下學研究：中國古代的思想自由與百家爭鳴》，北京：三聯書店，頁 174。

〔註 23〕 見林中鵬主編，《中華氣功學》，北京體育學院出版社，1989 年，頁 43～44。李志庸主編，《中國氣功史》，河南科學技術出版社，1988 年，頁 39。

先生也指出，在現存的出土文物中，有一個玉製的劍柲，根據陳夢家先生的考定，應該是屬於戰國初期的齊器，其銘文講的是「行氣」與生命、智慧、精神的關係。〔註 24〕此外，《管子·樞言》也說：「有氣則生，無氣則死，生者以其氣。」又說：「得之必生，失之必死者，何也？唯氣。」足見「氣」與生命的關係十分緊密。

從上一章的討論中可知，齊王的需求對於稷下學的發展有明顯的影響力。因此，稷下學者將自身學說，結合齊王所關心的議題（王霸以及長生不死之道），就成爲向齊王提倡自身學說的方法之一。道家學者自身的學說中，就有重視養生的一面。〔註 25〕因此，援引與生命現象有密切關係的「氣」概念，與其做爲核心概念的「道」相互結合，可以說是，就其思想自身以及稷下學宮的學術環境這雙重影響下的發展結果。

第二節　精氣的存有性格

壹、精、氣與精氣之判別

「氣」這個字在「管子四篇」中，主要出現在〈心術下〉與〈內業〉兩篇，例如，〈心術下〉曰：「氣者，身之充也」〈內業〉曰：「摶氣如神，萬物備存」。「氣」除了單獨使用之外，尙與其他字詞聯用，綜合〈心術下〉與〈內業〉兩篇，共有「意氣」、「善氣」、「惡氣」、「心氣」、「血氣」、「雲氣」、「靈氣」以及「精氣」等八種。今分述如下：

1. 「氣」

「氣」單獨使用時，有時指形而上的「精氣」，如〈心術下〉曰：「氣者，身之充也」；有時又類似於「血氣」，如〈內業〉曰：「心靜氣理，道乃可止」，此處的「氣」尙屬於身體層面的「體氣」而不是形上的「精氣」，應該與〈內業〉曰：「四體既正，血氣既靜，一意摶心」的「血氣」相當。

2. 「意氣」

日人小野澤精一以爲，〈心術下〉與〈內業〉中，所提及的「意」即是

〔註 24〕「行氣玉柲銘」，《三代吉金文存》卷二十·四九，轉引自白奚，《稷下學研究：中國古代的思想自由與百家爭鳴》，北京：三聯書店，1998 年 9 月，頁 186。

〔註 25〕例如，《淮南子·氾論訓》曰：「全性保眞，不以物累形，楊子之所立也」。司馬談《論六家要旨》也說：「道家使人精神專一」。

「心中之心」，而「意氣」、「氣意」以及「心意」等，所指的是較「心」更為深入者。〔註26〕〈心術下〉曰：「無以物亂官，毋以官亂心，此之謂內德。是故意氣定，然後反正」。〈內業〉曰：「氣意得而天下服，心意定而天下聽」可以得知，「意氣」、「氣意」以及「心意」的安定，才能使行為端正，而在〈心術下〉「形正德來」的論述結構中，「形正」是道得以呈現的必要條件之一。此外，〈心術上〉既然將「人心」比喻為「館舍」，以為「虛其欲，神將入舍。掃除不潔，神乃留處」，那麼停留於「人心」的「心中之心」，自然就是與「道」相同的「精氣」，因此可知，「意氣」與「精氣」應該所指相同。

　　3.「善氣」、「惡氣」、「心氣」

　　〈心術下〉曰：「金心在中，不可匿。外見於形容，可知於顏色。善氣迎人，親如弟兄。惡氣迎人，害於戈兵。不言之言，聞於雷鼓。金心之形，明於日月，察於父母。」同樣的文句也出現在〈內業〉中，不過，在〈內業〉中，「金心在中」作「全心在中」，「金心之形」作「心氣之形」。郭沫若先生在《管子集校》一書中，引劉績、洪頤煊、冢田虎之說，皆認為「金」為「全」之誤。楊儒賓先生以為，與〈心術下〉的「金心在中，不可匿」最可參照的句子是〈內業〉所說：「全心在中，不可匿」，而從馬王堆出土《帛書老子》22章「曲則全」、「誠全歸之」，其「全」字皆誤作「金」字，可知「金」、「全」字近易誤。〔註27〕筆者同意前輩學者們的觀點，以為「金心」當為「全心」之誤。從文脈可以得知，「管子四篇」的作者以為「全心」當為「精氣／道」正「呈顯／停留」於「心／館舍」的狀態，而此一狀態可以直接反應在人的身體膚色上，「心氣之形」就是「金心之形」，也就是「全心之形」，是精氣存留固守於「心」的狀態。在這個意義下，「善氣」與「惡氣」當為人心是否同於「道」而直接於形體之上所呈現的反應，對待他人的意圖如果是好的，自然呈現善意，而與人相處無間，反之則否。

　　4.「血氣」

　　〈內業〉曰：「四體既正，血氣既靜，一意搏心，耳目不淫」，「血氣」在

〔註26〕小野澤精一，〈齊魯之學中的氣概念〉，《氣的思想》，上海：上海人民出版社，1980年1月，頁29～76。

〔註27〕楊儒賓，〈論「管子・白心、心術上下、內業」四篇的精氣說與全心論──兼論其身體觀與形上學的聯繫〉，《漢學研究》第9卷第1期，1991年6月，頁192，頁下注31。

這裡所指的應該是人的生理狀態，例如呼吸、血液循環等等，也可能更廣泛的指可以爲心志所控制的情感之氣，例如勇氣、氣概等等。

5.「雲氣」

〈內業〉曰：「見利不誘，見害不懼，寬舒而仁，獨樂其身，是謂雲氣」，安井衡以爲「雲」古作「云」，云，運也，後人誤爲雲雨之雲，因此也在「云」上加「雨」。丁士涵與俞樾兩位先生則以爲，下文有「靈氣在心，一來一逝」，「雲氣」當爲「靈氣」之誤。郭沫若先生以爲當從安井衡之說，解爲「運氣」，而非字誤。〔註28〕筆者以爲，從前後文脈考慮，「雲氣」之前「見利不誘」等句所言，當爲某種修養工夫而非形容某一特定對象，因此當作「運氣」似乎較「靈氣」爲恰當。

6.「靈氣」

「靈氣」一詞在《管子》中僅出現過一次，〈內業〉曰：「靜則得之，躁則失之，靈氣在心，一來一逝，其細無內，其大無外，所以失之，以躁爲害」，裘錫圭先生在〈稷下道家精氣說的研究〉一文中，以爲「靈氣」就是指「精氣」。〔註29〕馮友蘭先生也說：「在〈內業〉等四篇中，道就是精氣，也稱爲靈氣。」〔註30〕從〈心術上〉文後解經部份曰：「道在天地之間也，其大無外，其小無內，故曰不遠而難極也。」可以發現，「靈氣」與「道」都是「其大無外，其小無內」，而且與「精氣」同樣「以躁爲害，靜則得之」。由此可知，「靈氣」、「精氣」與「道」所指的應該是相同的。

7.「精氣」

在「管子四篇」中，「精」有時單獨使用，有時與「氣」聯用而爲「精氣」。「精」字單獨使用而不作「精氣」解的地方，在「管子四篇」中有三處，分別是〈心術上〉：「世人之所職者精也……精則獨立」，〔註31〕「物得以生生，知得

〔註28〕郭沫若，許維遹，聞一多集校，《管子集校》上下，東京：東豐書店，1981年10月，頁795。

〔註29〕裘錫圭，〈稷下道家精氣說的研究〉，《道家文化研究》第二輯，1992年，頁171。

〔註30〕馮友蘭，《中國哲學史新編》第二冊，北京：人民出版社，1984年10月，頁224。

〔註31〕本句中，後一個「精」字作「精一」應該較無問題，但是，前一個「精」字，俞樾與郭沫若先生都以爲該當作「情」，俞樾曰：此「精」當爲「情」，蓋世人唯以情爲主，故必去欲而後能宣，宣而後靜，靜而後精。張舜徽先生則以爲，此數句乃言「精」與神之爲用，謂人之所賴以生者在「精氣」，故此「精」

以職道之精」〔註32〕以及〈心術下〉曰：「形不正者德不來，中不精〔註33〕者心不治」，其餘在「管子四篇」中單獨使用的「精」字，都可以作「精氣」解。〈說文〉：「精，擇米也」其本義是細米，引申爲一切細微的東西，由此，「精氣」當是指「氣」之中最精微、最細密的部份。「精氣」在「管子四篇」中與「道」是可以互相替代的，因此「精氣」也可以視爲是超越無待的形上根源。

從上述的七點中，我們又可以將「管子四篇」中所提及的「氣」分成三大類：

1. 指與人的生理有關的「氣」，例如，「血氣」以及「心靜氣理」之氣。此類「氣」可能泛指人的呼吸、氣血循環，甚至是心志所控制的情感之氣，如勇氣、氣概等等。

2. 指直接反應精氣是否停留於心之狀態的「心氣」、「善氣」、「惡氣」等等。

3. 指可以與「道」互爲使用，爲超越無待的形上根源，主要是指「精氣」，有時「管子四篇」也用「靈氣」、「意氣」替代。

從上述三點可以發現，「管子四篇」中，「氣」與「精氣」的區別，主要是一爲形而下的實然之氣，一爲超越無待的形上根源。陳德和老師在《淮南子的哲學》一書中說：

> 形而下的氣之上，還有一個氣之實然的所以然的道，這個道才是萬有的本根，它在稷下黃老和淮南通通被認定是精氣，《管子・內業》說的「精也者，氣之精者也」就是在區別氣和精氣之間、然和所以然或者形上和形下的不同。〔註34〕

由於「精氣」與形而上的「道」是相同的，因此「精氣」至少在作爲萬有的本根、存有的本眞、絕對普遍的實現原理以及一切價值理序的根源這幾點上，有別於實然之「氣」。然而，儘管在「管子四篇」中，「精氣」的地位由「氣」向上提昇至「道」的地位，但是從〈內業〉說：「精也者，氣之精者也。」以及〈心術下〉說：「一氣能變曰精。」可以得知，「精氣」仍然是一種「氣」，

不用改爲「情」。筆者以爲，俞說較佳。

〔註32〕此「精」字當作「精髓」講。張舜徽，《周秦道論發微》，木鐸出版社，1983年，頁220。

〔註33〕此「精」字可作「精一」，尹知章以「精誠」釋之，張舜徽先生曰：尹氏以「誠至」釋「精」，誠至乃專一之意。同上，頁234。

〔註34〕陳德和，《淮南子的哲學》，嘉義：南華管理學院，1999年2月，頁67。

只是「精氣」較「氣」更爲精微，而且還是能不受形體限制的「氣」。

從以上的討論中我們可以得知，在「管子四篇」中，「精」除了作爲「精一」、「精髓」之外，其餘的「精」字都可以作爲「精氣」使用。「氣」與「精氣」的區別，主要是「氣」指爲實然之「氣」，而「精氣」則是超越無待的形上根源。至於「精氣」與「道」的關係，則是我們下一點所要討論的。

貳、道與精氣

「道」在「管子四篇」與《老子》書中的一個顯著不同，就在於「管子四篇」將「精氣」等同於「道」。在《老子》書中，「氣」字一共出現三次：

> 載營魄抱一，能無離乎？專氣致柔，能嬰兒乎？（〈第 10 章〉）
>
> 萬物負陰而抱陽，沖氣以爲和。（〈第 42 章〉）
>
> 知和曰常，知常曰明，益生曰祥，心使氣曰強，物壯則老，謂之不道，不道早已。（〈第 55 章〉）

這三個「氣」字都不等同於「道」概念。然而，如果我們直接返回〈心術上〉、〈心術下〉、〈白心〉、〈內業〉等四篇中，〈內業〉說：「夫道者，所以充形也」，而〈心術下〉則說：「氣者，身之充也」，可以得知在「管子四篇」中，以爲「道」即「氣」。不過這裡所指的「氣」，並不是一般的「氣」，而是指「精氣」。裘錫圭先生引《淮南子・原道》曰：「氣者，生之充也」，以及馬王堆漢墓出土的竹書《十問》：「以精爲充，故能久長」，證明〈內業〉中「夫道者，所以充形也。」所說的「道」和〈心術下〉：「氣者，身之充也。」的「氣」應該理解爲精氣〔註35〕。

上面的討論說明，在「管子四篇」中，「道」與「精氣」是可以通用的。在接下來的討論中，我們要在這個基礎上分別釐清以下兩個問題：

1. 《老子》的「道」與「管子四篇」的「精氣／道」〔註36〕有何異同？

2. 「管子四篇」中的「道」與「精氣」並存的理由？

一、「管子四篇」的「精氣／道」與《老子》的「道」之異同

爲了更進一步釐清《老子》的「道」與「管子四篇」的「精氣／道」間

〔註35〕裘錫圭，〈稷下道家精氣說的研究〉，《道家文化研究》第二輯，1992 年，頁171。

〔註36〕由於「管子四篇」中，「道」與「精氣」可以通用，所以在與《老子》的「道」比較時，爲了突顯這種互通性，筆者以「精氣/道」來指稱「管子四篇」中的「精氣」與「道」。

的差異，筆者根據袁保新老師在其《老子哲學之詮釋與重建》一書中，〔註37〕對《老子》「道」之內涵所作的整理，作了如下的比較：

（一）就「道」與「精氣／道」的認識論意義而言：

1. 「道」與「精氣／道」皆為超越名言概念的思考：如，《老子・一章》曰：「道可道，非常道」，〈心術上〉曰：「大道可安而不可說」。《老子》「道」與「管子四篇」的「精氣／道」都是不受名言所限制的。

2. 「道」與「精氣／道」都不是感覺經驗的對象：如，《老子・十四章》曰：「視之不見名曰夷。聽之不聞名曰希。搏之不得名曰微。……是謂無狀之狀，無物之象，是謂惚恍」。〈內業〉曰：「道也者，口之所不能言也，目之所不能視也，耳之所不能聽也」。

3. 「管子四篇」以為對於「精氣／道」的體悟，只能來自於修養工夫而不能靠外在觀察得知。〈內業〉曰：「彼道之情，惡音與聲，修心靜音，道乃可得」可為證。

4. 「管子四篇」以為「精氣／道」可以透過虛欲去智、正形飾德的修養工夫，使「精氣／道」存留固守於「心」。

（二）就「道」與「精氣／道」的形上意義而言

1. 「道」與「精氣／道」乃萬物生化的根源

如，《老子・三十四章》曰：「大道氾兮，其可左右。萬物恃之而生而不辭，功成不名有。衣養萬物而不為主」，〈內業〉曰：「凡物之精，此則為生，下生五穀，上為列星。流於天地之間，謂之鬼神，藏於胸中，謂之聖人」。不過，《老子》的「道」對於萬物的生化乃是「不生之生」，袁保新老師以為，「道」是以虛理的方式，表徵著存在界一切事物之間的和諧關係、秩序，當事物遵從此一秩序時，「道」就會保障這個事物的實現完成，但是當這個事物背離這個秩序時，事物的相刃相靡就會使這個事物陷入「不道」「早死」的命運。〔註38〕但是，「管子四篇」雖然同樣為萬物生化的根源，但是「氣」概念的介入，使得「精氣／道」與其說是「萬物生化的根源」，毋寧說是「生化萬物的根源」可能更為恰當。

2. 「精氣／道」是超越的創生實體

相較於《老子》的「道」，「管子四篇」的「精氣／道」可以稱為「超越的

〔註37〕袁保新，《老子哲學之詮釋與重建》，台北：文津，1991年，頁23～25。
〔註38〕同上，頁162。

創生實體」。陳德和老師以爲，《老子》的「道」只是「不塞其源則物自生，不禁其性則物自濟」的不生之生、不養之養，只有實現性而無創造性，客觀實有對它而言只是貌似的姿態而已。但是，「管子四篇」中的「精氣／道」由於「氣」概念的介入，「道之客觀實有義於焉確然不可移」，因此，陳德和老師說：「道概念在原始道家如老子《道德經》中本來是以『無』立宗的，到了稷下黃老和淮南由於氣概念的介入，乃變成以『有』爲核心，『無』只成了對『絕對大有』之無形色、無古今、無方所、無意志的一種總持的形容而已。」〔註39〕從上述中可知，「精氣／道」的客觀實有義已經確定。同時，由於「管子四篇」中，「道」與「精氣」可以互通，所以「精氣／道」具有形上、超越的性格，又因爲〈內業〉曰：「凡人之生也，天出其精，地出其形，合此以爲人」，所以使我們有理由相信，「精氣／道」在生化萬物的過程中，不再只是一「虛理」，而更有可能是一種可以與「形氣」並舉的「要素」（element），因此「精氣／道」之生不再只是「不生之生」，而更可能爲「創生」，而其存有也是一種客觀實有，基於上述理由，筆者將「精氣／道」視爲「超越的創生實體」。

　　3. 「道」與「精氣／道」都內在於天地萬物中，爲天地萬物所同具

　　《老子・三十九章》曰：「昔之得一者，天得一以清，地得一以寧，神得一以靈，谷得一以盈，萬物得一以生，侯王得一以爲天下貞」，〈內業〉曰：「冥冥乎不見其形，淫淫乎與我俱生，不見其形，不聞其聲，而序其成謂之道」又說：「道滿天下，普在民所」，二者都闡明，儘管「道」或「精氣／道」無形無狀，但是卻是普遍存在於人們週遭，生化孕育著萬物的。

　　4. 「道」與「精氣／道」乃一切事物活動的規律

　　《老子・七十三章》曰：「天之道：不爭而善勝，不言而善應，不召而自來，繟然而善謀，天網恢恢，疏而不失」，〈心術下〉曰：「能專乎？能一乎？能毋卜筮而知凶吉乎？……非鬼神之力也，其精氣之極也」，「精氣／道」在「管子四篇」中取代了「意志天」與「鬼神」，成爲萬事萬物發展變化的根源，同時也成爲一切事物活動的總規律。此外，丁原明先生在其《黃老學論綱》一書中曾說：「正是由於〈心術〉四篇將道、氣作了溝通，實現了道氣的合一，……指出道從感覺上說雖是無聲、無形、無爲的，但卻是一種爲人所可把握的眞實性存在」，〔註40〕相較《老子》的「道」是以一「虛理」的方式，

〔註39〕陳德和，《淮南子的哲學》，嘉義：南華管理學院，1999 年 2 月，頁 102。
〔註40〕丁原明，《黃老學論綱》，山東：山東大學出版社，1997 年 12 月，頁 143。

表徵著存在界一切事物間的和諧秩序，「精氣／道」的客觀實有性格更趨向與「義」、「禮」、「法」等範疇結合，成爲實際可被人君掌握的法則。〈心術上〉曰：「事督乎法，法出乎權，權出乎道」，很顯然已經將「精氣／道」從形而上的價值理序，進一步的轉入了一種可被把握的治術之領域。

（三）就「道」與「精氣／道」在實踐哲學中的意義而言：

1. 「道」與「精氣／道」乃人格修養的法則，兼指修養所得的人格或心境

《老子‧七十七章》曰：「孰能有餘以奉天下？唯有道者。是以聖人爲而不恃，功成而不處，其不欲見賢」，《老子》以爲「天道無私」，聖人效法天道，因此作育萬物而不自恃期能，成就萬物而不自居其功。〈心術下〉曰：「聖人若天然，無私覆也；若地然，無私載也。私者，亂天下者也」同樣以爲體道的聖人，應該效法天地之道無私無覆的法則。

2. 「道」與「精氣／道」又指政治理想實現的方法或原則

《老子‧三十七章》曰：「道無爲而無不爲。侯王若能守之，萬物將自化」，牟宗山先生以爲，《老子》的「無爲」乃是針對「有爲」而發的，[註41] 侯王若是能從「道」之「不生之生」、「不養之養」中，體認「道」之化育流行，皆只是在整體和諧的存在秩序中，使萬物自正自化而已，那麼守道的侯王，自然能使一切天地萬物在「道」的涵育之下，兩不相傷，各正其位，各適其性，各遂其生。相較之下，〈心術上〉曰：「是以君子不休乎好，不迫乎惡，恬愉無爲，去智與故。……過在自用，罪在變化。是故，有道之君，其處也，若無知，其應物也，若偶之。靜因之道也」，「管子四篇」雖然也強調人君應效法「精氣／道」的無私無覆，主張去除成見、沉澱雜念、恬愉無爲等等修養工夫，但是卻是在貌似「無爲」的政治主張之後，含藏著濃烈而思欲有所作爲的氣勢。

從上述各點中，我們可以發現，《老子》的「道」與「管子四篇」的「精氣／道」之不同，從認知論說，相較於《老子》，「管子四篇」提供了更爲細緻的修養論來掌握無形無狀的「精氣／道」。在形上學中，二者的區別主要有二：一是《老子》的「道」，是以一「虛理」的方式保障存有界一切事物的價值理序，而「管子四篇」的「精氣／道」卻因爲「氣」概念的介入，而卻更傾向以客觀實有的規律秩序，規範一切人事物；其二是，《老子》的「道」對

〔註41〕牟宗三，《中國哲學十九講》，台北：台灣學生書局，1997 年 1 月，頁 89。

於萬物的生化是一「不生之生」、「不養之養」，而「管子四篇」的「精氣／道」卻明顯的具有「創生性」存在。最後就實踐哲學中的意義而言，相較於《老子》的「道」，「管子四篇」的「精氣／道」已經逐漸發展爲一「君人南面之術」，《老子》的「無爲而無不爲」，在「管子四篇」中卻是一種虛一靜因的統馭技術了（關於「管子四篇」的治術，本文在第五章中還有更進一步的討論）。

二、「管子四篇」中的「道」與「精氣」並存的理由

從前面的討論可知，「管子四篇」將「精氣」等同於「道」，這顯然是有別於《老子》的。然而，在「管子四篇」中，並沒有用「精氣」取代「道」，也就是說，「精氣」和「道」同時都出現於「管子四篇」的論述中。這就不禁讓人產生這樣的疑問：如果「精氣」和「道」是相通的概念，那麼基於什麼樣的理由，需要使用兩個可以作爲最高範疇的核心概念呢？這是我們在這一點中所要討論的。

在接下來的討論中，我們首先將透過比較四篇中有「道」概念和「精氣」概念出現的句子，各自在「管子四篇」所要傳達的意思是什麼，來討論「精氣」概念在「管子四篇」中，所要處理的核心議題爲何？爲了使討論容易進行，筆者將列舉「管子四篇」中，有「精」字出現的句子。

（1）世人之所職者精〔註42〕也，去欲則宣，宣則靜矣，靜則精，精則獨立矣。（心術上）

（2）物得以生生，知得以職道之精。〔註43〕故德者得也，得也者，其謂所得以然也，以無爲之謂道，舍之之謂德。（〈心術上〉）

（3）形不正者德不來，中不精者心不治。正形飾德，萬物畢得。（〈心術下〉）

（4）一氣能變曰精。一事能變曰智。（〈心術下〉）

（5）凡物之精，此〔註44〕則爲生，下生五穀，上爲列星。流於天地之

〔註42〕張文虎云：「世」當作「聖」。俞越先生說：此「精」當爲「情」，蓋世人唯以情爲主，故去欲而後宣，宣而後靜，靜而後精，精而後獨立。郭沫若先生以爲下「精」當爲「情」，「宣」乃「寡」字之誤。見郭沫若，許維遹，聞一多集校，《管子集校》上下，東京：東豐書店，1981年10月，頁641。

〔註43〕張文虎曰：職、識古通假字。「知」字似衍。吳汝綸曰：「生」字當上讀。郭沫若曰：吳云「生字當上讀」者，謂當以「物得以生生」爲句，是也。尹注於上「生」字斷句，非是。筆者以爲郭說較合理，故此處從郭說。

〔註44〕張佩綸曰：「此」當爲「化」，字之誤也。《易·繫辭下》「天地絪縕，萬物化

間，謂之鬼神，藏於胸中，謂之聖人；是故民〔註45〕氣，杲乎如登於天，杳乎如入於淵，淖乎如在於海，卒乎如在於己。是故此氣也，不可止以力，而可安以德。不可呼以聲，而可迎以音。敬守勿失，是謂成德。德成而智出，萬物果得。（〈內業〉）

（6）定心在中，耳目聰明，四枝堅固，可以為精舍。（〈內業〉）

（7）精也者，氣之精者也。氣道〔註46〕乃生，生乃思，思乃知，知乃止矣。凡心之形，過知失生。一物能化謂之神，一事能變謂之智，化不易氣，變不易智，惟執一之君子能為此乎！（〈內業〉）

（8）敬除其舍，精將自來。精想思之，寧念治之。嚴容畏敬，精將至定，得之而勿捨，耳目不淫，心無他圖。正心在中，萬物得度。（〈內業〉）

（9）精存自生，其外安榮，內藏以為泉原，浩然和平，以為氣淵。（〈內業〉）

（10）摶氣如神，萬物備存。能摶乎？能一乎？能無卜筮而知吉凶乎？能止乎？能已乎？能勿求諸人而得之己乎？思之思之，又重思之。思之而不通，鬼神將通之，非鬼神之力也，精氣之極也。（〈內業〉）

（11）凡人之生也，天出其精，地出其形，合此以為人。（〈內業〉）

（12）精之所舍，而知之所生。（〈內業〉）

上述各點中，除了（1）的第一個「精」字作為「情」，（2）的「精」做為「精髓」，（3）的「精」做為「精誠」之外，其餘都可當做「精氣」使用。我們可以將這些出現「精」字的句子所要表達的意思分為以下幾點：

1. 說明「氣」與「精氣」的不同：（4）（7）
2. 說明「精氣」是超越的創生實體：（5）
3. 說明「精氣」是構成「人」的要素：（11）

醇，男女構精，萬物化生」。郭沫若先生根據石一參之説，以為「此」當作「比」。比，合也。指陰陽二氣合以生萬物。由於〈內業〉說：「一物能化謂之神，一事能變謂之智，化不易氣，變不易智」，〈心術下〉也說：「一氣能變曰精，一事能變曰智。」可知，「管子四篇」以「化」來描述「精氣」之活動。因此，筆者以為張佩綸之説為是。

〔註45〕丁士涵曰：「民」乃「此」字誤，氣即精氣也，下文云「是故此氣也」，是其證。

〔註46〕戴望云：左氏襄三十一年傳注「道，通也」，「氣道乃生」，猶言氣通乃生耳。尹注非。

4. 說明對「精氣」（或「道」）的體現（註47）和產生的功效：（2）（9）（10）
（12）

5. 說明如何使「精氣」停留於心：（1）（3）（5）（7）

可以發現有「精」字出現的句子所要表達的意思都集中於 4.、5.兩點，也就是
集中於討論「精氣（道）停留於心的狀態與產生的功效」和「如何使精氣停
留於心（也就是如何體道）」這兩點上。爲了使整個問題突顯出來，我們將「管
子四篇」中，有「道」字出現的句子所欲表達的意思區分爲以下幾點：

1. 「道」普在民所、無形無狀，並且非感官可以得知，因此需要透過治心
的功夫才能把捉「道」。例如，〈內業〉說：「道也者，口之所不能言也，
目之所不能視也，耳之所不能聽也，所以修心而正形也。」

2. 「道」停留於心的狀態叫做「德」，如〈心術上〉說：「德者道之舍」。

3. 「道」不能停留於心的理由，如〈內業〉說：「凡人之生也，必以其歡，
憂則失紀，怒則失端，憂悲喜怒，道乃無處。愛欲靜之，遇亂正之，
勿引勿推，福將自歸。」

4. 「道」虛無、貴因，而且不與萬物異理，如〈心術上〉說：「故必知不
言無爲之事，然後知道之紀，殊形異埶，不與萬物異理，故可以爲天
下始。」又說：「故道貴因，因者，因其能者，言所用也。」

5. 「道」是萬物成、敗、生、滅的根源，如〈內業〉說：「人之所失以死，
所得以生也。事之所失以敗，所得以成也。凡道，無根、無莖，無葉、
無榮，萬物以生，萬物以成，命之曰道。」

可以發現有「道」字出現的句子所要表達的意思都集中於第 1 點，而第 2 點
和第 3 點是第 1 點問題的延伸。也就是說，基於「道」無形無狀、不能被感
官把捉的特性，因此要把捉「道」（體「道」）必須來自於治心的工夫而非感
官的觀察。因爲「道」不停留於心的原因，在於心被喜怒哀樂等情緒嗜欲所
干擾，因此，體「道」依賴於「正心」。對於聖人而言，「德」就是聖人對於
「道」的體現，也因此，就是「道」停留於心的狀態。

從上述我們可以發現，「管子四篇」中做爲最高範疇以及核心概念的「道」

〔註47〕〈心術下〉說：「形不正者德不來，中不精者心不治。正形飾德，萬物畢得。
翼然自來，神莫知其極。」可以得知，「德」就是聖人對於「道」的體現。〈心
術上〉曰：「虛其欲，神將入舍」又說「潔其宮，開其門，去私毋言，神明若
存」，文後解經部分曰：「宮者，謂心也。」因此可知，聖人對於道的體現，
就是通過虛欲去智，使「道」（精氣）呈現於心。

與「精氣」，其所欲傳達的意思，都集中在治心的理由和方法上。也就是「管子四篇」企圖透過治心的工夫，說明人把捉「道」的可能性與方法，筆者將此一問題及其處理方法，稱為「管子四篇」的治心議題。從「管子四篇」談論治國、治心皆以不離「道」為原則這一點上，﹝註48﹞可以得知，「管子四篇」的治心議題也說明了，治國與治身有著一體之兩面的關係。所以，〈心術下〉說：「心安，是國安也。心治，是國治也。治也者心也。安也者心也」。其次，根據第一點我們可以發現，雖然「道」和「精氣」都和治心的議題有關，但是，有「道」字出現的句子主要在於處理治心的理由，而有「精氣」出現的句子主要傳達的卻是治心的方法及功效。因此可以發現，儘管「道」和「精氣」這兩個概念在「管子四篇」中雖然是可以互通的，但是，「管子四篇」卻是通過「精氣」概念來處理「如何治心」的問題，這也正好說明了「管子四篇」作者在同一個議題中使用兩個可以作為最高範疇的核心概念的理由，是因為認為「精氣」概念更適合處理「治心」的議題。接下來的問題是，為什麼「管子四篇」的作者會認為「精氣」概念比「道」概念來適合處理「治心」的議題呢？筆者以為，「精氣」與「人」的關係應該是一條很好的線索。

第三節 「精氣說」下的人學

就現有的資料可知，「精氣說」最早見於《管子》。朱謙之先生在《老子釋譯》一書中以為，《管子・內業》所說：「精，氣之極也；精也者，氣之精者也。」與《老子・二十一章》說：「窈兮冥兮，其中有精。其精甚眞，其中有信。」所指的「精」，二者意義相合。﹝註49﹞葛榮晉先生也以為，「精氣」是從《老子》中脫胎出來的。雖然《老子》還未將「精」與「氣」兩者結合使用，不過在《老子》道一元論的框架中，既講「精」也講「氣」，為「精氣說」的產生提供了思想資料與理論啓迪。﹝註50﹞從上一節可以得知，「精氣」指的是一種更細微的「氣」。而從「管子四篇」的內容來看，「精氣說」與治心議題的相關性，主要表現在下面三點上：

1. 聖人體現「道」的可能性，這是從存有學上先說明「聖人體道的可能

﹝註48﹞關於這一點，可以從「管子四篇」以「有道之君」（〈心術上〉）、「聖人」以及「執一之君子」（〈白心〉、〈內業〉）為效法的目標可知。
﹝註49﹞朱謙之，《老子釋義》，台北：里仁書局，1985 年 3 月。
﹝註50﹞葛榮晉，《中國哲學範疇導論》，台北：萬卷樓，1993 年 4 月，頁 47～49。

性」，才能接下來說明體道的方法途徑。〈內業〉說：「凡物之精，……
藏於胸中，謂之聖人」。

2. 聖人如何體現「道」，也就是如何讓精氣（道）留存於心中。例如，〈內業〉說：「定心在中，耳目聰明，四枝堅固，可以爲精舍」。關於這一點，我們在下一章會有進一步的說明。

3. 聖人與道契合時的身心狀態，例如，〈內業〉說「定心在中，耳目聰明，四枝堅固，可以爲精舍」。

「管子四篇」作者以「精氣說」處理其治心議題的上述三個面向，筆者以爲，第一點應該與「精氣的創生性」有關，而二、三兩點，則與「氣和人之生理現象」間的關係有關。以下分成兩個部分討論之。

壹、「天、地、人」一體觀與精氣的創生性

「氣」概念與養生之術有著緊密的關係，這是在前面已經提過的。《管子》以爲，「氣」能直接影響人的生命現象，〈樞言〉說：「有氣則生，無氣則死，生者以其氣。」直接以「氣」之有無，來說人之死生。此外，《管子》也以「氣」之通順與否，來說明人之健康長壽。〈中匡〉說：「道血氣以求長年長心長德，此爲身也。」〔註51〕〈內業〉對「食之道」的描述，也是明顯的例子：

> 凡食之道，大充，傷而形不藏；〔註52〕大攝，骨枯而血沍。充攝之間，此謂和成。精之所舍，而知之所生。飢飽之失度，乃爲之圖。飽則疾動，飢則廣思，老則長慮，飽不疾動，氣不通於四末，飢不廣思，飽而不廢。

可以得知，在《管子》中，「氣」與人之生命現象有極爲緊密的關係。因此，假設「管子四篇」的作者以爲，聖人對於天道之體現，可以反應在四肢體色之上，例如，〈白心〉說：「金心在中不可匿。外見於形容，可知於顏色」。〔註53〕那麼，

〔註51〕 道，導也。劉師培云：文選洞簫賦注，嘆逝賦注，並引作「導血氣而求長年」。郭沫若云：「長年」疑「長生」之誤，「長生」即「養生」，亦即「養性」。

〔註52〕 藏，古本作「藏」。李哲明云：「大充」句逗，「傷」字無所屬，「充」之下疑奪「氣」字。求之下文，「飽不疾動，氣不通於四末」，此飽屬氣言，可證。「不通於四末」即「傷」之謂也。又云「寬氣而廣，其形安而不移」，與此文「氣傷而形不藏」適相反射。「傷」上當有「氣」字無疑。《呂氏春秋‧孟春紀》曰：「味眾珍則胃充，胃充則中大鞔；中大鞔而氣不達，以此長生可得乎？」「氣傷」即「氣不達」，可與此文印證。

〔註53〕 根據楊儒賓先生所說，由於「金心在中不可匿」一句，最可參考對照者，乃

使用「精氣」就比使用「道」概念來形容的人的身心狀態，反應可能要來得更為貼切的多。例如，〈內業〉說：「四體既正，血氣既靜，一意搏心，耳目不淫，雖遠若近。」又說：「凡道無所，善心安愛，〔註54〕心靜氣理，道乃可止。」此處使用「氣」概念，就能更具象的描述人體現道時，由躁轉靜，然後將「道」存留於心的身心狀態。

此外，如前面所說的，「氣」概念的靈活性，也可能比「道」更適合用來描述其運動變化。例如，〈內業〉說：「靈氣在心，一來一逝」，〈心術下〉說「一氣能變曰精」都足以為證。以上是由「氣」與人之生理現象，說明「管子」四篇用精氣來處理治心議題的可能原因。接下來，我們將從「精氣」作為萬物生化的根源來討論「精氣」與「人」的關係。

在本節一開始曾經提及，「管子四篇」作者之所以用「精氣」來處理治心議題，精氣的創生性是可能的理由之一，而這個部分又表現在，從存有論上說明「聖人體道的可能性」這一點上。

雖然，《老子》有「道生一，一生二，二生三，三生萬物」〔註55〕以及「道生之，德畜之，物形之，勢成之」〔註56〕的敘述。但是，在《老子》中，是以「無」為宗，而不是以創生來理解「道」。因此，在《老子》那裡，萬物之

是〈內業〉所說：「全心在中，不可蔽匿」，以及從馬王堆出土帛書老子22章，「曲則全」、「誠全歸之」，其「全」字皆誤作「金」字可知，「金」、「全」二字易誤。筆者此處同意楊先生的觀點，以為「金心」當作「全心」。詳見楊儒賓，〈論「管子・白心、心術上下、內業」四篇的精氣說與全心論——兼論其身體觀與形上學的聯繫〉，《漢學研究》第9卷第1期，1991年6月。

〔註54〕陶鴻慶云：此當於「所」字斷句，「愛」疑為「處」字之誤。「凡道無所，善心安處」，「所」亦處也。言道無定，為安處於善心也。《呂氏春秋・圜道》云：「帝無常處也，有處者乃無處也」，可證此文之義。下文云「憂悲喜怒，道乃無處」，與此文反復相明。「處」與「所」為韻，下文皆兩句一韻，此亦當同也。尹（知章）讀「善」字為句，而解之曰「言道無他善，唯愛心安也」，殊不成義。筆者以為陶說為是，但「善心安處」之「善」字，疑為「完善」之「善」，而非「善惡」之「善」。〈心術上〉曰：「大道可安而不可說」與此處所指的，都是「精氣/道」可藉由「安處」而存留於「心」，而綜觀「管子四篇」提及「安處」精氣的部分，皆只提及「潔其宮，開其門，去私毋言」之類「虛欲去智」的工夫，而未曾提及「心之善惡」。而從「心之中又有心」，「治也者心也，安也者心也」以及「宮者，謂心也。心也者，智之舍也」可知，「心」乃「安處」精氣之處。因此，筆者以為此處之「善」，當指「完善」，其意為「若要使精氣安處，則必須先求治心之完善」。

〔註55〕《老子・四十二章》。

〔註56〕《老子・五十一章》。

有、萬物之生,是依恃於「道」的不禁不塞,如同王弼所說的那種「不塞其源則物自生,不禁其性則物自濟」的不生之生、不養之養。因此,《老子》的「道」只有實現性而沒有創造性,客觀實有對其而言僅僅是貌似和姿態而已。〔註57〕然而,從〈內業〉說:

> 凡物之精,此則爲生,下生五穀,上爲列星。流於天地之間,謂之鬼神,藏於胸中,謂之聖人。

可以得知,在「管子四篇」中,顯然已經遇到了創生的問題。〔註58〕其以具有創生性的「精氣」來理解「道」,因此以爲,萬物之有、萬物之生,在這裡是通過一個超乎萬物之上的「有」〔註59〕來保障的。從這裡就開出兩個問題,一是聖人對於「道」之體現,不再是由主觀境界的沖虛玄德這一點上說,而是由人如何將本來具有,卻因爲憂樂喜怒欲利而喪失的「精氣」再度存留於心,這一點上說。另一點則是,既然萬物之有、萬物之生,不再是通過主觀境界之沖虛玄德來保障,那麼又該怎麼解釋天道、四時的秩序,如何能與人間的價值理序發生關係?

關於第一點,〈內業〉告訴我們,能將「精氣」藏在胸中者,便是聖人。從〈心術上〉說:「唯聖人得虛道」,以及「精氣」與「道」可以互爲詮釋這兩點,可以知道,聖人就是能在「心」〔註60〕中體現「道」的人。然而,人何以能體現虛無無形的「道」呢?〈內業〉從「人之生」,提供我們一條線索。它說:「凡人之生也,天出其精,地出其形,合此以爲人」,因此,「精氣」是人天生所具有的。從這一點上,我們得知「人」能體現無形無狀的「道」之可能性。然後,才能從方法上追問如何體現「道」。

關於第二點,筆者以爲,胡家聰先生所提到的「天、地、人」一體觀,

〔註57〕陳德和,《淮南子的哲學》,嘉義:南華管理學院,1999 年 2 月,頁 101～102。
〔註58〕儘管和《淮南子‧齊俗訓》井然有序的說:「天地未形,馮馮翼翼,洞洞灟灟,故曰太始。太始生虛霩,虛霩生宇宙,宇宙生氣。氣有涯垠,清陽者薄靡而爲天,重濁者凝滯而爲地。」有不同之處,但是,從「管子四篇」的精氣,可以生五穀、成列星、靈鬼神,顯見已經開始處理萬物之創生的問題。
〔註59〕具有創生性的精氣應當爲「有」而非「無」,否則就得面臨「無中生有」是如何可能的問題。從〈心術下〉說:「虛無無形謂之道」,而「道」與「精氣」可以互相詮釋這一點,可以得知,精氣不是「物」,因爲「物固有形」,所以無形無狀的精氣不可能是「物」。因此說,「精氣」是超乎萬物之上的「有」
〔註60〕從〈心術上〉文後解經部分說:「潔其宮,關其門。宮者,謂心也。心也者,智之舍也。」而〈心術下〉說:「形不正者德不來,中不精者心不治。」可以得知,〈內業〉所說的「胸中」,指的應該是「心」。

也許可以提供一些線索。他在《稷下爭鳴與黃老新學》一書中提及，從遺存至今的黃老學文獻來考察，包括長沙馬王堆漢墓出土的「黃老帛書」、《慎子》殘篇、田駢遺說、《尹文子》、《鶡冠子》、《文子》等等作品，引人注目的是，其中「天、地、人」聯提之處甚多，例如：

> 王天下者之道，有天焉，有地焉，有人焉，三者參用之，【然後】而有天下矣。(《經法・六分》)

> 天有明，不憂人之暗也；地有材，不憂人之貧也；聖人有德，不憂人之危也。(《慎子・威德》)

> 道凡四稽：一曰天，二曰地，三曰人，四曰命。(《鶡冠子・博選》)

如此等等的「天、地、人」聯提，胡家聰先生以為，意味著黃老思想在客觀上，把天地萬物和人類社會看成是一個總體。他同時以為，黃老思想將君主決策的「守道要」與「天、地、人」一體觀緊密的結合，並表現在以下兩個地方上：

1. 經常把握「天、地、人」運作的規律。強調順任自然天道而不可違逆。

2.「審實以舉事」。君主在決策舉事上，要能審實度勢、不失時機。〔註61〕

根據以上兩點可以發現，黃老思想降天道以為治道，將四時之序推移為人事之理，並且藉此替國君找到施政決策可以依循的形上依據，必須首先把天地萬物和人類社會看成是一個總體。也就是在邏輯上，首先肯定了「天、地、人」一體的觀點，才能說明何以四時之序可以推移為人事之理。這種「天、地、人」一體觀，也同樣出現在《管子》中。

《管子・宙合》說：

> 「天不一時，地不一利，人不一事」，是以著業不得不多分，人之名位不得不殊方。明者察于事，故不官于物，而旁通于道。

〈白心〉說：

> 天或維之，地或載之；天莫之維，則天以墜矣；地莫之載，則地以沈矣；夫天不墜，地不沈，夫或維而載之也夫，又況於人。

〈內業〉也說：

> 天主正，地主平，人主安靜。

因此我們可以說，「管子四篇」也是首先接受了「把天地萬物和人類社會看成

〔註61〕胡家聰，《稷下爭鳴與黃老新學》，北京：中國社會科學院，1998年9月，頁143～197。

是一個總體」的觀點，才能處理「四時之序如何能與人間的價值理序發生關係」這一問題。同時，如果我們稍加留意「精氣的創生性」，便可以發現「管子四篇」是如何在根源上說明這種「天、地、人」一體的主張。

從前面的討論中可以得知，「精氣／道」在「管子四篇」中，不但是萬物的本源，而且具有創生萬物的功能。因此「精氣」在「管子四篇」中，不再是只具有實現性的主觀境界之沖虛玄德，而是超越的創生實體。如此一來，天地萬物在本質上都是由「精氣／道」所構成，彼此間因為具有同源的關係，而成為一個整體。由於天地萬物的皆由「精氣」所創生，因此，「天、地、人」一體觀就在這種同源的基礎上得以成立。

然而，「管子四篇」所關懷的重心，並不在於宇宙論的說明或者是形成一個系統完整的形上學，這一點可以從之前「凡物之精，……」一段引文中可知。上述引文論述了「精氣」的創生性、普遍性以及無形無狀等特性之後，緊接著論述的是：

　　……是故此氣也，不可止以力，而可安以德。不可呼以聲，而可迎以

　　音。敬守勿失，是謂成德。德成而智出，萬物果得。（《管子‧內業》）
根據上下兩則引文，儘管〈內業〉在上段引文中極力形容「精氣」的創生性與其變化無定、無所不至的特性。但是，其論述的重心卻是下段引文所強調的，留存這種「精氣」的方法，也就是體現道的方法。〔註62〕正由於「精氣」變化無定、無所不至的特性，所以「不可止以力，而可安以德。不可呼以聲，而可迎以音。」〔註63〕由此帶出治心體道的工夫論論述。這也就是我們前面所說的，「管子四篇」的治心議題。

現在讓我們回到一開始的問題，「管子四篇」為什麼要用「精氣」來處理治心議題？除了「氣」概念能更如實的反應聖人體現「道」時的身心狀態，「氣」概念的靈活性能更具象的描述其活動。更重要的一點是，如果我們記得「管子四篇」的治心議題指的是，透過治心的工夫說明人把捉「道」的可能性與方法。那麼就應該留意，由於精氣的創生性，所以「管子四篇」接受「天、地、人」是一個整體的觀點。同時，也因此說明聖人體現「道」的可能性，

〔註62〕可以說，上段引文中對於「精氣」的描述，正是「管子四篇」以為「精氣」
　　　　不能以力外求的理由。

〔註63〕「音」，郭沫若先生引王念孫的看法，以為「音」當作「意」。見，許維遹，《管
　　　　子集校》下卷，東京：東豐書店，頁782。

以及說明其降天道以爲治道，推天道以明人事。

貳、精氣對人的決定

　　所謂「人學」，根據袁信愛先生〔註64〕的解釋，即是以「人」爲研究對象，而對「人之所是」所作的詮釋。所對應的問題可化約爲以下三者：

　　1. 人的自我定位：探究人在宇宙中的地位，例如「天人關係」。
　　2. 人的自我認知：探究人是什麼，例如「人性」、「形神」等問題。
　　3. 人的自我完成：探究人應如何爲人，例如《管子》黃老思想中對於「聖
　　　　人」的看法，以及它與老莊一系道家所說的「眞人」、「至人」間的異
　　　　同。

關於「人在宇宙中的地位」，由前一點的討論可以得知，「管子四篇」基於「天地人一體觀」，以爲「人」與天、地的關係是「天人不二」、「天、地、人一體」的。這一種「天人不二」、「天人合一」或者是「天人合德」的觀點，可以說是中國哲學裡，爲多數思想家所接受的主張。唐君毅先生曾說：

> 天人合一是中國哲學上的中心觀念——這一觀念直接支配中國哲學
> 之發展，間接支配中國之一切社會政治文化的理想——所以在中國
> 哲學上一直流行著天人合德、天人不二、天人無間、天人相與、天
> 人一貫、天人合策、天人之際、天人不相勝、天人一氣的話。〔註65〕

「管子四篇」以《老子》爲基礎，亦不外於此「天人一體」的基本模式。但是，由於〈內業〉曰：「天出其精，地出其形，合此以爲人」，人的存有由於「氣」概念的介入而多了一分氣化論的色彩。同時，由於人與萬物都同爲「精氣之所化生」，人與天地的關係也因此由《老子》中無爲無執、敞開心胸而與天地萬物共存共榮，以達成物我一體、天人不二的境界，更進一步的轉爲從創生上說天、地、人本質上的一體。這是從「人是自然宇宙中所生成之一物」這一面向切入，以論析人的自我定位。〔註66〕

〔註64〕袁信愛，〈《管子》中黃老道家的人學思想〉，《哲學與文化》1997 年 12 月第
　　　　12 期，頁 1131。

〔註65〕唐君毅，《中西哲學思想之比較研究集・如何了解中國哲學上天人合一之根本
　　　　觀念》，台北：宗青，1978 年，頁 111。

〔註66〕袁信愛先生以爲，《管子》中的黃老道家就「自然與人的關係」來論斷「人在
　　　　宇宙中的地位」，視「自然人」爲「人」的原始身份，同時又以「道德」論「自
　　　　然」，所以「自然人」就是「道德人」。〈《管子》中黃老道家的人學思想〉，《哲
　　　　學與文化》1997 年 12 月第 12 期，頁 1133。

此外，「管子四篇」的「精氣說」不只影響了它對於「人」與「天地萬物」的關係，「精氣說」也影響了它對於「人的自我認知」，以及「人的自我完成」的主張。

由於「管子四篇」特別使用「精氣」來解釋生命的起源，以及構成生命與精神的要素。因此，我們可以從「精氣」對於人的影響，切入討論「管子四篇」中「人的自我認知」這一主題。

〈內業〉曰：「凡人之生也，天出其精，地出其形，合此以爲人」，人既然是由精氣所出，精氣與人的關係應該十分密切，而且應該有決定性的影響。從上述引文可知，「管子四篇」以爲「精氣」乃是人本來所具，又曰：「靈氣在心，一來一逝。……所以失之，以躁爲害，心能執靜，道將自定」，可以得知，「精氣」之所失乃是因爲「躁」的緣故，因此主張「去躁執靜」。又曰：「節其五欲，去其二凶」，據湯孝純先生所言，「五欲」爲「目欲色，耳欲聲，鼻欲香，口欲味，心欲佚樂」，「二凶」則指「喜、怒失度」，〔註67〕由此引導出「內靜外敬，能反其性」的修養工夫（關於這個部份，下一章中會有進一步的討論）。同時，「管子四篇」非常重視「精氣」的積累，以爲這與人的身體強健是互爲表裡的關係，〈內業〉曰：「精存自生，其外安榮內藏以爲泉原，浩然和以平爲氣淵。淵之不涸，四體乃固，泉之不竭，九竅遂通」，馮友蘭先生就以爲，這是指稷下黃老學者主張人積累了足夠的精氣，不僅四肢堅固，體質強健，而且耳目口鼻也都通順了。〔註68〕此外，「管子四篇」也以爲「精氣」與人的「智慧」有關，〈心術上〉曰：「以無爲之謂道，舍之之謂德」，又曰：「心也者，智之舍也」，故可以得知「精氣」或「道」乃是「智慧」之源，所以〈內業〉說：「精之所舍，而知之所生」。陳麗桂先生在《戰國時期的黃老思想》一文中以爲，「精氣」同時是人之生命與智慧的泉源，生命的強健與智慧的靈明，都取決於人內在精氣的充沛暢旺與否，因此，維持生命之長久和保持智慧靈明之道，一方面要防止精氣過度耗損，另一方面，還要吸取外在的精氣，以保持體內精氣的不絕。〔註69〕從這個面向上我們也可以說，「管子四篇」對於治身部份的論述，就建立在「個體如何積累足夠的精氣」這一個問題上。

〔註67〕湯孝純，《新譯管子讀本》，台北：三民書局，1995 年 7 月，頁 832。

〔註68〕馮友蘭，《中國哲學史新編》第二冊，北京：人民出版社，1984 年 10 月，頁 221。

〔註69〕陳麗桂，《戰國時期的黃老思想》，台北：聯經出版社，1991 年 4 月，頁 130。

　　「管子四篇」以爲人與萬物一般由精氣而生，陳德和老師在《淮南子的哲學》一書中曾說：

> 一般來講，人的存在問題在中國哲人的思考中，不是爲了知性的滿足才被抉發，而是由一個強烈的實踐關懷激蕩出來的，換句話說，所謂人的存在問題在中國並不是單純的去問人是什麼樣的存在，而是進一步要再問人該當如何存在，這裡就有身心的安頓和理想的歸宿的探討。〔註70〕

因此，儘管「管子四篇」觸及了精氣的創生問題，但是它並不將此作爲建構「自然哲學」的基礎，也就是它的旨趣並不在對於外在世界做一精細的討論說明，相反的，卻是由外而轉向內，強調人如何通過內心的修養，使「精氣／道」停留於心。在這個基礎上我們可以發現，「管子四篇」由精氣的創生性說明人與天地萬物一體同源的關係，並且通過其修養論強調「精氣」的積累，對於人之身體強健以及靈明的重要性，最後，「管子四篇」將人之所以爲人的理想以及個人身心的安頓，都歸根於人對於「道」的依循，也就是以爲人的自我實現，在於人能在其應有的地位上，全然的依循由「道」所代表的規律秩序而行動。從治身的這方面來看，人君以此作爲修養心性之道，自然能形性相葆，〈白心〉曰：

> 欲愛吾身，先知吾情，〔註71〕君親六合，〔註72〕以考內身。以此知象，乃知行情，既知行情，乃知養生。……和以反中，形性相葆。
>
> 一以無貳，是謂知道。

人由自身出發考察本心，並且徵諸天地萬物，最後反求於自身，然後始知自己所當作的事情而懂得保養生命，人君能處其心於太和中正之境，自然能使身心都得到保全而不衰，把握此一原則而不變動，就可以稱爲「知道」。

　　從治國的這方面來看，人君以此作爲安頓天下之道，自然能天下無事。〈內業〉曰：

> 執一不失，能君萬物。君子使物，不爲物使。得一之理，治心在於中，治言出於口，治事加於人，然則天下治矣。

〔註70〕陳德和，《淮南子的哲學》，嘉義：南華管理學院，1999 年 2 月，頁 149～150。
〔註71〕尹知章注：知己情，則能自保其身。
〔註72〕俞樾曰：「君」字乃「周」字之誤，「親」字或「視」字之誤。見張舜徽，《周秦道論發微》，木鐸出版社，1983 年，頁 275。

人君若是能持「道」而不失，便能依循於「道」所規定的規律秩序來安置天下萬物。人君以道役使萬物，而非爲外物所役使。只要能契合由「道」所規定的規律秩序，則自然能以那存留（或停留）於心的「精氣／道」爲標準，發號施令、因任受官，如此依循「道」安頓治理天下，則能使天下歸於治道。

「管子四篇」稱能依循「道」達到治國與治身的目的者，爲體道的「聖人」（關於「管子四篇」對「聖人」的看法，本文第五章還有進一步的討論）。由此我們可以說，在「管子四篇」中，人自我實現的過程，乃是由精氣的創生性所建立的「天地人」一體觀出發，而最終歸之於與「精氣／道」的合一。

至此，我們可以發現，雖然「管子四篇」從《老子》那裡繼承了對於「道」的描述。然而，因爲政治實踐性格上的不同，使得「管子四篇」對於「道」的理解以及其後的發展也不同。「道」與「精氣」的互爲詮釋，一方面可以說是因爲「氣」概念本身的靈活性與包容性；但是另一方面，也從「精氣」轉化爲超越的創生實體這一點上，影響了「精氣／道」的存有性格。最後附帶一提的是，「管子四篇」對於「精氣／道」的描述，都直接的帶出「治心」的理由和方法，使得治國與治身的議題在「治心」步驟（體道）中得到統一。同時，「道」轉化爲超越的創生實體，也爲「天、地、人」一體觀在學說內部找到論述的依據，進而處理了自然運動的律則何以能與人間價值理序發生關係的問題。

第四章　「管子四篇」的治心工夫

從上一章的討論中我們得知，「管子四篇」的論述，是根據這樣的一個思維邏輯進行的：即治心的目的在於體道，體道的目的在於治國。依據這個思維脈絡，我們可以得知，「管子四篇」的終極關懷在於治國。治國的依據在於作為一切宇宙人事之理的「道」。因此，體道的意義就在於找到治國施政的依據。而討論「體道」的可能性與方法的，就是「治心」議題。「管子四篇」的主要議題雖然是「治心」議題，但是處理這個議題的目的是為了「治國」這項終極關懷。而「道論」則是「管子四篇」所有論述的總依據。讓我們在此先確立了「管子四篇」的終極關懷、主要議題以及主要依據，對於接下來的討論就能夠較明確的掌握論述的重心。在這一章中，我們所要處理的問題是，「管子四篇」如何替國君找到治國施政的依據，也就是人君如何能與萬事萬物所依循的「道」契合無間的方法。

第一節　「內靜外敬」的治心工夫

由於「道」的不可感知性，[註1] 所以體道（治心）是通過工夫論的修養，而非感官知覺對經驗現象的觀察。《管子・內業》說：

〔註1〕　由於「道」虛無無形的特性，所以「管子四篇」作者一開始就說明了「道」的體悟只能來自於修心的工夫，〈心術上〉說：「道不遠而難極也。與人並處而難得也。虛其欲，神將入舍。掃除不潔，神乃留處。」又說：「大道可安而不可說」都可以證明這一點。

　　　凡人之生也，必以平正，所以失之，必以喜怒憂患，是故止怒莫若
　　　詩，去憂莫若樂，節樂莫若禮，守禮莫若敬，守敬莫若靜，內靜外
　　　敬，能反其性，性將大定。

可以發現，「管子四篇」的治心工夫扼要的說，就是「內靜外敬」。深入的區
分，又可以分爲「虛欲去智」〔註2〕（內靜）和「正形飾德」〔註3〕（外敬）
兩方面。〔註4〕透過「內靜外敬」的工夫，其目的是爲了將「精氣／道」固守
在「心」中。從治國的層面來說，使「精氣／道」停留在「心」中，則人君
就契合於普遍內存於一切事物中的規律，也就因而得到施政決策的依據與智
慧。〔註5〕從治身的層面來說，「精氣／道」留在「心」中則人的身體自然能
健康長壽，所以〈內業〉說：「人能正靜，皮膚裕寬，耳目聰明，筋信而骨強，
乃能戴大圓，而履大方。」

　　楊儒賓先生在〈論「管子・白心、心術上下、內業」四篇的精氣說與全
心論——兼論其身體觀與形上學的聯繫〉〔註6〕一文中，曾將「管子四篇」的
修心方法分爲三：

　　1. 以詩、禮、樂去除不平正的喜怒憂患。
　　2. 以「內靜」的方式。
　　3. 以「外敬」的方式。

〔註2〕　〈心術上〉說：「虛其欲，神將入舍。掃除不潔，神乃留處」。
〔註3〕　〈心術下〉說：「形不正者德不來，中不精者心不治。正形飾德，萬物畢得。」
〔註4〕　這裡筆者將「正形飾德」與「虛欲去智」都歸屬於「治心」理論，是因爲這
　　　　兩者雖然在論述的過程中被分成內外來談，但是實際上卻是屬於同一個工夫
　　　　的一體之兩面。不論是從所欲達成的目標（固守精氣）或者是實踐時的互通
　　　　性（守敬莫若靜）來說，都不能將其從實踐工夫中截然二分。這一點從一個
　　　　簡單的假設就可以知道，也就是，我們試著追問「虛欲去智」但是「形不正」，
　　　　或者是「形正德至」但是「欲不虛」是否可能？由於這在論理上顯然有所違
　　　　背，因此說「正形飾德」與「虛欲去智」都屬於「治心」工夫的一體之兩面。
　　　　在接下來的討論中，對二者的區分也只是從二者在「管子四篇」中所偏重的
　　　　層面來論說，而非實際的二分。
〔註5〕　〈心術上〉說：「心也者，智之舍也。」〈內業〉又說：「定心在中，耳目聰明，
　　　　四枝堅固，可以爲精舍。」故可以知，這裡所說的「智」指的就是「精氣/道」。
　　　　因此，從治心工夫的積累所得到的智慧並不是某種單純的經驗知識，而是對
　　　　一種與萬物契合的規律的體悟。
〔註6〕　楊儒賓，〈論「管子・白心、心術上下、內業」四篇的精氣說與全心論——兼
　　　　論其身體觀與形上學的聯繫〉，《漢學研究》第9卷第1期，1991年6月，頁
　　　　201～203。

楊儒賓先生更在〈論《管子》四篇的學派歸屬問題——一個孟子學的觀點〉
〔註7〕一文中，認為前文第一種修心方法（以詩、禮、樂去除不平正的喜怒
憂患）即是《管子·內業》做為思、孟一系儒家作品的證據之一。筆者以為，
在「管子四篇」中以詩、禮、樂去除不平正的喜怒憂患的治心方式由於都是
以一種外在的方式達到「正形飾德」的目的，因此可以併入「外敬」的工夫
中一併討論。至於《管子·內業》是否為思、孟一系儒家作品的問題，我們
在下一節中會有詳細的討論。在這一節中，我們將分別從「虛欲去智」和「正
形飾德」兩個方面，討論「管子四篇」「內靜外敬」的治心工夫。

壹、虛欲去智

從前幾章的討論中，我們可以知道齊王對於長生不死的追求以及神仙方
術在齊國的發展是由來已久。因此，我們絕對有理由相信稷下黃老思想中確
實包含了一部份的養生理論。但是，如果我們從養生理論的角度出發，來說
明「管子四篇」甚至是稷下黃老思想中的精氣論、形神議題或者是治心議題，
就不得不面對這樣的一個問題，即如何從養生理論中找到可以提供君王施政
決策甚至王霸天下的形上依據呢？因此，在下面的討論中，我們將試圖從有
別於養生理論的角度出發，說明「治心工夫」的步驟和方法，從而直接面對
「管子四篇」是如何在處理治心議題時結合「道論」，並因此做為提供君王施
政決策甚至王霸天下的形上依據這樣的一個問題。

辨明「欲」在「管子四篇」中所指的涵義，可以說正是反對「宋、尹遺
文說」的有力論點之一。《管子·心術上》說：

> 虛其欲，神將入舍。掃除不潔，神乃留處。人皆欲智，而莫索其所
> 以智乎。智乎智乎，投之海外無自奪，求之者不得處之者，夫正人
> 無求之也，故能虛。

郭沫若先生在〈宋尹遺文考〉一文中以為這一段就是《莊子·天下》中對於
宋、尹學派「接萬物以別宥為始」、「情欲寡之以為主」的理論。而且認為

> 世人之所職者精也，去欲則宣，宣則靜矣；靜則精，精則獨立矣；
> 獨則明，明則神矣。神者至貴也，故館不辟除，則貴人不舍焉，故
> 曰不潔則神不處。

〔註7〕 楊儒賓，〈論《管子》四篇的學派歸屬問題——一個孟子學的觀點〉，《鵝湖學
誌》1994年12月第13期，頁63～101。

一段更是將「情欲寡淺」的意思明白的表示出來。〔註8〕然而，這正如白奚先生所說，郭沫若先生的主張，顯然是將宋銒所說的「欲」和「管子四篇」所說的「欲」混淆了。〔註9〕《莊子・天下》所說的「情慾寡」，是從人維持生命的基本欲求本來就不高上說，因此「五升之飯足矣」；所說的「欲」，指的是「物欲」。但是「管子四篇」中所指的「欲」，則是指喜怒、好惡、智巧等等精神性的意念、情感。「管子四篇」的治心工夫就落在去除這些私慾，掃除這些心中的不潔，使精氣得以留處。而這正好說明了「管子四篇」中所指的「欲」與宋銒以「救民之鬥」、「願天下之安寧以活民命」為目標的「情欲固寡」之說相去甚遠，這也正是駁斥「宋、尹遺文說」的重要證據之一。

「管子四篇」主張「寡欲」的修心理論，陳麗桂先生以為主要仍是循著《老子》的虛靜本旨衍化而來的。在《戰國時期的黃老思想》一書〔註10〕中，他首先指出《老子》說：

> 不見可欲，使心不亂。〔註11〕

> 五色令人目盲；五音令人耳聾；五味令人口爽；馳騁田獵，令人心
> 發狂；難得之貨，令人行妨。〔註12〕

揭舉了對於本體「心」的修養的兩大原則：寡欲和虛靜，而「治心，根本上就要從這些地方下手」。《老子》說：「見素抱樸，少私寡欲」，〔註13〕又說：「治人事天莫若嗇」，〔註14〕這裡「嗇」字所指的並不僅是物質慾望的降低，還包括精神方面的節省和寶愛。因此，「寡欲」除了指「不見可欲」「不貴難得之貨」等之外，還要「絕聖去智」以清心。此外，《老子》還主張虛靜，《老子》說：「靜為躁君」〔註15〕、「無欲以靜，天下將自定」，〔註16〕將人通過「靜」

〔註8〕 此文 1945 年收入《青銅時代》，見郭沫若，〈宋銒、尹文遺著考〉，《青銅時代》，重慶：文治出版社，1945 年。後收入《郭沫若全集・歷史篇》，卷 1，北京：人民出版社，1982 年。

〔註9〕 關於這部分詳細的討論可以參考白奚先生所著《稷下學研究：中國古代的思想自由與百家爭鳴》，北京：三聯書店，頁 185～190。

〔註10〕陳麗桂，〈《管子》中的黃老思想〉，《戰國時期的黃老思想》，台北：聯經出版社，1991 年 4 月，頁 131～132。

〔註11〕《老子・三章》。

〔註12〕《老子・十二章》。

〔註13〕《老子・十九章》。

〔註14〕《老子・五十九章》。

〔註15〕《老子・二十六章》

〔註16〕《老子・三十七章》

的功夫去沉澱思慮的雜質，使心能得以澄靜虛靈，以洞見外物而不失。陳麗桂先生以爲「《管子》四篇的作者把握住《老子》寡欲主靜的精神原則，開展出虛、一、靜、因的心術」。〔註17〕

丁原明先生則進一步從「心術」本身討論「管子四篇」寡欲的主張。他指出「管子四篇」作者以爲影響「得道」的最大障礙，就是「心」被嗜欲以及主觀偏見所遮蔽和引誘，因此，若要發揮「心」在體道中的作用，就必須去掉其嗜欲好惡。〔註18〕楊儒賓先生則從〈心術上〉所用的一個比喻切入，說明這種工夫。〔註19〕他以爲從〈心術上〉說：

> 潔其宮，開其門，去私毋言，神明若存。

可以得知「宮」和「門」顯然是隱喻，「管子四篇」作者將「心」比作房舍，潔滌心靈比作掃除屋室。楊儒賓先生更進一步舉出《莊子・人間世》所說的「虛室生白」，〈達生〉所說的「靈臺」，〈德充符〉所說的「靈府」等例，認爲這種比喻在道家傳統中是很常見的，其後有如下的一種理論預設：房舍本來是清靜的，只因後來灰塵染雜，致使本來面目遭到掩蓋，而恢復之計便在於掃靜灰燼，致使潔白的房舍可以在本來面目中展現功能。楊儒賓先生說：「此功能可以用意象語言稱之爲光，也可以視之爲氣，爲神，爲精，甚至爲『無之以爲用』的無。」〔註20〕

筆者認同以上幾位前輩學者之說，以爲「管子四篇」主張「寡欲」，其理由與「管子四篇」整個學說論述的總依據——「道論」有關。〈內業〉說：

> 凡人之生也，必以其歡，憂則失紀，怒則失端，憂悲喜怒，道乃無處。

由尹知章注：「歡則志氣和，故生也。」可以得知，若是人無法保持心靈的平和而受到憂悲喜怒的影響，則「道」就無處安處。我們若再看〈內業〉中的另一段文字將會更加清楚：

> 凡心之刑，自充自盈，自生自成；其所以失之，必以憂樂喜怒欲利。
> 能去憂樂喜怒欲利，心乃反濟。

〔註17〕陳麗桂，〈《管子》中的黃老思想〉，《戰國時期的黃老思想》，台北：聯經出版社，1991年4月，頁132。

〔註18〕丁原明，《黃老學論綱》，山東：山東大學出版社，1997年12月，頁147。

〔註19〕楊儒賓，〈論「管子・白心、心術上下、內業」四篇的精氣說與全心論——兼論其身體觀與形上學的聯繫〉，《漢學研究》第9卷第1期，1991年6月，頁204。

〔註20〕同上註。

筆者以爲此處所指「自充自盈，自生自成」的「心」，應該就是「心全於中，形全於外」的「全心」，也就是「精氣／道」還留存於人心中，還與人心緊密結合的狀態。此一「全心」狀態卻會因爲「憂樂喜怒欲利」而失去，因此去除「憂樂喜怒欲利」而使心能重新復返原先的狀態，便是「心術」所要達到的目的。因此，如何去除「心」的「憂樂喜怒欲利」就是治心的重要工夫。「管子四篇」的作者一方面強調「節其五欲，去其二凶，不喜不怒，平正擅胸」的「寡欲」工夫，教人去除嗜欲好惡，以爲理想的國君應該是「不述乎好，不迫乎惡」、恬淡無爲的；另一方面，通過這種清理物慾，去除心靈沾染的工夫，使心靈得以有一個充裕的空間，就叫做「虛」，心靈得以重新歸於平和，就叫做「靜」。〈內業〉說：「中不靜則心不治」更說：「心能執靜，道將自定」，正說明了「管子四篇」正是通過這種「寡欲」與「虛靜」的工夫來恢復因爲「憂樂喜怒欲利」而失去的全心狀態。楊儒賓先生以爲這種虛靜之道與《老子》「爲道日損」的理論頗接近，同樣都喜歡使用「勿」、「去」、「不」、「無」等遮撥性的動詞，經過層層的遮撥，損之又損後，才得以「逆損感官以復其性」。〔註21〕

不過，「管子四篇」主張「寡欲」與「虛靜」的工夫，所去除的除了「憂樂喜怒欲利」以及「好惡」之外，「智與故」也是在去除之列。周立升、王德敏兩位先生在〈評《管子》書中「靜因之道」的認識論〉〔註22〕一文中，指出「靜」在「管子四篇」中有兩層意思，一是「安靜」，這是一種與心煩意亂相對立的心境安寧、心平氣和的狀態，例如〈內業〉說：「彼心之情，利安以寧，勿煩勿亂，和乃自成」。另一層意思是「靜觀」，是指在客觀事物出現或到來之前不要輕舉妄動，而要「靜身以待」（〈白心〉）。這是「精氣／道」的客觀性所要求的，由於「精氣／道」的規律性與秩序性是不因人的意志而轉移的，所以人不應該以自己的主觀成見爲依據，而應該靜觀順應萬事萬物所依循的大道。如果主觀盲目的妄自作爲，則往往招自不好的結果，因此說「過在自用，罪在變化」，而主張「去智與故」，強調「毋先勿動，以觀其則」了。

此外，筆者以爲「管子四篇」主張「寡欲」與其強調「心」與「九竅」的職能分工也有關。在〈心術上〉中，主張「心」與「九竅」各有各自的職

〔註21〕楊儒賓，〈論「管子·白心、心術上下、內業」四篇的精氣說與全心論——兼論其身體觀與形上學的聯繫〉，《漢學研究》第 9 卷第 1 期，1991 年 6 月，頁 204。

〔註22〕周立升、王德敏，〈評《管子》書中「靜因之道」的認識論〉，《文史哲》，1984年第 3 期。

能，並且彼此間不應互相干預。關於這一點，我們可以從下面幾段引文中得知（〈心術上〉文後所附的解經部分在引文中以「*」另外標出）。

　　〈心術上〉說：「心之在體，君之位也。九竅之有職，官之分也。」由此可知，「心」與「九竅」有如君臣般的關係中，同時「心」的職能在於統馭「九竅」。根據〈心術上〉文後所附的解經部分說：

> 耳目者，視聽之官也，心而無與視聽之事，則官得守其分矣。夫心有欲者，物過而目不見，聲至而耳不聞也，故曰：上離其道，下失其事。
>
> 宮者，謂心也。心也者，智之舍也。故曰：宮，潔之者，去好過也。
>
> 門者，謂耳目也，耳目者，所以聞見也。

可知從對象上說，「九竅」是「視聽之官」，其對象是感官知覺的部分；而「心」則是「智之舍」，它的對象是「道」，其職能在於能「體道」，或者用「管子四篇」作者的話說，在於成為存留「精氣／道」的館舍。但是根據〈心術上〉說：「心處其道，九竅循理。嗜欲充益，目不見色，耳不聞聲。故曰：上離其道，下失其事」，可以知道「欲」會干擾「心」與「九竅」原有的職能分工，使得「九竅」與「心」不能發揮應有的作用。因此，「管子四篇」主張「寡欲」。

　　「管子四篇」的作者將治國與治身的可能與方法，都歸本於體「道」，而體道的方法則在「治心」。因此以為，萬物各有其職能而不應該互相干預，所以「心」與「九竅」的職能分工應該明確的執行，否則就會破壞應有的秩序，就治身而言，會使心靈受到嗜欲的沾染，以致於失去「全心」的狀態；就治國而言，假使君主介入臣下之事，則將使臣下無法盡力而為，而臣下侵奪君主之事，則會造成應有國家秩序的混亂。

　　從上述討論我們可以發現，儘管「管子四篇」虛靜、寡欲的修養工夫是循著《老子》的虛靜本旨衍化而來，但是由於「管子四篇」與《老子》的終極關懷以及對於「道」的預設不同，所以「管子四篇」透過虛欲去智的治心工夫所要達到的目的也不相同。《老子・十九章》曰：

> 絕聖棄智，民利百倍；絕仁棄義，民復孝慈；絕巧棄利，盜賊無有。
>
> 此三者，為文不足，故令有所屬：見素抱朴，少私寡欲。

說明了老子心中的聖王明君少私寡欲的理由，是希望通過人君的境界修養將民性重新復歸於素樸。然而「管子四篇」的終極關懷在於透過普遍內藏於一切事物中的總規律的「道」，掌握其治國施政的形上依據。因此，人君虛靜寡

欲，是期望透過這種虛欲去智的工夫使「心」能接納、固守一來一逝、周流萬物的「道」，也就是透過修心的方式獲得了施政治國的最高智慧——某種客觀存在的規律與秩序。所以從國君如何能找到其治國的形上依據這一個面向上出發，「管子四篇」所提及的「心術」、「白心」、「內業」等修養工夫，都是爲了使國君能與耳目不得聞見，卻又爲萬事萬物所依循的「道」相契合所做的努力。

「管子四篇」的作者認爲，「體道」的方法是兼顧修心與修身。我們將這種個人經過修身，而使「精氣／道」進入人的心中，並且透過人虛欲去智的工夫，將精氣固守、停留於心中的過程，稱之爲「管子四篇」的治心工夫。前面我已經談論過虛欲去智（內靜）的治心工夫，在接下來的討論中，我們將從修身（外敬）切入「管子四篇」治心工夫的另一個面向。

貳、正形飭德

〈心術下〉曰：「形不正者德不來，中不精者心不治。」尹知章注：「有諸內必形於外，故德來居中，外形自正」，主張形軀的端健與心靈的專一平和同樣重要，人君必須外內交養，才能使「道」得以於心中呈顯。〈心術下〉又說：「氣者，身之充也」從第三章的討論可知，這裡的「氣」指的是「精氣」。精氣得以實身，但若「充不美，則心不得」，精氣若是不能固守於形軀之中，則「道」便無法呈顯於心中。因此說：「正形飭德，萬物畢得」，李哲明先生在《管子校義》〔註23〕中說，「飾」當爲「飭」，〈內業〉說「攝德」，攝當爲整攝之意。由此足以證明「管子四篇」作者將正形視爲使「精氣／道」進入人心，並且與人契合的重要方法步驟之一。

〈內業〉說：「嚴容畏敬，精將自定」、「四體既正，血器既靜」可以得知「管子四篇」作者主張調和人之體氣，透過端正人之體貌、言行，收斂人之生理本能，使人的耳目、四體、血氣、嚴容得以無所踰矩，藉此達到心靈的平和虛靜。此外，他甚至還注意到飲食的飢飽對於人身心的影響，〈內業〉說：

> 精之所舍，而知之所生。飢飽之失度，乃爲之圖。飽則疾動，飢則
>
> 廣思，老則長慮，飽不疾動，氣不通於四末。

指出飲食若不適中，血脈精氣便不能通達於四肢，精氣當然也就無法停留於心。

除了主張通過「耳目不淫」、「嚴容畏敬」等修養工夫達到心靈的平和虛

〔註23〕轉引自張舜徽，《周秦道論發微》，台北：木鐸出版社，1983年，頁235。

靜之外，根據前引〈內業〉所說：

> 是故止怒莫若詩，去憂莫若樂，節樂莫若禮，守禮莫若敬，守敬莫
> 若靜，內靜外敬，能反其性，性將大定。

我們可以發現「管子四篇」作者也接受儒家以詩、書、禮、樂來調節個人的情緒起伏的修養工夫，來達到心靈的平靜專一。而透過形體的變化也可以反應聖人之存德體道。〈內業〉說：

> 心全於中，形全於外，不逢天菑，不遇人害，謂之聖人。人能正靜，
> 皮膚裕寬，耳目聰明，筋信而骨強，乃能戴大圜，而履大方。

又說：

> 得道之人，理丞而屯泄，〔註24〕匈中無敗。

可以得知掌握了「道」之人，和氣四達，猶如通過皮膚毛孔昇發，所以胸中無濁腐之物。明君聖人若能內外交養，則自然皮膚豐滿舒展而富有光澤，耳聰而目明，筋骨強健。

儘管從〈內業〉說：「天主正，地主平，人主安靜」，以「安靜」為與天、地並舉的人之屬性，不難看出「管子四篇」的修養工夫主要是落在「虛靜」與「寡欲」而非落在「外敬」的工夫上。但是，誠如楊儒賓先生所說，「內靜」與「外敬」並舉，二者似乎不應當視為兩條平行的路線，因為「守禮莫若敬，守敬莫若靜」此一聯語意顯示的是：禮→敬→靜這一工夫的逐漸深入，直至存在根基的過程。因此，雖然內靜外敬的工夫在形式上有內、外之分，但是實質上卻是殊途同歸的朝向同一個目的：從一個虛靜的狀態上與「道」契合的，由此也可以證明內靜外敬其實是治心工夫的一體之兩面。在接下來的討論中，我們將討論「心」與「全心」在「管子四篇」中的意義。

參、「心」與「全心」

一、「心」

「管子四篇」以為「心」的對象是「道」，將「心」和「道」的關係比喻成「心」為「精氣／道」所停留的館舍。

〈內業〉說：

> 定心在中，耳目聰明，四枝堅固，可以為精舍。

〔註24〕王引之云：「『丞』讀為『蒸』，蒸，升也。泄，發也。『屯』當讀為『毛』，字之誤。」

敬除其舍，精將自來。……嚴容畏敬，精將至定。

〈心術上〉說：

虛其欲，神將入舍。掃除不潔，神乃留處。

〈心術上〉文後所附的解經部分說：

宮者，謂心也。心也者，智之舍也。

可以得知「管子四篇」作者將「心」視爲是「道」得以呈顯、停留之所。前文曾提及楊儒賓先生認爲這種將「心」比作房舍，潔滌心靈比作掃除屋室的比喻，在道家傳統中是很常見。然而通過這一比喻，卻讓我們同時留意到「管子四篇」通過對於「道」與「德」的區分，使「心」的意義得以明顯呈現出來。〈心術上〉文後解經部分說：

天之道，虛其無形。虛則不屈，無形則無所位赶。無所位赶，故徧流萬物而不變。德者，道之舍。物得以生生，知得以職道之精。故德者，得也。得也者，其謂所得以然也，以無爲之謂道，舍之之謂德。故道之與德無間。故言之者不別也。間之理者，謂其所以舍也。

這一段敘述我們可以分成三個部分來看：

1. 天道之所以能「徧流萬物而不變」是因爲它具有「虛」和「無形」這兩個特性。尹知章注：「屈，竭也。」故「虛」，所以道便沒有窮盡；「赶，逆也」故「無形」使道能普遍的周流於萬物之中而毫無牴觸。

2. 「德者，道之舍」的「舍」，與「神將入舍」「敬除其舍」的「舍」不同，馮友蘭〔註25〕與裘錫圭〔註26〕兩位先生都以爲當作「停留」解，意思就是說，「道停留在物之中的那部分就是德」。萬物之所以能生生不息，就在於此。

3. 「道」與「德」本來是沒有距離也沒有區別的，但是人們將清淨無爲的稱之爲「道」，道停留在物之中的狀態稱之爲「德」。所以細究二者的區別，只能說「德」是道在個別事物上的呈顯。

關於「道」與「德」間的關係，陳麗桂先生以爲，「道」一旦賦生萬物，寓居於萬物之上就叫做「德」。「德」即是物上所呈顯的「道」性。〔註27〕由上述

〔註25〕馮友蘭，《中國哲學史新編》第二冊（1983年修定版），人民出版社，1984年，頁199。

〔註26〕裘錫圭，〈稷下道家精氣說的研究〉，《道家文化研究》第二輯，1992年8月，頁168。

〔註27〕陳麗桂，《戰國時期的黃老思想》，台北：聯經出版社，1991年4月，頁142。

我們可以作如下的推論，即「管子四篇」作者將「心」視為「精氣／道」所停留的館舍，是「道」之所以能得以呈顯的場域。因此我們可以說，「心」在「管子四篇」中的意義，可視為是一種使「道」得以呈顯的可能性（Possibility），用以作為天道與治道得以在此銜接的基礎。

二、「全心」

〈內業〉說：「凡人之生也，天出其精，地出其形，合此以為人」又說：「凡心之刑，自充自盈，自生自成；其所以失之，必以憂樂喜怒欲利。」從上述兩段引文中，可以知道精氣本是人所固有的，卻因為喜怒哀樂欲而喪失。因此，人在一般的狀態下是有所欠缺的，唯有體道的聖人才能達到「心全於中，形全於外」的整全狀態。「管子四篇」的作者透過「心中之心」這一個概念來說明「心全於中，形全於外」的境界。因此，我們將先討論「心中之心」在「管子四篇」中的意義。

「心中之心」在「管子四篇」中出現過兩次：

> 心之中又有心，意以先言，意然後形，形然後思，思然後知。（〈心術下〉）

> 一言之解，上察於天，下極於地，蟠滿九州。何謂解之？在於心安。我心治，官乃治；我心安，官乃安。治之者心也，安之者心也，心以藏心，心之中又有心焉。彼心之心，意以先言，意然後形，形然後言，言然後使，使然後治。〔註28〕（〈內業〉）

劉長林與胡奐湘兩位先生以為，「心中之心」即是心的控制中樞。楊儒賓先生則將心的意義區分為，經驗意義的心與超越意義的「彼心之心」，〔註29〕以為「彼心之心」即前知覺的心靈。然而，筆者以為「心中之心」即是「管子四篇」中所指的精氣，或者更精確一點說，是經過內靜外敬的治心工夫後，停留於心之館舍的「精氣」，而非做為心的控制中樞或是某種前知覺的心靈。〔註30〕關於這

〔註28〕本文原文作「音以先言」，但是在上述〈心術下〉的引文中，此句「音」作「意」。劉積言此乃字誤，王念孫則主張兩「音」字讀為「意」。詳見郭沫若，聞一多，許維遹等集校，《管子集校》，東京：東豐書店，1981年。

〔註29〕從楊儒賓先生與「管子四篇」的前後文義來看，「彼心之心」應該等同於「心中之心」。見楊儒賓，〈論「管子·白心、心術上下、內業」四篇的精氣說與全心論〉，《漢學研究》第9卷第1期，1991年6月，頁181～208。

〔註30〕見楊儒賓，〈論「管子·白心、心術上下、內業」四篇的精氣說與全心論〉，《漢學研究》第9卷第1期，1991年6月，頁188。

一點，我們從前述「管子四篇」的治心工夫以及上述兩段引文中可以得知。

「管子四篇」虛欲去智的治心工夫告訴我們，要掃除心中的欲望、不潔，然後使我們的「心」成爲「道」、「智」、「精氣」的館舍。〈內業〉說明人的創化原則，是「凡人之生也，天出其精，地出其形，合此以爲人」。因此，「精氣」是在人的創化過程中「天」賦予人的，是人所本有的。〈內業〉又說：「凡心之刑，自充自盈，自生自成；其所以失之，必以憂樂喜怒欲利。」是以人所本有的精氣，是因爲「憂樂喜怒欲利」而喪失的。所以必須透過虛欲去智的治心工夫，來留守這一來一逝的靈氣（精氣），使其存留於心中，讓曾經因爲「憂樂喜怒欲利」失去其本心（精氣）的心，得以整全。根據上述可知，〈內業〉說：「治之者心也，安之者心也，心以藏心，心之中又有心焉」，所治的心是需要掃除不潔、虛欲去智的「人心」；所安的，則是人曾經喪失的「本心」（精氣）。是以說：「心以藏心，心之中又有心」這正表示，經過掃除不潔、虛欲去智的人心，已經成爲留處、包藏「道」、「智」、「精氣」的館舍。在虛欲去智的人心中，固守了著一度喪的本心（精氣），而這是「管子四篇」所說的「心中之心」、「彼心之心」。而「管子四篇」對這種「心中之心」的狀態稱之爲德〔註31〕、內德〔註32〕、內得〔註33〕、中得〔註34〕，或者是成德。〔註35〕

根據我們在前面的討論可知，「內靜外敬」是治心工夫的一體之兩面。因此，「心全於中，形全於外」是將精氣固守留藏於心中後同時發生，而做爲人之所以爲人最爲整全的狀態。至此，我們能夠透過「管子四篇」的道論，說明其「內靜外敬」的治心工夫與其終極關懷（也就是如何找到治國施政的形上依據）之間的重要關係，以及爲什麼用「心全」與「形全」來描述聖人存德體道之狀態的原因。

綜合上述，我們首先確立了「管子四篇」的終極關懷、主要議題以及主

〔註31〕〈心術上〉說：「故德者得也，得也者，其謂所得以然也，以無爲之謂道，舍之之謂德。

〔註32〕〈心術下〉說：「無以物亂官，毋以官亂心，此之謂內德。」

〔註33〕〈內業〉則說：「心全於中，形全於外，不逢天菑，不遇人害，謂之聖人。人能正靜，皮膚裕寬，耳目聰明，信而骨強，乃能戴大圜，而履大方。鑒於大清，視於大明。敬慎無忒，日新其德；知天下，窮於四極；敬發其充，是謂內得。」

〔註34〕〈內業〉說：「不以物亂官，不以官亂心，是謂中得」。

〔註35〕〈內業〉說：「是故此氣也，不可止以力，而可安以德。不可呼以聲，而可迎以音。敬守勿失，是謂成德。」

要依據。並且從有別於養生理論的角度出發，說明「管子四篇」是如何在處理治心議題時，將內靜外敬的治心工夫結合「道論」，並因此突顯出治心議題與「管子四篇」的終極關懷——治國間的密切關係。在接下來的討論中，我們將比較「管子四篇」的「心術」與《莊子》的「心齋」之間的異同。並且藉此說明稷下黃老思想的治心議題與老、莊一系的修心理論間的差異。

第二節 「心術」與「心齋」

在本文的第二章中，曾經說過「管子四篇」與老、莊一系的道家是不同的；並且在第三章中，透過「管子四篇」對於《老子》「道」的繼承與轉化，討論過「管子四篇」與《老子》思想間的差異。在本章第一節中，我們討論了「管子四篇」的治心工夫以及這種治心工夫如何與黃老治術銜接的問題。在這一節中，我們將試圖比較莊子心學與「管子四篇」的治心工夫的異同。

儘管在程度上有所差異，但是「管子四篇」與《莊子》都同樣受到《老子》思想的影響，[註36] 而莊子與「管子四篇」的時代接近，所面臨的時代課題也就更為切近。因此，討論「管子四篇」的治心工夫與莊子心學的異同，在這一層意義上也就等於追問，同樣以「道」作為其思想最核心概念的「管子四篇」在發展上和老、莊一系的道家所面臨的問題，以及處理問題之方式的不同。

壹、心齋與心術

由於「管子四篇」與《莊子》都同樣受到《老子》思想的影響，因此，莊子與「管子四篇」在鋪陳各自的思想時，出現相類似的陳述，其實並不令人意外。《管子・心術上》說：「虛其欲神將入舍」，《莊子・人間世》則說：

[註36] 儘管老莊年代先後的問題，在學界一直有不同的看法。其中主張「莊前老後」之說，當以錢穆先生為代表，不過由於錢穆先生的幾項論述都還有可以討論的空間，例如，他由《莊子》內七篇述老聃之語不見於《道德經》來佐證「莊前老後」之說，就很難不面對《莊子》內七篇述孔子之語也不見於《論語》，是否也可以說孔子也在莊子之後的問題；而錢穆先生以為《道德經》中「道可道，非常道；名可名，非常名」之語當為莊周、公孫龍之後才可能出現的推論，由《論語・子路》出現孔子說過「必也正名乎」之語，則應可以說明錢穆先生此一推論是將「名」這一概念的出現，定得過晚了些。由於老莊前後問題非本文主旨，所以本文對於錢穆先生的推論僅舉兩個例子討論，不過也可以說明「莊前老後」之說如要成立，還得解決不少類似的問題。因此本文仍然接受傳統的意見，以為老子當在莊子之前。

「夫徇耳目內通而外於心知，鬼神將來舍」。「管子四篇」強調「心術」，而莊子則重視「心齋」。事實上，從莊子內七篇中，除〈養生主〉外，〔註37〕篇篇都提到「心」這一點上，可以得知《莊子》和「管子四篇」都同樣注意到「心」這個議題。爲了使二者之間的共通之處能更一目了然，所以筆者根據王叔岷〔註38〕和李存山〔註39〕兩位先生的著作，將《莊子》與「管子四篇」中所出現的相類似文句整理於下表：

莊 子	管子四篇
1. 〈人間世〉：心齋。 〈在宥〉：心養。 〈天道〉：精神之運，心術之動	〈心術〉
2. 〈人間世〉：虛室生白。	〈白心〉
3. 爲善無近名，爲惡無近刑（〈養生主〉）	爲善乎，無提提，爲不善乎，將陷於刑。（〈白心〉）〔註40〕
4. （夫徇耳目內通；而外於心知）鬼神將來舍……（〈人間世〉） 〈知北游〉亦云：「神將來舍」。	（虛其欲）神將入舍。（〈心術上〉）〔註41〕
5. 天無私覆，地無私載。（〈大宗師〉） 〈應帝王〉亦曰：「順物自然，而無容私焉，而天下治。」	是故，聖人若天然，無私覆也；若地然，無私載也。（〈心術下〉）
6. 夫道，……無爲無形。（〈大宗師〉）	虛無無形謂之道。（〈心術上〉）
7. 無爲爲之之謂天。（〈天地〉）	以無爲之謂道。（〈心術上〉）
8. 物得以生，謂之德。（〈天地〉）	化育萬物，謂之德。（〈心術上〉）
9. 感而後應，迫而後動（〈刻意〉）	感而後應，（非所設也），緣理而動，（非所取也）（〈心術上〉）

〔註37〕雖然，〈養生主〉一篇未曾提及「心」字，然而正如陳德和老師所說：「〈養生主〉中有『官知止而神欲行』、『安時而處順，哀樂而不能入也』的敘述，則〈養生主〉亦未嘗不言心」。詳見陳德和，《從老莊思想詮詁莊書外雜篇的生命哲學》，台北：文史哲出版社，1993 年 10 月，頁 25。

〔註38〕王叔岷，〈讀莊論叢〉，《道家文化研究》第十輯，1996 年 8 月，頁 226～249。

〔註39〕李存山，〈《內業》等四篇的寫作時間和作者〉，《管子學刊》創刊號，1987 年，頁 31～37。

〔註40〕「提」借爲「題」，《說文》：「題，顯也。」爲善而無顯，即無近名之意。見王叔岷，〈讀莊論叢〉，《道家文化研究》第十輯，1996 年 8 月，頁 226～249。

〔註41〕「虛其欲」即夫徇耳目內通；而外於心知之意。見王叔岷，〈讀莊論叢〉，《道家文化研究》第十輯，1996 年 8 月，頁 226～249。

10. 去知與故。(〈刻意〉)	去智與故。(〈心術上〉)
11. 物物而不物于物。(〈山木〉)	君子使物,不爲物使。(〈內業〉)
12. 功成者墮,名成者虧。孰能去功與名,而還與眾人。(〈山木〉)	故曰:功成者墮,名成者虧。故曰:孰能棄名與功,而還與眾人同?(〈白心〉)
13. 道不可言(〈知北游〉)	大道可安不可說。(〈心術上〉)
14. 惡欲喜怒哀樂六者,累德也。(〈庚桑楚〉)	其所以失之,必以憂樂喜怒欲利。(〈內業〉)
15. 能抱一乎?能勿失乎?能毋卜筮而知凶吉乎?能止乎?能已乎?能舍諸人而求諸己乎?(〈庚桑楚〉)	能專乎?能一乎?能毋卜筮而知凶吉乎?能止乎?能已乎?能毋問於人,而自得之於己乎?(〈心術下〉) 不卜不筮,而謹知吉凶。(〈白心〉) 能搏乎?能一乎?能無卜筮而知吉凶乎?能止乎?能已乎?能勿求諸人而得之己乎?(〈內業〉)
16. 人皆尊其知之所知,而莫知恃其知之所不知,而後知(〈則陽〉)	人皆欲智,而莫索其所以智乎。(〈心術上〉)
17. 至大無外,……至小無內。(〈天下〉)	道在天地之間也,其大無外,其小無內,故曰不遠而難極也。(〈心術上〉) 其細無內,其大無外(〈內業〉)
18. 人大喜邪?毗於陽;大怒邪,毗於陰。陰陽並毗,四時不至,寒暑之和不成,其反傷人之形乎!(〈在宥〉)	節其五欲,去其二凶。不喜不怒,平正擅匈。(〈內業〉)

　　從上表我們可以發現,《莊子》與「管子四篇」二者都具有一種治心工夫,《莊子》稱爲「心齋」,「管子四篇」則爲心術、白心、內業等等。二者都主張虛欲去知,這一點從上述第 4、14、16、18 條可知。並且都以爲天、地無私,而聖人應該效法之,這一點從上述第 5 條可知。而根據上述第 6、8 條可知,二者都以爲「道」具有無形無狀的特質,而「德」則能化育萬物。然而在這些共通處之下,二者所要陳述的是否爲同一件事呢?關於這一點,我們可以從比較「心術」與「心齋」的不同得到一些線索。

　　《莊子・人間世》對於「心齋」的描述是:

　　　若一志,無聽之以耳,而聽之以心;無聽之以心,而聽之以氣!聽止
　　　於耳,心止於符。氣也者,虛而待物者也。唯道集虛。虛者,心齋也。
關於這一段敘述,郭象的注有三:

　　1. 去異端而任獨者也。

2. 遺耳目，去心意，而符氣性之自得，此虛以待物者也。

3. 虛其心則至道集於懷也。〔註42〕

成玄英的疏則說：

1. 耳根虛寂，不耳凝宮商，反聽無聲，凝神心符。

2. 心有知覺，猶起攀緣；氣無情慮，虛柔任物。故去彼知覺，取此虛柔，遣之又遣，漸階玄妙也乎！

雖然郭象的注與成玄英的疏在工夫論上有層次的區別，〔註43〕但是整體而言，二者皆將莊子的「心齋」，把握為超越形軀官能之封限與心知計較之分別的治心工夫。莊子繼承老子對於個體生命的看法，以為清靜素樸才是萬物的真正自我。人心因為陷溺名利的糾葛與纏繞之中，產生自我的執迷而造成價值的失落。因此，莊子以為人應該使自己能擺脫官能習氣的役使，以及心知定見的障蔽，讓個體生命在逍遙無待中，以無限寬容的道心來接納天地萬物，以達到真人、至人、神人的境界。所以，莊子的「心齋」主要就是希望通過對心知定見的批判反省，藉以將人之超越於心知定見之上的「真心」，從紛擾糾葛中釋放出來。《莊子‧應帝王》說：「至人之用心若鏡，不將不迎，應而不藏，故能勝物而不傷。」便是這種全然融通無礙的真心的最好詮釋。

莊子所謂的「心齋」，是一種透過淨除心知定見以解放心之桎梏的修養工夫。他所關心的是如何使人超脫那些陷落其真心的，引發一切人為妄作的心知定見。因此通過「心齋」這種修養工夫，他所要處理的問題是：應當如何消融、超越人的心知俗見，以達到人我的真正和諧。但是，反觀《管子‧心術上》說：「心術者，無為而制竅者也」，根據我們前面的討論可以知道，「管子四篇」作者所關心的是「如何為國君找到治國施政的依據」，進而透過治心議題將治國與治身二者結合起來。因此在「管子四篇」中，透過內靜外敬的治心工夫，所欲達到的是與萬事萬物所依循的道相契合，並進而將「道」中所隱含的規律性與秩序性帶入，作為安立一切人事的統治技術（關於治術的部分，將在下章有進一步的討論）。虛欲去智在「管子四篇」中，並非為了達到莊子「心齋」所重視的淨除心知定見以解放心之桎梏為目的，而是為了契

〔註42〕郭慶藩輯，《莊子集解》，台北：河洛圖書出版社，1980年，頁131。

〔註43〕高柏園先生以為，根據成疏，莊子在聽之以耳、聽之以心、聽之以氣三者之間顯然有一層次的區別，而非如郭象逕自以任獨釋之。詳見高柏園，《莊子內七篇思想研究》，台北：文津出版社，1992年，頁133。

合不遠而難極的道，留處一來一逝、周流萬物的精氣，化爲將萬世萬物安立
於其本身所應有位置的治術。所以我們可以說，如果莊子繼承了《老子》的
「無爲」，通過「離形去知」的反省和批判，讓生命在逍遙無待中，以絕對的
寬容去接納天地萬物；那麼，「管子四篇」的「心術」則是繼承了《老子》的
「無不爲」，從「治術」的角度出發，來處理國君如何找到施政治國的形上依
據，並進而化成安立一切人事的統治技術。因此，「心術」與《莊子》的「心
齋」在一開始的關懷，和所欲達到的目標上都是不相同的。

　　然而，通過上面的討論仍然存在著一個問題，就是《莊子・人間世》在
描述「心齋」時說：「無聽之以耳而聽之以心，無聽之以心而聽之以氣！」確
實在其「心齋」中提及「氣」，並且在「心」和「氣」之間強調了「氣」的重
要。那麼豈不是和「管子四篇」企圖透過內靜外敬的心術來留處固守「精氣」
相同了嗎？爲了處理這個問題，我們就不得不先追問《莊子》在這裡所提及
的「氣」指的是什麼。關於這一點，我們可以從徐復觀先生的看法中找到一
點線索。徐復觀先生說：

> 從上面所引的材料看來，莊子似乎是反心知而守氣，使人成爲一純
> 生理地存在。但這與〈天下篇〉他批評慎到的「至於若無知之物而
> 已，無用聖賢。夫塊不失道。豪傑相與笑之曰，慎到之道，非生人
> 之行，而至死人之理」的情形，有什麼分別？眞的，有人因此便以
> 爲〈齊物論〉是出於慎到。但如前所說，莊子既將形與德對立，以
> 顯德之不同於形，則他所追求的必是一種精神生活，而不是塊然地
> 生理生活。若此一看法爲不錯，則他所追求的精神生活，不能在人
> 的氣上落腳，而依然要落在人的心上。因爲氣即是生理作用；在氣上
> 開闢不出精神的境界；只有在人的心上才有此可能。既須落在人的心
> 上，則他不能一往反知，而必須承認某種性質的知。就我的了解說，
> 他的確是如此。並且他在上面所說的氣，實際只是心的某種狀態的
> 比擬之詞，與老子所說的純生理之氣不同。這便是他和慎到表面相
> 同，而根本不同之所在。所以在前面所引的〈人間世〉「氣也者，虛
> 而待物者也」一句的下面，便接著說，「惟道集虛；虛者，心齋也」。
> 虛還是落在心上，而不能落在氣上。〈人間世〉「自事其心者，哀樂
> 不易施乎前」，這裏未嘗要去心。〔註44〕

〔註44〕徐復觀，《中國人性論史先秦篇》，台北：台灣商務印書館，1977 年，頁 383

徐復觀先生區別慎到與莊子思想上的不同，指出莊子將形與德對立，所以莊子追求的應該是一種精神的境界，是對心知定見之超越。因此，徐復觀先生在這裡將「氣」理解爲「心的某種狀態的比擬之詞」，也就是以心的「虛而待物」來理解氣，而不是將「氣」視爲一種獨立實存的實體。從這一點上，我們就可以清楚的分辨出，「管子四篇」中的「精氣」與《莊子》此處所提的「氣」之間的明顯不同。在前面的討論中我們已經知道，「管子四篇」的精氣（道）的兩個重要特質，一是做爲萬事萬物所依循的客觀規律，二是做爲超越的創生實體。然而，在《莊子·人間世》「心齋」中所提及的「氣」僅僅只是「心的某種狀態的比擬之詞」，而不是一種獨立實存的實體。因此可以得知，「管子四篇」的「精氣」與《莊子》此處所提的「氣」是全然不同的。

　　至此，我們討論了「管子四篇」中的「心術」與《莊子》所說的「心齋」之間的不同。也說明了這種不同，是由於二者在其思想的開端，所關心的問題就不一樣的緣故。所以，儘管「管子四篇」與《莊子》都受到《老子》思想的影響，但是在發展上，代表稷下黃老思想的「管子四篇」，卻和老、莊一系的道家漸行漸遠。

第三節　「心術」與《孟子》心氣論之不同

　　「管子四篇」中的「精氣」與《孟子》心氣論間的貌似之處，在學界曾經引起過一陣討論。郭沫若先生在 1944 年所發表的〈稷下黃老學派的批判〉一文中，以爲孟子襲取「管子四篇」的精氣論。中間經過李存山先生在 1987 年，發表〈《內業》等四篇的寫作年代和作者〉一文反對之，以爲「管子四篇」的精氣說，乃是受到孟子以「浩然之氣」與告子論辯的影響。而至 1994 年，楊儒賓先生發表〈論《管子》四篇的學派歸屬問題——一個孟子學的觀點〉一文，以爲〈心術下〉、〈內業〉兩篇，當爲孟子後學所著，藉此說明其與《孟子》在氣論上相似的原因。從外緣上說，在這個橫跨五十年的論題中，這三篇文章代表著幾種相互對立的觀點，也意味著「管子四篇」與孟子之間的確存在著某種足以影響二者論理結構的相似性。至於從本文的切題性這一點上而言，辨明「心術」與《孟子》在心氣論上的異同，將有助於釐清何以「管子四篇」同樣提及仁、義、禮等等範疇，但仍然在根本上有別於儒家思想的

問題。

壹、幾種觀點之分析

一、孟子襲取《管子》心氣說

　　儘管張岱年先生在 1937 年完成的《中國哲學大綱》中就曾經提及孟子與「管子四篇」二者之間有類似之處，〔註45〕但是，最早對二者關係做出明確肯定判斷的則是郭沫若先生。郭沫若先生在〈稷下黃老學派的批判〉中，說：

> 這所謂靈氣，在我看來，毫無疑問便是孟子的「浩然之氣」。《內業》也正說：「精存自生，其外安榮，內藏以爲泉原，浩然和平，以爲氣淵。」只是孟子襲取了來，稍微改造了一下。〔註46〕

郭沫若先生舉出兩點理由來支持自己的推論：

1. 「管子四篇」思想先於孟子之說。郭沫若先生的論証方式如下，他首先肯定「管子四篇」是宋鈃、尹文學派的遺著，並且認爲告子是宋鈃、尹文學派的繼承者。在這個基礎上，郭沫若先生以爲，孟子既然在談浩然之氣時，曾說告子比他（孟子）先不動心，而告子所主張「不得於言勿求於心，不得於心勿求於氣」的不動心，分明就是〈內業〉所說的「不以物亂官，不以官亂心」。那麼在思想發展上，就應該是「管子四篇」先於孟子之說。因此，孟子的浩然之氣是襲取《管子》的「靈氣」之說。

2. 「道」概念在孟子學說中顯得格格不入。郭沫若先生說：「『靈氣』在主張本體觀的道家本與『道』爲一體，事實上也就是『道』的別名，而孟子談浩然之氣也來一個『配義與道』，『道』字便無著落，這分明是贓品的透露了。」〔註47〕

　　關於郭沫若先生的兩個論據，筆者以爲還存在不少討論的空間。首先，郭沫若先生上述第 1 點論據，如果要得以成立，必須先確定告子之「不動心」

〔註45〕張岱年先生說：「《管子》的《心術》上下與《內業》篇，年代與孟子約略同時。孟子曾講「浩然之氣」，《內業》有「浩然和平，以爲氣淵」之語，用詞有類似之處，但孰先孰後，不易考定。」詳見張岱年，《中國哲學大綱》，台北：藍燈文化事業公司，1992 年 4 月，頁 290。

〔註46〕見郭沫若，〈稷下黃老學派的批判〉，《十批判書》，北京：東方出版社，1996 年 3 月，頁 166～167。

〔註47〕同上，頁 167。

與〈內業〉所說的「不以物亂官，不以官亂心」，所指的是同一件事。如果我們重新檢視孟子引用這段話的用意，便可以發現，孟子是在比較自己和告子的「不動心」有何不同時引用這段話，並且以「我知言，我善養吾浩然之氣」回答「敢問夫子惡乎長？」〔註48〕這個問題。故可以得知，告子的不動心是在於克制其心不受外界之影響，其目的只在維護心的虛靜，使生命力不因外界的干擾而耗損。但是，如果我們還記得前幾章的討論，應該會記得「管子四篇」所說的「不以物亂官，不以官亂心」所指的是，不以物欲干擾感官與心各自的職能，以至於造成「上離其道，下失其事」的狀況發生。因此可以知道，郭沫若先生希望透過告子與「管子四篇」之間的關係，證明「管子四篇」先於孟子之說，並進而證明孟子襲取「管子四篇」的說法是不成立的。

其次，郭沫若先生以為「配義與道」的「道」概念在孟子學說中顯得格格不入。關於這一點，白奚先生在其《稷下學研究：中國古代的思想自由與百家爭鳴》〔註49〕一書中指出：

> 「道」並非是道家獨有的哲學範疇，先秦各主要學派都講「道」，而且也不在少數，可謂儒有儒道、墨有墨道，只不過含義各有異趣而已。

《中庸》曰：「率性之謂『道』」，孟子從內在的道德本性出發，經由道德自覺而道德實踐，並透過此一道德實踐的工夫來契合天道、與天相知。是以「道」在孟子「盡心知性知天」的學說中，是透過道德本心的自覺，而與「於穆不已」的「天」通而為一，所朗現的「天理流行」。但是，「管子四篇」中的「道」，則主要是從作為「萬事萬物所依據的總規律」這一點上說的。再從工夫論上說，孟子強調的是從道德實踐中，證成「心性天通而為一」；而「管子四篇」所說的，則是以虛靜無為的治心工夫，達到能存留固守做為萬事萬物總規律

〔註48〕孟子曰：「不得於心，勿求於氣，可；不得於言，勿求於心，不可。夫志，氣之帥也；氣，體之充也。夫志至焉，氣次焉。故曰：持其志，無暴其氣。」以為人應當以「心」（志）來約束、引導自己的生命力（氣）。然而，孟子出於以天下為己任的胸懷，發展其「知言、養氣」之說，明人禽、義利、夷夏之辨，並且通過持志帥氣、配義與道而至俯仰無愧、捨我其誰的精神，進而承當「息邪說、距　行、放淫辭」的大任。因此以為告子僅僅在乎保持個人虛靜之心是「未嘗知義」，而其「仁內義外」之說更說「率天下之人而禍仁義者，必子之言夫！」也。見《孟子·公孫丑上》、《孟子·告子上》。

〔註49〕白奚，《稷下學研究：中國古代的思想自由與百家爭鳴》，北京：三聯書店，1998年9月，頁162～167。

的「道」這一目的。因此,我們可以很清楚的發現,不但孟子所說的「道」與「管子四篇」所說的「道」明顯的不同;而且「道」在孟子「盡心知性知天」的學說中,更是上下一貫,而非郭沫若先生所說的「不淪不類」、「不自然而無著落」,因而「分明是一種贓品」,這樣的一種主張。

二、孟子「性善論」與「浩然之氣」影響「管子四篇」說

不同於郭沫若先生的觀點,李存山先生說:

> 與其說孟子襲取了告子與「管子四篇」的思想而有「浩然之氣」的議論,毋寧說「管子四篇」受到了孟子人性本善和「浩然之氣」說的影響,而與告子思想發生了很大分歧。〔註50〕

李存山先生也舉出兩點理由來支持自己的推論:

1. 〈心術下〉說:「氣者,身之充也。」是「管子四篇」受到孟子「氣,體之充也」的影響。李存山先生以為,孟子說這句話時,把「氣」和「志」區別開來,在行文上很自然;但是〈心術下〉卻把「意氣定然後反正」、「氣者,身之充也」和「充不美,則心不得」連在一起,顯得有點不淪不類。而且,李存山先生還說「氣者,身之充也」的「氣」指的是「意氣」,「身」指的是「心」,因此認為「管子四篇」的作者「顯然是把孟子『氣,體之充也』和『浩然之氣』的『氣』混在一起了」。〔註51〕

2. 〈內業〉中說:「藏於胸中,謂之聖人」,「卒乎如在於己」,「卒乎乃在於心」,「不可止以力,而可安以德」,「正形攝德,天仁地義,則淫然而自至」。這些話是摻雜著孟子「浩然之氣」、「配義與道」和「萬物皆備於我」的味道。

關於李存山先生的兩個論據,筆者以為還可以作如下的討論。首先,不論是論據1中,所說的「氣者,身之充也」,或者是論據2中,所舉〈內業〉的幾段文句,李存山先生都沒有交代,基於什麼理由,可以使我們確信「管子四篇」襲取「孟子浩然之氣」與「人性本善」的思想;也就是說,李存山先生在上述兩個論句中,最多也只是指出了「管子四篇」與《孟子》中有相類似的語句而已,並不能藉此證明「管子四篇」襲取「孟子浩然之氣」與「人

〔註50〕 李存山,〈《內業》等四篇的寫作年代和作者〉,《管子學刊》,1987年創刊號,頁32。

〔註51〕 同上,頁33。

性本善」的思想。關於這一點，就如同白奚先生所說：「他（李存山先生）的第二條論據實在難以證明一定是〈內業〉受到孟子的影響，反過來用來證明是〈內業〉影響孟子的思想也未嘗不可。」

其次，李存山先生以爲孟子「浩然之氣」的「氣」指的是一種「精神狀態」，而「氣，體之充也」的「氣」，則是「構成身體的物質材料」，而「管子四篇」明顯是將兩者搞混了，因此證明「管子四篇」襲取孟子「浩然之氣」的思想。關於李存山先生的這項論據如果要成立，有兩個地方需要先確定，即孟子說「氣，體之充也」的「氣」是否眞的是「構成身體的物質材料」；以及「管子四篇」是否眞將二者搞混了。關於第一點，筆者以爲白奚先生的觀點〔註52〕很有參考價值。白奚先生列舉《孟子》中的「氣」字凡十九見，並且將之區分爲兩類：

1. 描述人達到某種道德境界的精神狀態：如浩然之氣、夜氣、平旦之氣。
2. 能夠充溢四體，並爲心志所控制的情感之氣，以及與此有關的勇氣等等。

白奚先生分析孟子氣志之辨，並引證趙岐注曰：「氣，所以充滿形體爲喜怒也」和焦循正義：「喜憎、利害、視聽、屈伸，皆氣也」，證明「氣」在孟子志氣之辨中，指的都是勇氣、意氣等情緒、情感，而非李存山先生所說的「構成身體的物質材料」。是以李存山先生將二者等同在一起的做法，顯然有些勉強。

再者，關於「管子四篇」是否將「構成身體的物質材料」，與做爲精神狀態的「氣」搞混了這一點，筆者以爲有一個很重要的地方需要釐清。首先，根據我們前幾章的討論知道，「管子四篇」所談的「氣」，主要指的是「精氣」。雖然也有學者從「天出其精，地出其形」的觀點出發，以爲構成人的要素除了天所出的「精氣」外，還有地所出的「形氣」。〔註53〕但是，「管子四篇」既然已經說了「氣者，身之充也」，那麼此處所指的「氣」就不可能是外在的「形氣」，而只能是精氣。否則，將導致充滿身體內的氣就是身體（形）的矛盾。再者，我們從前幾章的討論中也可以知道，「管子四篇」所說的精氣有一項很重要的性質——無形無狀。既然精氣是無形無狀的，那麼並不可能是「物

〔註52〕白奚，《稷下學研究：中國古代的思想自由與百家爭鳴》，北京：三聯書店，1998 年 9 月，頁 162～167。

〔註53〕詳見張岱年，《中國哲學大綱》，台北：藍燈，1992 年 4 月，頁 220～222。以及袁信愛，〈《管子》中黃老到家的人學思想〉，《哲學與文化》24 卷第 12 期，1997 年 12 月，頁 1134。

質」，因爲物質必須是有「廣延」（extension）的。又根據我們在前面的討論可以知道，「精氣」是超越的創生實體，是超越精神與物質之上的。因此，我們可以知道「管子四篇」所談的並非某種「構成身體的物質材料」。李存山先生以爲「管子四篇」將兩者搞混了的說法，因此並不能成立。

三、〈心術下〉、〈內業〉爲孟子後學所著說

楊儒賓先生不同於郭沫若及李存山先生的觀點，而繼承裘錫圭和朱伯崑兩位先生部分看法，以爲〈白心〉與〈心術上〉當與田駢、慎到學派有關，代表著一種結合道與法的思想傾向。但是，從〈白心〉與〈心術上〉明顯具有田、慎二人所沒有的心性之學來看，楊儒賓先生以爲這兩篇文章，更應該被視爲早期黃老學派中的重要一支。至於〈內業〉與〈心術下〉兩篇則應該是戰國中期陪著孟子樸樸風塵於齊、魯道上的孟子後學所著的。〔註54〕

楊儒賓先生首先指出，傳統的觀點將〈內業〉與〈心術下〉兩篇視爲道家的作品，〔註55〕主要的原因在於它提出了：1.精氣說，2.創生性的道論，3.遮撥性的工夫論。這三種在原始道家的常見而鮮少出現於先秦其餘各家的語彙。但是，楊儒賓先生隨後藉由史華茲（B.I.Schwartz）先生的說法〔註56〕指出，某些概念如「氣」、「道」概念，在先秦思想中，乃是諸子的共法（common discourse）。所以，雖然〈內業〉與〈心術下〉兩篇出現精氣說、創生性的道論以及遮撥性的工夫論，但是並不能因此證明這兩篇就是道家的作品。

楊儒賓先生更進一步的指出，從〈內業〉篇所講的修心工夫中，可以找到〈內業〉與〈心術下〉〔註57〕兩篇爲儒家著作的證據。他舉出兩點理由：

1. 以詩、禮、樂治心爲儒家特有的方式。詩、禮、樂雖是諸子興起前的共同文化遺產，但是接受這批遺產，並且將以發展的，只有儒家。

2. 「外敬」是儒門工夫論的一項特點。〈內業〉說：「形不正，德不來。中不靜，心不治。正形攝德，天仁地義，則淫然而自至。」又說：「嚴

〔註54〕楊儒賓，〈論《管子》四篇的學派歸屬問題——一個孟子學的觀點〉，《鵝湖學誌》1994 年 12 月第 13 期。

〔註55〕楊儒賓先生這裡所指的道家是廣義的道家，包含黃老；宋鈃、尹文道家；田駢、慎到；稷下道家等等。

〔註56〕參見 B.I.Schwartz, The World of Thought in Ancient China, PP.173～185, Cambridge/Mass, 1985.

〔註57〕由於〈內業〉與〈心術下〉兩篇的語句多有重複，所以筆者遵照楊儒賓先生在其文章中的意思，以〈內業〉篇的內容爲討論的主體，如有例外，則另行注出。

容畏敬，精將至定」「內靜外敬，能反其性，性將大定」這些語句都
不是道家的。楊儒賓先生以爲老子喜歡聖人的外貌是愚鈍的，莊子
則喜歡支離疏等惡絕天下的人物，以形容體道之士的內德和外貌之
不相稱。然而，孔孟都強調人的「威儀」。因此他說：「從威儀到敬，
這種內外莊嚴的命題，無疑是貫穿儒家思想的一條大動脈，道家不
與焉。」

除了工夫論外，楊儒賓先生還從宇宙論入手，認爲〈內業〉說：「正形攝德，
天仁地義，則淫然而自至。」主張天有仁，地有義，這種論述不會是道家的，
只能是儒家的。至此，楊儒賓先生認爲已經證明了〈內業〉與〈心術下〉是
儒家的作品。接下來他所要證明的則是〈內業〉與〈心術下〉兩篇不只是儒
家的作品，更可以說是孟子後學所著。在下面的討論中，楊儒賓先生提出了
幾點論據支持他的觀點。

1. 孟子「踐形」觀與〈內業〉「全形」觀的符合。楊儒賓先生認同馬非白
   先生的觀點，以爲〈內業〉的主旨是：「作爲人們生命根源的精神這東
   西的本質、來源和它的作用」，〔註58〕並且認爲馬先生的這段話可以一
   字不改的移到孟子「踐形觀」上。孟子「踐形」觀與〈內業〉「全形」
   觀，都是實踐性的概念，都預設了人原本的形體是不完整的，學者只
   有通過擴充體現的過程後，才能趨於完美。

2. 孟子「踐形」觀預設了一種「內外相符」、「內外同質」的身體觀，人
   身的內外乃是一體之兩面，故兩者可以相互轉換。〈內業〉說：「全心
   在中，不可蔽匿。和於形容，見於膚色。」與孟子說：「君子所性，仁
   義理智根於心。其生色也，睟然現於面，盎於背，施於四體，四體不
   言而喻」有異曲同工之妙。

3. 〈內業〉與孟子的另一個共通的特色，在於兩者對於道德意志的能動性
   非常重視。楊儒賓先生以爲，一般而言，道家強調心靈的虛靜面，〈內
   業〉雖重視「內靜」的工夫，但它對於心靈的規定，卻不將「虛靜」
   視爲主要的，這一點可由它說：「凡心之刑，自充自盈，自生自成」得
   知。而語及心靈之創造道德價值，且足以成家者而言，只有孟子一系
   的儒者足以當之。

〔註58〕 馬非白，〈《管子‧內業篇》之精神學說及其他〉，《紀念顧頡剛學術論文集》，
四川：巴蜀書社，1990年，頁18～19。

4. 從個體與普遍的關係上，孟子與〈內業〉也是相同的。孟子說：「萬物皆備於我矣！」〈內業〉也說：「搏氣如神，萬物備存」。孟子說：「其爲氣也，至大至剛，以直養而無害，則塞於天地之間」〈內業〉則說：「民〔註59〕氣果乎如登於天，杳乎如入於淵，淖乎如在於海，卒乎如在於己」因此，可以說二者同源同流。

5. 〈內業〉的「精氣」說與孟子的「浩然之氣」是一體同源的。孟子以爲，雖然現實的人心、體氣不一定善，但是根源的人心、體氣一定是善的。孟子透過「心氣同流同善」，以保障道德實踐的可能性，同樣的情況也見於〈內業〉的「精氣說」。雖然「精氣」帶有存有論的功能，但是精氣本身仍然是道德意識的根源，不是中性的。

楊儒賓先生的論述，先從動搖「管子四篇」爲道家作品這一傳統觀點開始，並且進一步論証〈內業〉與〈心術下〉兩篇是儒家的作品，最後再說明其爲孟子後學所著。對於孟子與〈內業〉篇間之關係，楊儒賓先生有十分詳盡的辨正。但是，筆者以爲關於楊儒賓先生的論據仍有相當的討論空間。以下我們將逐一討論之。

首先，我們先從〈內業〉與〈心術下〉兩篇，是否爲孟子後學所著這個部分討論起。楊儒賓先生在這個部分的 1，2 兩個論據，都是從身體觀的角度來試圖說明「踐形」觀與「全形」觀的相通之處，指出「內外相符」、「內外同質」的身體觀，是孟子與〈內業〉、〈心術下〉兩篇共同的特質，因此證得〈內業〉與〈心術下〉兩篇是孟子後學所著。然而，「內外相符」、「內外同質」的身體觀，顯然不是孟子思想獨有的特色。儘管在文句上略有不同，但是，《呂氏春秋‧季春紀》也說：

> 流水不腐，戶樞不螻，動也。形氣亦然，形不動則精不流，精不流則氣鬱。鬱處頭則爲腫爲風，處耳則爲挶爲聾，……處鼻則爲鼽爲窒，處腹則爲張爲府，處足則爲痿爲蹶。

從身體內精氣的流動，直接反應在形體的各個部分，如耳、目、手、足等等，都預設了楊儒賓先生所強調的「內外相符」、「內外同質」的身體觀特質。再者，儘管儘管楊儒賓先生所舉的孟子「踐形」觀與〈內業〉所說的「全形」觀，在文字上確有相近之處，但是二者所表述的內容是否相同呢？如果，我

〔註59〕丁士涵云：「民」乃「此」字誤，氣即精氣也，下文云「是故此氣也」，是其証。筆者在詮釋上依據丁說，但在引用時仍然以原文爲主。

們細讀《孟子》一書可以發現，「形」一共出現 4 次，「體」字一共出現 16 次，而「踐形」一詞僅出現過一次。事實上，在孟子「盡心知性知天」的學說中，所重視的一向是「做爲道德主體的『心』是否能通過道德實踐而朗現」的問題，所強調的也是「養其大體」，也就是能省思的人心，而非人的形體。這一點從《孟子‧告子上》說：「從其大體爲大人，從其小體爲小人」一段中可以得知。因此，在道德自覺的過程中，道德主體（心）的變化表現在形體上的這一現象，與其說「踐形觀」在孟子學說中，是一種以「充分朗現形體」爲目的，而且是「一度受過高度重視的理論」〔註 60〕的學說，毋寧說是孟子對於「人之所以爲人」這一問題的充分表述。

關於楊儒賓先生所舉〈內業〉的全形觀，事實上在〈內業〉中還可以區分爲兩個部分：一爲「心全於中，形全於外，不逢天菑，不遇人害，謂之聖人」，說的是聖人能將「精氣／道」固守於心，因此體悟萬事萬物所依循的法則，而不會使形體遭到外在的傷害，在這裡並沒有楊儒賓先生所說的「充分朗現形體」的特性。另一個部分，則是「全心在中，不可蔽匿。和於形容，見於膚色」，說的是，體道者將「精氣」固守於心的狀態，直接反應在形體之上。不過，正如我們前面所說，這種人體內的改變直接反應於外在形體的情況，並非〈內業〉或者是孟子學說所獨有。套一句史華茲先生的話，這可以說是先秦諸子的共法。是以楊儒賓先生所舉的 1，2 兩個論據，都並不足以證明〈內業〉與〈心術下〉兩篇是孟子後學所著。

關於楊儒賓先生的第三個論據說，〈內業〉雖重視「內靜」的工夫，但它對於心靈的規定，卻不將「虛靜」視爲主要的這一點。筆者則持相反的觀點，以爲「虛靜」正是〈內業〉治心工夫中最爲強調的重點。我們從「凡心之刑，自充自盈，自生自成；其所以失之，必以憂樂喜怒欲利。能去憂樂喜怒欲利，心乃反濟。」得知，心的喪失是因爲「憂樂喜怒欲利」，而唯有除去「憂樂喜怒欲利」才能使心反濟，使「精氣／道」固守於心中。而除去「憂樂喜怒欲利」的工夫，〈內業〉以爲就是「虛靜」。這一點可由〈內業〉說：「凡道無所，善心安愛，心靜氣理，道乃可止。」又說：「中不靜，心不治」可知。因此可以証明，「虛靜」的工夫在〈內業〉中的重要性。

楊儒賓先生的第四個論據，是從個體與普遍的關係上，論證孟子與〈內

〔註60〕楊儒賓，〈論《管子》四篇的學派歸屬問題──一個孟子學的觀點〉，《鵝湖學誌》1994 年 12 月第 13 期，頁 92。

業〉是同源同流的。然而根據我們在前幾章的討論可知，〈內業〉說：「搏氣如神，萬物備存」，事實上是從「精氣做為創生的形上實體」出發，在「天地人一體」的前提下，說明萬事萬物都依循於相同的法則（道），而這一法則是可以通過治心的工夫得知的。因此，是在天、地、人同質這一點上預設了「搏氣如神，萬物備存」的可能。但是孟子說：「萬物皆備於我矣！」說：「上下與天地同流」是從義理上說「心性天通而爲一」，是從道德生命的實踐上，說人的生命與天地萬物的生命相感通。因此，〈內業〉篇所要表述的內容和孟子之間仍然存在著本質上的不同。

至於楊儒賓先生的第五個論據，說〈內業〉的「精氣」說與孟子的「浩然之氣」是一體同源的這一點。事實上，我們只需要追問孟子的「浩然之氣」是否具有「做爲萬事萬物依循的總規律」，以及「做爲超越的創生實體」這兩項特性，就能夠清楚的判別出〈內業〉的「精氣」說與孟子的「浩然之氣」之間明顯的不同了。

以上我們分別討論了幾種不同的觀點，並且試著說明這些觀點在論述上可能存有的問題。在接下來的討論中，我們將試圖從「管子四篇」與孟子學說內部說明二者之間的根本差異。

貳、「心術」與孟子心氣論的同與異

一、「心術」與孟子心氣論相似之處

總體來說，「管子四篇」治心議題與孟子心氣論相似的地方可以區分爲以下幾個部分：

1.「靈氣」、「精氣」與「浩然之氣」

郭沫若先生在〈稷下黃老學派的批判〉中說：「這所謂靈氣，在我看來，毫無疑問便是孟子的『浩然之氣』」。而裘錫圭先生則在〈稷下道家精氣說的研究〉一文中明白指出：「『靈氣』無疑就指精氣」。〔註61〕從前面幾章的討論中，我們已經可以明白「精氣」在「管子四篇」中的重要性。「管子四篇」不但將「精氣」等同於做爲核心概念的「道」，並且在治心議題中更是直接以「精氣」做爲論述的核心。〈內業〉說：「精存自生，其外安榮內藏以爲泉原，浩然和平以爲氣淵。」而《孟子‧公孫丑上》也說：「我善養吾浩然之氣」，這

〔註61〕裘錫圭，〈稷下道家精氣說的研究〉，《道家文化研究》第二輯，1992年8月，頁170～171。

不禁讓許多學者都相信，「管子四篇」與孟子在「心氣論」上確實有共通之處，〔註 62〕也就是二者都相信，有某種通過存養之後，便能充攝四體的和然平和之氣存在在人的體內。

2. 「心中之心」與「人之本心」

「管子四篇」中所說的「心中之心」的第二個「心」，指的就是「精氣」，這一點從前面的討論就可以得知。〈內業〉說：「凡人之生也，天出其精，地出其形，合此以爲人」說明「精氣」是人的本質，又說：「夫道者所以充形也，而人不能固。其往不復，其來不舍，謀乎莫聞其音卒乎乃在於心，冥冥乎不見其形，淫淫乎與我俱生」。從「管子四篇」的治心工夫中可以得知，透過我們虛欲去智的工夫，我們的「心」可以成爲留處我們本來擁有後來放失的「精氣／道」的館舍，而此「精氣」也就是本來內藏於我們心中的「心中之心」。從《孟子‧盡心上》說：「仁義禮智，非由外鑠我也，我固有之也」，《孟子‧盡心上》則說：「君子所性，仁義禮智根於心」，可以知道孟子認爲人心之中存在著本有的「良知」、「良能」，而這些良知良能都是本來就內存於我們的「本心」的。

3. 「虛欲去智」與「寡欲」

〈內業〉說：「憂悲喜怒，道乃無處」〈心術下〉也說：「凡民之生也，必以正平，所以失之者，必以喜樂哀怒」，「管子四篇」以爲人所固有的精氣會因爲喜怒哀樂而喪失。因此必須透過「虛欲去智」的治心工夫，使「一來一逝」的精氣再度停留於心的館舍中。因此，〈心術上〉說：「虛其欲，神將入舍」、〈內業〉說：「能去憂樂喜怒欲利，心乃反濟」。孟子也認爲「寡欲」是「存心養氣」的最好方法，孟子曰：「養心莫善於寡欲。其爲人也寡欲，雖有不存焉者，寡矣。其爲人也多欲，雖有存焉者，寡矣。」

4. 「外敬內靜」與「存心養氣」

「管子四篇」以爲人所固有的精氣會喪失，孟子以爲人的本心會放失。因此都必須透過某種治心工夫使喪失離放的精氣或本心復歸。「管子四篇」的治心工夫表現在「內靜外敬」上，〈內業〉說：「內靜外敬，能反其性」。孟子以爲，除了消極的「求其放心」外，更應該積極的存養擴充心中的善性。《孟

〔註62〕 儘管在究竟孟子「浩然之氣」是影響或是襲取「管子四篇」這一點上還有不少爭議，不過「管子四篇」與孟子之間的確實存在著相似性倒是無庸置疑的。例如，上一節所提到的郭沫若先生、李存山先生，楊儒賓先生，以及白奚先生都是持這種看法。

子‧告子上》說：「非獨賢者有是心也，人皆有之，賢者能勿喪耳」〈離婁下〉也說：「君子所以異於人者，以其存心也」。

5. 「萬物備存」與「萬物皆備於我」

〈內業〉說：「摶氣如神，萬物備存」，「管子四篇」從人固守精氣的狀態出發，說明人透過精氣的固守便能掌握萬事萬物所依循的總規律，因此接著說：「能摶乎？能一乎？能無卜筮而知吉凶乎？能止乎？能已乎？能勿求諸人而得之己乎？思之思之，又重思之。思之而不通，鬼神將通之，非鬼神之力也，精氣之極也」。孟子以爲人透過存心養氣、固守本心、擴充四體的工夫，而能「盡心知性知天」，因此《孟子‧公孫丑上》說：「其爲氣也至大至剛，以直養而無害，則塞于天地之間」，如此則「上下與天地同流」〔註63〕並且「萬物皆備於我矣！」。〔註64〕

從上述各點我們可以知道，「管子四篇」與孟子之間確實存在著某些相似或相通的地方。但是值得重視的一點是，二者之間的這種相似性是否強到足以說，對方其實是襲取我方的學說，或者是一方原本應該隸屬於另一方呢？如果雙方的相似性並沒有強到足以做出這種推論的地步，那麼接下來應該重視的是，雙方在這種共通性或相似性上，各自將自己的學說發展到什麼方向上。在接下來的討論中，我們將先討論存在於「管子四篇」與孟子之間的相似性是否足以涵蓋對方的問題。

二、一個推斷上所可能產生的謬誤

在這一節開始時，我們所舉出的幾種觀點，在推斷上都運用了同一種推論方式，就是先在「管子四篇」與《孟子》中找尋相類似的文句，然後接著說這兩者之間存在著某種襲取、影響或繼承的關係。這種推斷方式有一個明顯的侷限性——容易忽略思想學說的整體性，也就是容易忽略所節錄出的文句，在各自學說整體中原有的意義。因此，當這種推斷方式應用於黃老思想作品時，就很容易因爲黃老思想本身的特質而導致推論上的謬誤。

黃老思想的一項特質就是《史記‧太史公自序》中所說的「因陰陽之大順，采儒墨之善，撮名法之要」。這一項特點在「黃老帛書」出土之後，得到證據上的支持。因此，鍾肇鵬先生說：

〔註63〕見《孟子‧盡心上》。
〔註64〕見《孟子‧盡心上》。

> 黃老之學，……可以說它是融鑄道法，兼採儒、墨、陰陽而傾向於
> 法制，……《黃老帛書》正具有這樣的特點。〔註65〕

吳光先生以爲：

> 總之，（黃老之學）在理論型態上表現出以早期道家學說爲基礎，兼
> 采雜採先秦諸子學說要旨的特點，……。〔註66〕

陳麗桂先生更說：

> 透過對黃老帛書思想的分析，可以發現：不論《經法》等四篇還是
> 《伊尹九主》，都充滿道法色彩，都從天道上去講治道，它們下降老
> 子的「道」去牽合形名，爲「形名」取得合理根據，也用「形名」
> 去詮釋老子的「無爲」。繼承並改造老子的雌柔哲學，轉化爲正靜、
> 因時的政述。同時擷取陰陽家與儒家的理論，去調和潤飾這些因道
> 全法的理論。全部思想因而呈現著王霸雜治的色彩，完全印證了司
> 馬談《論六家要旨》裡的話。這便是戰國以迄西漢間黃老思想具體
> 而詳細的內容。〔註67〕

　　從上述的引文中可以得知，「因善撮要」是黃老思想重要的特質，而讓我們判別出這項特質的方法除了根據《史記》的記載外，更直接的證據是我們從黃老思想作品中發現這些「因善撮要」的文句。因此，當我們將判別的視角限定在儒、墨、法、名、陰陽各家，並且從其中一家的觀點出發，試圖從黃老思想作品中尋找相同或相通之處時，儘管在所佔有的程度上有所差異，但是必然可以找到與各家思想相類似的文句。因此，如果我們只從二者擁有相類似的文句，就將推斷的重心放在是誰襲取誰，或誰隸屬於誰之上，那麼我們將極容易忽略了這些文句在黃老作品中，是否與原先在儒、墨、法、名、陰陽各家中具有相同意義；也容易忽略這些文句在黃老思想作品整體中的意義。所以，上述企圖透過兩者間文句比對的方式，論證兩者間隸屬或襲取關係的推斷，就可能犯了忽略整體的謬誤。

　　因此，在本節一開始所舉的幾種觀點，不論是從「管子四篇」的角度出發，或是從孟子學的觀點出發，都似乎忽略了黃老思想作品的整體性與包容性，而只將焦點鎖定在二者間的相似性上。

〔註65〕鍾肇鵬，〈黃老帛書的哲學思想〉，《文物》1978年第二期，頁65。
〔註66〕吳光，《黃老思想通論》，浙江人民出版社，頁231。
〔註67〕陳麗桂，《戰國時期的黃老思想‧序》，台北：聯經出版社，頁（三）。

因此，在使用「管子四篇」與孟子間相類似的文句，論證二者間的關係前。首先應該考慮到，在「管子四篇」中，存在著與陰陽、名、道、法各家相類似的語句，正是屬於黃老思想「因善撮要」的特質。所以，如果僅僅是通過這些相類似的文句，就推論「管子四篇」是屬於孟子後學所做，顯然是忽略了黃老思想「因善撮要」的特質。在這個基礎上，「管子四篇」有可能吸收早於孟子的儒家思想，發展出治心工夫，而不必是襲取《孟子》心氣論而來。所以，要討論究竟是「管子四篇」襲取《孟子》心氣論？或者是《孟子》影響「管子四篇」的精氣說？就需要比其餘各家思想更充分的時間證據。在此之前，我們僅能保守的說，二者之間確實存在著相似性。但是，無法就此做出究竟是誰襲取了誰，或誰隸屬於誰這項推斷。

附帶一提的是，根據我們前幾章的討論，「管子四篇」的精氣說與孟子的「浩然之氣」，筆者以爲，與其說是二者間存在著誰襲取誰的關係，或者更有可能是共同反應了齊國稷下學宮已經有使用氣論來傳達思想概念的做法。〔註68〕這一點，也許可以由孟子曾兩度遊於齊，〔註69〕以及《孟子》中出現「氣」的篇章，均是記述孟子居齊時所發生的事，〔註70〕稍稍窺知一二吧。不過以上純屬臆測，還未能有適當的證據足以証明就是了。

至此，我們討論了「管子四篇」與孟子之間所存在的相似文句，以及使用這些相類似的文句所做的推論的有效性到哪裡。在接下來的討論中，我們將討論「管子四篇」與孟子思想，在學說上的根本差異。

三、「君人南面之術」與「仁心仁政」

「管子四篇」治心議題與孟子心氣論的不同，在於對政治所採取的態度

〔註68〕《論語》中，「氣」字只出現過六次，而且都並沒有當作哲學的範疇來使用。但是《孟子》中卻大量的使用「氣」字，並且成爲其學說中重要的哲學範疇。因此孟子關於「氣」的概念，顯然不是來自於傳統儒家的思想。

〔註69〕孟子曾兩度遊於齊國，第一次在威王時，第二次在宣王時。詳見蔡仁厚，《孔孟荀哲學》，台北：台灣學生書局，1994 年 9 月，頁 173～191。

〔註70〕《孟子》中，出現「氣」字的篇章一共三處，分別爲〈公孫丑上〉，〈告子上〉和〈盡心上〉三篇。孟子在〈公孫丑上〉中，對公孫丑談論自己的不動心與告子之不動心的差別，根據朱熹《四書章句集注》曰：「公孫丑，孟子弟子，齊人也」。孟子在〈告子上〉用牛山之木比喻人之本性，朱熹《四書章句集注》曰：「牛山，齊之東南山也」。〈盡心上〉：「孟子自范之齊，望見齊王之子，喟然嘆曰：『居移氣，養移體，大哉居乎！夫非盡人之子與？』」三篇，而這三篇所記述的均爲孟子兩度遊於齊所發生的事。

的不同。當然，這種陳述所面臨的第一個質疑就是，治心議題與政治態度顯然是不同層次的議題，如何能放在一起討論，並且說一個是另一個的原因呢？其實，如果我們對於前面幾章的討論還有印象的話，這項質疑是很容易回答的。在前幾章的討論中，我們曾經說過先秦諸子思想皆是緣於周文疲弊而發。同時我們也說「管子四篇」的論述是根據這樣的一個思維邏輯進行的：即治心的目的在於體道，體道的目的在於治國。因此，雖然「管子四篇」的主要議題是「治心」議題，但是處理這個議題的目的，卻是為了「治國」這項終極關懷。也就是說，「管子四篇」的治心議題，與稷下黃老思想對於治術所採取的態度是密不可分的。同樣的，從孟子整體學說與其周遊列國的歷史事實來看，孟子的心氣論，不啻是其「內聖外王」政治理想的核心。如果我們同意，「管子四篇」的精氣說與孟子的心氣論，都與其對政治所採取的態度有關，那麼在接下來的討論中，我們將透過二者對治術所採的態度說明二者的不同。

　　孟子的心氣論在其「盡心知性知天」的學說體系中是以「仁心仁政」與堯舜禹湯等先王之道結合起來的。《孟子·公孫丑上》說：

> 人皆有不忍人之心。先王有不忍人之心，斯有不忍人之政矣。以不
>
> 忍人之心，行不忍人之政，治天下可運之掌上。

在《孟子》中，理想的國君是能透過道德自覺，將人所本有的惻隱之心擴充之，並且推己及人、實行仁政。因此，孟子的政治思想是由人本心善性的自覺而出發的，重視的是以德行仁。道德主體透過存養、擴充人之異於禽獸的「仁義」，並且推己及人，如此，近則可以侍父母，大則能保四海，一國之君如能透過此道德自覺，便能如先王一般實行不忍人之政。因此，孟子心氣論所追求的目標是道德主體的自覺。在這一點上，孟子思想與「管子四篇」產生了根本的區別。

　　「管子四篇」的治術即是稷下黃老的「君人南面之術」。從前面的討論我們可以知道，「管子四篇」的終極關懷在於治國，治國的依據在於收攝一切宇宙人事之理的「道」，而體道的意義就在於找到治國施政的依據。因此，「管子四篇」〔註71〕所尋求的「道」，即是萬事萬物所依循的「客觀規律」。在這個「客觀規律」中，一切事物皆有其應有的位置與秩序，並且相互存在著必然不可逾越的關係。是以《管子·心術下》說：

〔註71〕其實從整體而言，這個推斷包含了整個黃老思想。不過為了使討論的焦點集中，所以在論述的過程中，我們僅舉「管子四篇」做為代表。

> 凡物載名而來，聖人因而財之，而天下治。實不傷，不亂於天下，
> 而天下治。

《經法·四度》說：

> 君臣易位謂之逆，賢不肖並立謂之亂，動靜不時謂之逆，生殺不當
> 謂之暴。

　　根據我們在第四章的討論可知，「管子四篇」的治心議題就是討論「體道」的可能性與方法，也就是討論人君如何能體悟、契合、掌握這萬事萬物所依循之「客觀規律」的方法。因此，儘管「虛欲去智」的治心工夫是從個體心靈上著手，但是心靈的能動性卻不是指個人內在道德的自覺，而是放棄個人的主體性以契合普遍的客觀規律為依歸。於是，國君成為體道的聖人後，不是一躍而為天下儀表，反而是轉向「虛靜無為」。此外，從外在形式上而言，「虛靜無為」的黃老之術一方面具有節制君權的功能，〔註72〕但是一方面卻又造成了「君的威權化」。〔註73〕事實上，這正代表體道的國君（聖人）將自身的主體性，全然交給那萬事萬物所依循的「客觀規律」（道），並且將自己納入整體秩序的一環。絕對的「客觀規律」綿延出不可逾越的位階秩序，一方面將國君與臣民所應有的位置與應遵守的義務化分開能，主張君臣異道，強調「心之在體，君之位也。九竅之有職，官之分也」（〈心術上〉），「主失位則國荒，臣失處則令不行」（《經法·六分》），國君以及臣民皆不可違背這個客觀規律，以及由此規律派生出的「法」所代表的秩序，由這個面向上出發，我們看到了黃老之學節制君權的一面。另一方面，因為體道的國君（聖人）完全契合於道，是以國君不但站在「客觀規律」所規定的「君臣結構」的頂點，同時國君所作所為所依循的都是「道」，都代表著「道」，而非國君個人的主體性，因此當國君以絕對的客觀規律來因任授官、循名責實的時候，我們看到了「君的威權化」。

　　從上述的討論中可以發現，「管子四篇」的治心工夫，追求的既不同於莊子所說的「逍遙無待」，也不是孟子心氣論所強調的內在道德本性的自覺。史

〔註72〕黃漢光先生在〈黃老之學初議〉一文討論《經法·道法》「道生法」一語時指出，「法」的地位被提昇，主要是為了限制君權。黃漢光，〈黃老之學初議〉，《鵝湖月刊》283期，1999年1月，頁16～24。

〔註73〕陳德和老師在《淮南子的哲學》中說，稷下黃老之學具有下列幾項共同特徵：道的精氣化、君的威權化、術的多元化以及法的必然化。陳德和，《淮南子的哲學》，嘉義：南華管理學院，1999年2月，頁38～39。

華慈先生在〈黃老學說：宋鈃和慎道論評〉一文中曾說：

> 我們注意到孔子的「禮」並非自動發揮作用的客觀準則，制定「禮」
> 的人類實踐者內在的道德價值，對「禮」的完成起著決定性的作用。
> 〔註74〕

孟子繼承孔子的思想，同樣強調人的道德實踐本性，而這顯然和追求一切秩序的客觀規律的黃老思想不同。這正是「管子四篇」治心議題與孟子心氣論在根本上不同的地方。至此，我們可以明白《史記·太史公自序》說：

> ……儒者則不然。以爲人主天下之儀表也，主倡而臣和，主先而臣
> 隨。如此則主勞而臣逸。至於大道之要，去健羨，絀聰明，釋此而
> 任術。夫神大用則竭，形大勞則敝。形神騷動，欲與天地長久，非
> 所聞也。

事實上，就是黃老思想企圖透過治心工夫契合於形上的「道」，找到某種「指約易操」的治國準則之結果。因此，當儒者透過道德主體的自覺，存養擴充自己的良知良能，進而推仁心以爲仁政，使國君爲天下儀表之時；黃老之學卻是將主導的地位放在國君如何能與「道」契合上。由此我們得知，黃老思想由治心到治國的進路，同時也清楚的劃分出黃老思想與儒家之不同。

〔註74〕〔美〕史華慈，〈黃老學說：宋鈃和慎道論評〉，《道家文化研究》第四輯，1994年3月，頁137。

第五章　從治心到治國

　　從「心術」切入，指出「心」是「精氣／道」呈顯之處，也是人君之所以能契合天道，進而下降天道以為治道的基礎，這是本文在前幾章中一個重要的假設，也是前輩學者們較少觸及的部分，現在先讓我們暫時將其放在一旁。根據之前的討論，前輩學者們主要努力之處，也是我們明確知道的部分，是「管子四篇」在政治上的特色，也就是其治術的部分。現在，如果我們能一致的說明「管子四篇」的治術，不論是君冠臣履、因性任物，或者是刑德並用，若是都能上溯至我們之前對於「道」與「心」關係的假設，並以其為「管子四篇」治術的形上基礎，則我們就能證明這項假設在詮釋上的有效性，而這也是我們在這一章所要做的努力。

第一節　天道與治道的銜接：聖人

　　在「管子四篇」中，最為明確表示治國與治心一致性的，當屬〈心術下〉所說：「心安，是國安也；心治，是國治也。治也者，心也，安也者，心也」。它明確的指出，用以銜接治國與治身的方法，就在於以治心工夫，使人君能掌握萬事萬物所依循的「道」，人君因此能依循「道」來施政治國。這是「管子四篇」治國之本在於治心，治身與治國同一的論述基調。在這個陳述中，「道」以及「聖人能體現道」的能力，代表了將「心術」落實於「治術」的可能性。在〈心術下〉的這一段陳述，可以說明這一點：

> 專於意，一於心，耳目端，知遠之證。能專乎？能一乎？能毋卜筮
> 而知凶吉乎？能止乎？能已乎？能毋問於人，而自得之於己乎？故

曰：思之。思之不得，鬼神教之。非鬼神之力也，其精氣之極也。一氣能變曰精，一事能變曰智。〔註1〕慕選者，〔註2〕所以等事也；極變者，所以應物也。〔註3〕慕選而不亂，極變而不煩，執一之君子，執一而不失，能君萬物。〔註4〕

這一段敘述透露了以下幾個重點：

1. 「管子四篇」說明稷下黃老思想，企圖尋找不依靠卜筮、鬼神之力便能知道吉凶的方法，而這種方法最好還是能不假外求，而求之於己的。

2. 「管子四篇」放棄以鬼神之力為依循對象，而以「精氣／道」，也就是萬事萬物普遍依循的客觀規律，作為「毋卜筮而知凶吉」的依據。

3. 想要得到這種不須卜筮便能知吉凶的能力，根據「管子四篇」所作的論述，需要透過「專於意，一於心」之「內靜外敬」的治心工夫。

4. 精氣是能變化之氣，能依循精氣應對事物而知變通，便叫做智慧。廣求精選事物而能不產生混亂，極盡變化而能不失之紛擾，是因為執道（精氣）的君子，能依循於道而不失。

〔註1〕 尹知章曰：謂專一其氣能變，鬼神來教，謂之精。能專一其事，能變而動之，謂智也。將「一氣」之一，視為「專一」，筆者以為此說略顯牽強。蓋根據前文，此處之「精」當指「精氣」，「一氣」之「一」，當為「一事一物，一時一地」之「一」，意味「精氣」乃指能變之「氣」。正因為「精氣」的特性為能變，因此行事取法於「精氣」而知變通，則稱為「智」。這就是其後所說的「極變者，所以應物也」，也就是〈心術上〉所說，「應物若偶」的「靜因之道」。如此則能說明，執一（道）的君子，能因循於道，應物不失，所以能君萬物。

〔註2〕 郭沫若云：劉（續）本，朱（東光）本尹注作「人之來助，或召募之，或選擇之，欲令其事齊等也」，則尹所見本當作「募選」。當以作「募」為是。「募選」謂廣求而選擇之，所以等第事物也。從前文「凡物載名而來，聖人因而財之，而天下治，實不傷，不亂於天下，而天下治」以及其後說「慕選而不亂」兩句，筆者以為，此處所謂「廣舉事物而精選之，是借以區分事物之等類」，指的應該就是聖人依據事物之「物故有形，形故有名」的特性，按實定名，將事物安置於其應有的位置上。

〔註3〕 極盡變化是為了能應對事物。

〔註4〕 相似的文句亦見於〈內業〉與〈白心〉。〈白心〉說：「不卜不筮，而謹知吉凶。」而〈內業〉說：「摶氣如神，萬物備存。能摶乎？能一乎？能無卜筮而知吉凶乎？能止乎？能已乎？能勿求諸人而得之己乎？思之思之，又重思之。思之而不通，鬼神將通之，非鬼神之力也，精氣之極也。」郭沫若先生更據此相似性，以為〈心術下〉即是〈內業〉的中段。詳見郭沫若，〈宋鈃尹文遺著考〉，《青銅時代》，重慶：文治出版社，1945年。後收入《郭沫若全集·歷史篇》卷1，北京：人民出版社，1982年。

5. 能夠執道的君子〔註5〕便能駕馭萬事萬物，而他所依循的是和日月、天地相同遵從的道理。

現在的問題是，當聖人體道之後，如何將虛無無形的「道」，落實在治國施政之上呢？筆者以為，「管子四篇」主張通過治心工夫使國君與道契合，並且依道施政治國。因此，要處理「道」如何落實在治國施政之上的問題，可以從「管子四篇」對於體道之聖人的陳述切入這個問題。

根據「管子四篇」對於體道之聖人的陳述，可以歸納出以下幾點：

1. 聖人是能體現「道」者。

這一點，從〈心術上〉文後解經部分說：「虛之與人也無間，唯聖人得虛道，故曰並處而難得。」可以得知。

2. 聖人是理想的國君典型。

〈白心〉說：「天不為一物枉其時，明君聖人亦不為一人枉其法。天行其所行，而萬物被其利。聖人亦行其所行，而百姓被其利」，「明君」與「聖人」並舉，「百姓」與「聖人」對舉，可以推知「聖人」當屬「管子四篇」理想中的國君典型。

3. 聖人是效法天地，無私無覆者。

〈心術下〉說：「是故聖人若天然，無私覆也；若地然，無私載也。」〈白心〉也說：「然而天不為一物枉其時，明君聖人亦不為一人枉其法」。可以得知，聖人察知天地之道，因此理應效法天地的無私無覆。

4. 聖人是以「循名責實，按實定名」來治理天下者。

從〈心術上〉說：「物固有形，形固有名，名當謂之聖人。」而〈心術下〉也說：「凡物載名而來，聖人因而財之，而天下治。實不傷，不亂於天下，而天下治。」這一點可知，聖人應該依循「道」而「督言正明」。

5. 聖人是以無為、靜因之道來治理天下者。

〈白心〉說：「是以聖人之治也，靜身以待之，物至而名自治之。……名正法備，則聖人無事。」，〈心術上〉說：「君子不休乎好，不迫乎惡，恬愉無為，去智與故。……是故有道之君，其處也若無知，其應物也若偶之，靜因之道也。」可以得知，聖人透過虛欲去智而契合於道，並且以「靜因之道」如實的反應萬物的本然之性，將萬物按其名實，安置於適當的位置，而不妄

〔註5〕從「管子四篇」前後文中可知，「聖人」、「君子」、「君」，指的都是國君。

用自己之私智來治理天下。

6. 聖人是能「隨變斷事，知時以為度」者。

〈內業〉說：「是故聖人與時變而不化，從物而不移，能正能靜，然後能定。」根據「靜因之道」，聖人虛欲去智，舍己而以物為法。因此，事物隨時而變，聖人也因物變化，審時舉事。不過，聖人決策斷事雖因時而異。但是，所根據的都是「道」，因此說「不化」、「不移」。

7. 人是全心全形，形性相葆者。

〈白心〉說：「和以反中，形性相葆。一以無貳，是謂知道。」，〈內業〉說：「心全於中，形全於外，不逢天菑，不遇人害，謂之聖人。」聖人契合於道，將精氣存留固守於心中而不失，所以說「全心全形」。同時，聖人也因為如此，所以能深得養生之道。

聖人是能「上察〔註6〕於天，下察於地」者。〈心術下〉說：「是故內聚以為原。泉之不竭，表裏遂通。泉之不涸，四支堅固。能令用之，被服四固。是故聖人一言解之，上察於天，下察於地。」用以總結聖人與「道」之關係。在這一段陳述中，首先說明，聖人是以「內聚精氣」〔註7〕的方法來體現「道」；其次，精氣之內聚充盈與人之生命息息相關，它不僅表現在體內，同時也顯現於肌膚四肢上。最後，由於聖人能內聚精氣，因此所謂的聖人，就是與天地同道之人。

綜合上述各項對於聖人的描述，可以發現，第1、7、8點是說明「聖人」與「道」之關係；而說明聖人如何將「道」落實於政治上，主要是集中在3、4、5、6幾點上。聖人效法天地之無私無覆，以因性任物、應物若偶的「靜因之道」治理天下。按「物」之「名實」，將萬物安置於其應有的位置上。同時，以「時」以作為「應物變化，隨變斷事」之標準。因此，我們可以透過「無私無覆」、「督言正名」以及「知時斷事」，看到聖人體道之後，是如何將虛無無形的「道」表現在治國施政之上。此外，〈心術上〉說：「心之在體，君之位也。九竅之有職，官之分也。心處其道，九竅循理。嗜欲充益，目不見色，耳不聞聲。故曰：上離其道，下失其事。」則不論是從治身或者是治國兩個

〔註6〕 「察，通達也」。許維通云：「察」與「際」聲同而義通，「上察於天」猶《莊子‧刻意》「上際於天」，《淮南子‧原道》高注「際，至也」。

〔註7〕 從〈內業〉說：「精存自生，其外安榮，內藏以為泉原，浩然和平，以為氣淵」，可以得知，這一段陳述中所說的「內聚」，指的是內聚精氣。

方面來說，都清楚的說明了在「君」與「臣」的關係中，「君臣異道」才是合乎於「道」的。因此，我們將以「靜因之道」爲主軸，分別從「君臣之分」、「督言正名」以及「知時斷事」三個面向討論「管子四篇」君人南面之術的原則，不過，在接下來的討論中，我們首先要處理的是，形上的天道是如何與人間的義、禮、法相結合的。

第二節　法術的必然性

上一節中，我們討論了在「管子四篇」中，聖人如何透過治心體道的工夫後，將「心術」落實於「治術」上。這一節中，我們將再次從「道」出發，討論「管子四篇」中，用以規範人間秩序的義、禮、法與「道」之關係。

雖然「管子四篇」和「黃老帛書」一樣，都將「道」視爲人間規範秩序的最高依據。但是，相較於《經法・道法》直接了當的說「道生法」，「管子四篇」顯然多出了一些轉折。〈心術上〉文後解經部分說：

> 義者，謂各處其宜也。禮者，因人之情，緣義之理，而爲之節文者也。〔註8〕故禮者，謂有理也。理也者，明分以諭義之意也。故禮出乎義，義出乎理，理因乎宜者也。法者所以同出，不得不然者也，〔註9〕故殺僇禁誅以一之也。故事督〔註10〕乎法，法出乎權，權出乎道。

相較於「黃老帛書」，這段引文指出，形上的「道」具體化爲人世的「法」中間多了一個「權」。因此，釐清「權」在此處的意義，將有助我們理解「管子四篇」的道、法關係。《管子・揆度》中，管子回答桓公何謂「正名五」時，說：

> 權也、衡也、規也、矩也、准也，此謂正名五。其在色者，青黃白黑赤也。其在聲者，宮商角徵羽也。其在味者，酸辛鹹苦甘也。

可以得知，「權」和衡、規、矩、准等，都是區隔此物之所以此物，而非彼物的標準。因此，表現在聲、色、味，等等具體的事物上，就呈現「青黃白黑赤」、「宮商角徵羽」和「酸辛鹹苦甘」等等區別。「管子四篇」用「權」溝通「道」、

〔註8〕 節文制定爲具體的章法、制度。《禮記・坊記》曰：「禮者，因人之情而爲之節文，以爲民坊者也」

〔註9〕 郭沫若云：此釋「簡物小大一道」。「出」謂參差，「同出」謂統一其參差。〈白心〉：「難言道術，須同而出」，而猶其也，與此同義。

〔註10〕 尹知章云：「督，察也。謂以法察事」。

「法」，是在「道」的眾多面向中，例如創生性，以「道」作爲萬事萬物所依循的總原則，這一個面向，說明作爲一切具體化之人間秩序的「法」，所依據的是形上的「道」。〔註11〕從「法」的內容範圍看，上述〈心術上〉文後解經部分的引文所提及的「法」，其內容範圍應該大過我們今日所說的「法律」。《管子‧七法》說：「尺寸也、繩墨也、規矩也、衡石也、斗斛也、角量也、謂之法。」可知，舉凡與權衡、區隔有關的，都可以納入「法」的範圍內。〈心術上〉說：「簡物小未一道，〔註12〕殺僇禁誅，謂之法」，如果我們將前面所提及的「權」之概念引進，就可以得知，不論事物之大小、簡繁，都是依循於「道」作爲萬事萬物之總原則的特性，而能「權衡」、區隔的。〔註13〕「法」是這些區隔、權衡的具體化、現實化。「道」爲權衡、區隔的形上依據，而依據「道」來行使「殺僇禁誅」者，「管子四篇」稱之爲「法」。《管子‧任法》說：「所謂仁義禮樂者，皆出於法。」這裡的「法」，其內容應當不只僅於「法律」而已，應該更寬泛的指爲「法度」。因此，透過「法」與「義」、「禮」的關係，可以得知，「道」與「義」、「禮」同樣建立在「道」爲萬物之權衡這個面向上。也就是說，「義」、「禮」、「法」皆是依據「道」作爲萬事萬物之總依據，使大小、繁簡的各種人、事、物各自得到恰當的定位。這也就是「管子四篇」中，「道」與「義」、「禮」、「法」之間的關係。由此我們可以進一步討論，「管子四篇」既然使用了「禮」、「義」等範疇，那麼是否與儒家在使用這些範疇時的意義相同呢？

壹、攝禮歸仁與攝禮歸道

從「道」與禮、義的關係看，〈心術上〉說：「君臣、父子、人間之事，謂之義」，文後解經部分說：「義者，謂各處其宜也」。尹知章注曰：「人事各有宜也。」可知，「義」指的是人事份際、分寸的拿捏得當。《韓非子‧解老》曰：

> 義者，君臣上下之事，父子貴賤之差也，知交朋友之接也，親疏內

〔註11〕通過上面的討論，筆者以爲「事督乎法，法出乎權，權出乎道」這一段的陳述，應該可以理解爲，「法」雖然是依循於「道」，然而很明顯的是，「法」的內容是小於「道」的，因此，「法」所從出的是「道」的哪一個面向呢？此處的回答是，「道」作爲萬事萬物所依循的總規律，這一個面向。因此，「權」是「道」的一個面向，也就是作爲權衡、區隔的這一面向。

〔註12〕郭沫若云：「簡」與「物」對文，物者眾也，雜也。丁士涵謂「末疑大字之誤」，可從。「簡物小未一道」一句所指的是，不問事之繁簡、物之繁簡，其本一也。

〔註13〕事實上，從「道」的創生性來說，「精氣」是使列星、五穀之所以是列星、五穀而不是他者的根源。從這一點上說，「道」的創生性就已經包含了區隔原則。

　　外之分也。臣事君，宜；下懷上，宜；子事父，宜；賤敬貴，宜；

　　知交友朋之相助也，宜；親者內而疏者外，宜。義者，謂其宜也。

從這一段引文中可以更清楚的得知，所謂的「義」，就是人與人之間，行爲的適當性；而這種適當性，是表現在人與人之間不同的身分上的。然而，這與同樣作爲行爲規範的「禮」有何不同呢？〈心術上〉文後解經部分從「禮」的構成上，爲我們區分了這一點，它說：「禮者，因人之情，緣義之理，而爲之節文者也。」它將「禮」的構成區分成三個部分：

1. 不違背人之常情。

2. 還得遵從「義」的「各處其宜」之理，也就是主張，人與人之間因爲身分的不同，所以有著各各居其所當的行爲份際的規範，所以說：「禮者謂有理也，理也者，明分以論義之意也」。「義」是由於身份地位之不同而有與之相應的行爲，「禮」則是基於「義」而發的。

3. 最重要的是，「禮」是將這種規範化爲明確的典章禮法，使之確立下來。〈心術上〉說：「登降揖讓，貴賤有等，親疏之體，謂之禮」，《韓非子・解老》也說：「禮者，所以貌情也。群義之文章也。」都說明，「禮」是「義」的具體表現，是將「義」的行爲規範，化爲具體的「進退應對」、「登降揖讓」；也是貴賤、賢不肖之所以別也。

從上述三點可以說明，「義」、「禮」之間的關係。然而，從前文中可知，「黃老帛書」中的《經法》、《稱》和《道原》三篇中均未曾提及仁、義、禮，《十六經》中，「仁」出現一次（體正信以仁，慈惠以愛人），「禮」字亦不見，「義」字出現幾次，可是多做「義兵」，而無多大哲學涵義，〔註14〕但是在「管子四篇」中卻將「禮」、「義」當作治國施政的主要範疇之一，筆者以爲這是出自於儒家思想的影響而歸之於「道」的結果。

　　從地緣上看，齊、魯兩地地緣相近，孔子爲魯國人，又爲儒家之祖，因此，就學術的傳播而言，以孔子爲發端的儒學從魯國向鄰近的齊國傳遞，是十分自然的事。此外，儒家幾位重要的代表人物都曾於齊國停留過一段時間。孔子三十五歲時，魯昭公被三桓（孟孫氏、叔孫氏、季孫氏）逐出魯國，魯亂，孔子亦往齊國，〔註15〕《史記・孔子世家》記載景公問政孔子，孔子告

〔註14〕王博，〈《黃帝四經》和《管子》四篇〉，《道家文化研究》第三輯，1993 年 8月，頁 207。

〔註15〕蔡仁厚，《孔孟荀哲學》，台北：台灣學生書局，1994 年 9 月，頁 23。

之以「君君，臣臣，父父，子子」，首先揭示了他的正名思想。孟子分別於齊威王和宣王時，兩次遊於齊，而荀子則於十五歲時，遊學於齊，六十左右返齊，時諸儒凋零，爲荀子德望崇隆，故「最爲老師」、「三爲祭酒」。〔註16〕儒家思想對於齊國學術文化的影響，也可以從這一點窺知一二。

在前文中，我們曾經提及「管子四篇」與《老子》對於「大道失廢」的看法不一，以至於二者在面對周文疲弊所產生的國家社會問題時，所提出的解決方法也並不相同。袁保新老師曾說：

> 如果「大道」在人間的失廢，主要是因爲在「始制有名」、「散樸爲器」的過程中，定名引起了心知的執取，器用誘發了情慾的追逐，則重建人間價值秩序回歸「大道」的途徑，首先就是將製造爭鬥對立的根源——主觀心知與情欲所糾纏的虛妄主體——予以撤銷。……撤銷虛妄主體之道，即在於「損之又損」的工夫，亦即對心知的定執，情慾的追逐，以「不自見、不自是、不自伐、不自矜」的修養，一一化解掉，重返生命本來素樸無爲的狀態。〔註17〕

相較於《老子》通過融通淘汰、蕩相遣執的工夫，使人超拔於心知定見的陷溺中，以作爲面對周文疲弊後的社會問題，重建價值理序的方法，「管子四篇」更重視通過無私無覆的聖王，以靜因之道來安置天下萬物於其應有的秩序中。〈心術上〉說：

> 過在自用，罪在變化。是故，有道之君，其處也，若無知，其應物也，若偶之。靜因之道也。

〈心術下〉又說：

> 聖人若天然，無私覆也；若地然，無私載也。私者，亂天下者也。
> 凡物載名而來，聖人因而財之，而天下治，實不傷不亂於天下而天下治。

「管子四篇」將周文疲敝後所產生之問題的解決之道，歸之於客觀秩序的重新建立，並且將建立此一秩序的方法歸之於無私無覆的聖王，透過循名責實、應物若偶等等治術以達成。

在本文第三章中，我們曾經提到，《老子》並不將忠、孝、仁、義等範疇，做爲人通過生命的反省與心知的批判，重拾失落價值的方法。因此，「管子四

〔註16〕同上，頁355。
〔註17〕袁保新，《老子哲學之詮釋與重建》，台北：文津，1991年，頁95。

篇」中關於「禮」、「義」的思想並不來自於《老子》而是受到倡導「禮、義」的儒家思想之影響。

「管子四篇」作者和儒家學者都認爲，社會秩序的維持有賴於客觀具體的行爲規範之建立，勞思光先生曾經指出，「禮」具有廣狹兩義，狹義之禮，即指儀文之禮，廣義之禮，則指節度秩序，而「義」在《論語》中皆指「正當」或「道理」，禮與義在孔子思想中，代表一切儀文制度以及生活秩序，都以「正當性」爲其基礎。〔註18〕因此，規範個人行爲，使之能各處其宜的「義」，以及一切秩序之具體內容的「禮」（即儀文），在作爲「生活秩序」與「行爲規範」的這一面向下，是同時能爲「管子四篇」與儒家學者所接受的。然而，更重要的問題是，接受禮、義等範疇的「管子四篇」與儒家在使用此一範疇時，二者間有什麼不同呢？筆者以爲，這應該回到「秩序、制度的根據何在？」這一基本問題上，才能得到解答。

勞思光先生指出，〔註19〕在孔子以前，知識份子將秩序制度的根源歸本於「天道」。例如，《左傳‧文公十六年紀》季文子評齊侯之說：

　　……禮以順天，天之道也。己則反天，而又以討人，難以免矣。……

　　在周頌曰，畏天之威，於時保之。不畏于天，將何能保？以亂取國，

　　奉禮以守，猶懼不終。多能無禮，弗能在矣。

就顯然是以「天道」爲「禮」之依據，所以「奉禮」即是「畏天」。但是此一觀念到孔子而有所變革。孔子以爲「禮」之本不在於天，而在於人要求實現「正當性」（義），孔子提出「義」的觀念，使「禮」的基礎歸之於自覺，此爲「攝禮歸義」。孔子又更進一步提出「仁」的觀念，以爲「仁」是自覺之境界，是「義」的基礎，而「義」是此一自覺的發用，是「仁」之顯現。「義」之於「仁」，猶如「禮」之於「義」，此爲「攝禮歸仁」。孔子由此將一切生活之秩序的基礎歸之於道德主體的自覺。

相較於以孔子爲代表的儒家思想，「管子四篇」並沒有將「禮」、「義」等秩序的根源歸之於自覺主體；但是，「管子四篇」也並沒有追隨以「意志天」爲一切秩序根源的傳統思想，而是將一切秩序的根源歸之於「精氣」，歸之於「道」。〈內業〉曰：「……能無卜筮而知吉凶乎？……思之而不通，鬼神將通之，非鬼

〔註18〕勞思光，《新編中國哲學史》（一），台北：三民書局，1997年10月，頁110
　　　　～122。

〔註19〕同上，頁112。

神之力也，精氣之極也。」，可知「精氣／道」並不是有意志而且能降災殃於民的「至上神」、「意志天」，而是不依照個人意志而轉移的原理原則，一切人間秩序都根源於此。由此可以得知「管子四篇」與儒家思想的根本不同，「管子四篇」雖受到儒家的影響，將禮、義等範疇視爲規範社會秩序的要件，但是，它卻並沒有進一步接受儒家對於道德主體的重視。因此，在「管子四篇」中，價值理序的根源在於「道」而非「人的良知良能」，故可以視爲「攝禮歸道」。

此外，我們可以從兩段文獻資料旁證這一點。一是司馬談在〈論六家要旨〉中，論及「道家」對於陰陽、儒、墨、名、法各家思想的取捨標準，首先反對陰陽家大談吉凶災異之說，而重視陰陽家對於四時規律的觀察，由此可以得知黃老道家並不主張將陰陽災異之說引入施政治國的原則中。其次，黃老道家雖然讚揚並且取法儒家「序君臣父子之禮，列夫婦長幼之別」，但是卻並非從「道德主體」是「價值理序」之基礎這一面向上切入，而只重視其外在約束行爲的效果，所以會抱怨儒家的禮節儀文過於繁瑣，以至於「博而寡要，勞而少功」、「是以其事難盡從」。同樣的抱怨更早出自於景公問政於孔子時，晏嬰告之齊景公曰：「……繁登降之禮，趨詳之節，累世不能殫其學，當年不能究其禮‧君欲用之以移齊俗，非所以先細民也」，都是由於只注意「禮」在儒家思想中的外在規範作用，而忽略了「禮之本」的緣故。

貳、道與術的結合

稷下黃老道家由形上的「道」轉入具體的法術，可能有以下兩點原因：

1. 預設宇宙人事有一客觀秩序存在，而將此一秩序的根源歸之於「道」。
2. 以「凡人之情」處理人性問題，因此，價值理序的根源不落在道德主體的良知自覺，而奠基於不以人之意志而轉移的「道」之上。

「道」作爲規範一切的價值理序這一點，在《老子》中就已經有了。袁保新老師在《老子哲學之詮釋與重建》一書中曾說：

> 「道」也就是老子心目中，人類理解自己在存在界中的地位，決定自己與其他人、物、鬼、神、天地之間關係底意義基礎，或規範一切的價值理序。〔註20〕

「道」在此是作爲一切事物取得其在存在界中地位與意義的形上根源。但是，不論是「黃老帛書」或者是《管子》中的黃老思想，都突顯世界的秩序性，

〔註20〕袁保新，《老子哲學之詮釋與重建》，台北：文津，1991年，頁102。

而將這種秩序性的根源歸之於「道」，視其為總攝一切天、地、人事之理，例如：《經法‧四度》曰：

　　日月星辰之期，四時之度，【動靜】之立（位），外內之處，天之稽也。

《管子‧君臣上》曰：

　　天有常象，地有常形，人有常禮，一設而不更，此謂三常。

《管子‧輕重己》曰：

　　清〔註21〕神生心，心生規，規生矩，矩生方，方生正，正生曆，曆
　　生四時，四時生萬物，聖人因而理之，道徧〔註22〕矣。

「稽」有法則、準則的意思，「黃老帛書」以為日月星辰、四時變化以及動靜、內外，皆依循一定的客觀規律運動、變化。同樣的，《管子》也以為天理人事之間都有一恆常的準則足以依循，人君聖王依據這個原則來調攝事物、治理世事，自然能成功。對於「道」的客觀規律性，「管子四篇」基本上也是採取這一種看法。

　　同時，由於「道」的客觀規律性被強化了，因此在《老子》與「管子四篇」中，規範人與天地萬物間的關係也隨之有所改變。袁保新老師曾引《老子‧六十章》說：

　　「治大國若烹小鮮。以道莅天下，其鬼不神。非其鬼不神，其神不
　　傷人。非其神不傷人，聖人亦不傷人。夫兩不相傷，故德交歸焉。」
　　可以知道，形上之道對天下的化成，其實只是讓一切存在，包括天、
　　地、人、我、鬼、神，兩不相傷，各安其為而已。因此，老子的造
　　化觀主要建立在個別事物的整體秩序間存在的互依性上。

在《老子》中，形上的「道」是一「虛理」，「道」對於萬物的規範，其實只是通過「讓」，使天、地、物、我各自擁有兩不相傷、自由自在的空間而已。但是，在「管子四篇」中，「道」的規律意蘊被賦予客觀實在性，因此成為一種可被人依循、掌握的準則。〈心術上〉說：「簡物小未一道，殺僇禁誅謂之法」，「簡」通「柬」，有選擇的意思。也就是說，「道」是可以用來衡量人事本末的依據，而依於「道」「殺僇禁誅」者，稱之「法」。「法」因此是「道」

〔註21〕丁士涵云：「清」，「精」假字。
〔註22〕許維遹曰：「徧」當作「備」，字形近之誤也。〈形勢〉曰：「則君道備矣」，〈七
　　　　臣七主〉曰：「則人主道備矣」，〈輕重戊〉曰：「帝王之道備矣，不可加也」，
　　　　是其證。

的具體化。既然「道」在「管子四篇」中具有客觀規律性，那麼，人與天地萬物間的關係就不再是通過「讓」，也就是通過主觀修養的「不自見、不自是、不自伐、不自矜」，使萬物兩不相傷、各安其所。相反的，人與天地萬物間的關係，是人君聖王通過掌握客觀規律的「道」來安置天下萬物的。〈內業〉曰：

> 執一不失，能君萬物。君子使物，不為物使，得一之理。

「道」將其客觀性在禮、義、法等範疇中具體化，使它成為一切人間秩序的規定、度量和標準。「道」成為可被確實掌握的客觀法則，討論人君如何掌握此一客觀法則以施政治國的議題，就將原本形而上的道論，一轉而為人君施政治國的治術了。

其次，對於人性的理解，也可能是稷下黃老道家由形上的「道」轉入具體的「法、術」的原因之一。《管子》並不將人間秩序的根源歸之於道德主體的自覺，而是歸之於客觀的「道」，禮、義、法皆是「道」的具體化。因此，個體在社會中會有什麼行為，不是能通過主自覺而產生規範約束的。所以，社會秩序的維持只能由國君通過「道」制定依循民情（凡人之情）的禮、義、法來規範之。《管子・禁藏》曰：「凡人之情，得所欲則樂，逢所惡則憂，此貴賤之所同也。」又曰：「凡人之情，見利莫能勿就，見害莫能勿避。」〈侈靡〉亦曰：「百姓無寶，以利為首，一上一下，為利所處。」這裡所指貴賤所同的「凡人之情」，就是以為人共同的本性是「趨利避害」、「為利是處」的。《管子》在這種對人性的認知上，以為社會秩序的建立，要能不違背民情。前引〈心術上〉文後解經部份曰：「禮者，因人之情，緣義之理，而為之節文者也。」主張「禮」的制定必須是符合人情的。〈形勢解〉曰：「人主之所以令則行，禁則止者，必令于民之所好，而禁於民之所惡也。」這是將政令的建立奠基在人民的好惡之上。至於〈樞言〉曰：「彼欲利我利之，人謂我仁」，則是直接將「仁」的根源由主體的自覺轉向人性中趨利避害的一面。可以發現，由於黃老思想對於人性看法趨向於現實、功利，因此對於社會秩序的建立寧願歸之於「凡人之情」，歸之於具有客觀規律性的「道」。外在規範的力量強過道德主體的自律，因此，一旦去除了對形上道體的依恃之後，很自然的就發展為韓非所主張的那種以現實功利為主的法家思想。〔註23〕

〔註23〕〈六反〉曰：「且父母之於子也，產男則相賀，產女則殺之。此俱出父母之懷衽，然男子受賀，女子殺之者，慮其後便、計之長利也。故父母之於子也，猶用計算之心以相待也，而況無父子之澤乎！」高柏園先生以為，父母子女

　　由於「管子四篇」認同宇宙人事中有一客觀秩序存在，而且並不將人間秩序的根源歸之於道德主體的自覺而歸之於道。因此，如何將落實客觀規律於人事秩序中的議題，就轉變為如何將形上的道轉向與禮、義、法等規範結合，使論逐漸發展為可供國君實際掌握的治國之術了。所以「管子四篇」將將《老子》「無為而無不為」的思想理解為，人君虛一靜因而無為，臣下適才適用而無不為。因此在貌似《老子》「無為而治」的思想背後，支持其施政治國的方針其實是因任受官、循名則實的統馭技術。〔註 24〕至於此一統馭技術的內容，則是下一節中，我們所要討論的主題。

第三節　君主南面之術的原則

壹、靜因之道

　　「管子四篇」以道為萬事萬物所依循的總原則，因此，國君依循道，治國施政便可以得到形上的依據。〈心術上〉解經部分說：「心術者，無為而制竅者也。」又說：「無為之道，因也。」，顯然是將人君統馭臣下的「君人南面之術」，與「靜因之道」等同在一起了。然而，「靜因之道」的具體內容指的又是什麼呢？〈心術上〉說：

> 君子不休乎好，不迫乎惡，恬愉無為，去智與故。其應也，非所設也，其動也，非所取也。過在自用，罪在變化。〔註 25〕是故，有道之君，其處也，若無知，其應物也，若偶之，靜因之道也。

可以發現，「靜因之道」就是「虛欲去智」的治心工夫與「因循」思想的結合。關於「虛欲去智」的治。心工夫，我們在前面幾章已經做過深入的討論，這裡就不再贅述；現在讓我們將討論的焦點放在何為「因循」上。

之間或有計算利害，但並非獨有利害計算，今韓非獨以此利害計算說明父母子女之關係，則顯然是以利害為人之主要要求與價值之所在，則其人性論之以現實功利之價值為基礎，當為不爭之論了。高柏園，《韓非哲學研究》，台北：文津，1994 年 9 月，頁 62。

〔註 24〕陳德和，《淮南子的哲學》，嘉義：南華管理學院，1999 年 2 月，頁 38。

〔註 25〕尹知章云：自用不順理，則生過。小聰明，變舊章，則成罪也。筆者以為，此處所說的「變化」，指的是「不按事物之本性，而自作聰明的改變」，「管子四篇」以為，人君任意依照自己的私心而忘作改變，則會招致罪禍。又〈心術上〉說：「舍己而以物為法」，而〈白心〉也說：「隨變斷事也」，可見變化必須是依循於事物之本然之性而變的。

　　〈心術上〉解經部分說：「因也者，舍己而以物爲法者也。」也就是說，所謂的「因」，就是捨棄主觀成見而以萬物自然之理爲效法者。從這裡我們又可以分成兩個部分來討論。首先，所謂「捨棄主觀成見」，和我們之前所討論的「虛欲去智」之治心工夫的理由是相同的。因爲「天之道虛」，所以假若不能捨棄主觀成見，就不能契合於道，而且會和萬物產生牴觸。然而，所謂「以物爲法」所指又是爲何呢？《呂覽・貴因》說：

> 三代所寶莫如因，因則無敵。禹通三江、五湖，決伊闕，溝迴陸，注之東海，因水之力也。舜一徙成邑，再徙成都，三徙成國，而堯授之禪位，因人之心也。湯、武以千乘制夏、商，因民之欲也。如秦者立而至，有車也；適越者坐而至，有舟也。秦、越，遠途也，靜立安坐而至者，因其械也。……夫審天者，察列星而知四時，因也。推歷者，視月行而知晦朔，因也。禹之裸國，裸入衣出，因也。墨子見荊王，錦衣吹笙，因也。孔子道彌子瑕見釐夫人，因也。湯、武遭亂世，臨苦民，揚其義，成其功，因也。故因則功，專則拙。因者無敵。

從上述引文可知，所謂「以物爲法」又可以區分成兩個部分來看：一是忠實的反應萬物本然之理；一是因循萬事萬物發展的必然趨向。〔註26〕忠實的反應萬物本然之理，就是順應萬物之所能，以爲我所用，所以說：「故道貴因，因者，因其能者，言所用也」。秦、越有千里之遙，但是應用舟車載人運輸的功能，則靜坐安立便能到達秦越。《洪範》曰：「水曰潤下，火曰炎上，木曰曲直，金曰從革，土爰稼穡」。水潤下、火炎上，是物本然之性。乘之，則能事半功倍；違之，就如逆流而上，事倍功半。聖人通過虛欲去智的治心工夫，而能與「道」契合、「上察於天，下察於地」，自然能體知萬物本然之理而順應之。〔註27〕同樣的，萬事萬物的發展有其必然之趨向，因此要隨著時勢的發展來決斷事情，〈貴因〉曰：

> 武王使人候殷，反報岐周曰：「殷其亂矣。」武王曰：「其亂焉至？」

〔註26〕此二者又分別與「督言正名」以及「知時斷事」兩組概念有關。我們將在後面的討論中處理這個問題。

〔註27〕從另一個面向上看，如果說「虛欲去智」是爲了與「道」契合，並且使「道」（精氣）存留固守於心中；那麼「靜因之道」所說的「舍己，而以物爲法」，強調放棄自己的主觀成見而取法於萬物本然之理，指的也正是使心靈虛靜，而與道契合無間。

對曰：「讒慝勝良。」武王曰：「尚未也。」又復往，反報曰：「其亂加矣。」武王曰：「焉至？」對曰：「賢者出走矣。」武王曰：「尚未也。」又往，反報曰：「其亂甚矣。」武王曰：「焉至？」對曰：「百姓不敢誹怨矣。」武王曰：「嘻！」遽告太公。太公對曰：「讒慝勝良，命曰戮；賢者出走，命曰崩；百姓不敢誹怨，命曰刑勝。其亂至矣，不可以駕矣。」故選車三百，虎賁三千，朝要甲子之期，而紂爲禽，則武王固知其無與爲敵也。因其所用，何敵之有矣？

上述這段引文具體的指出，事情的發展有其必然的趨向，等待適當的時機而順勢行動，才能收到風行草偃的功效。武王派遣人到殷去打探消息，來人屢報殷之亂。商朝出現亂象已經成爲事實，然而何時才是出兵的好時機呢？歷經「讒慝勝良」、「賢者出走」，而至「百姓不敢誹怨」，武王才以此爲「其亂至矣」，可以出兵，他用以衡量的標準，就是明白民心在此暴政之下的必然趨向，所以說：「湯、武以千乘制夏、商，因民之欲也」。人君聖王治國施政，則應該察知這種事物發展的必然趨向，如此才能立俗施事無所不宜。

在「管子四篇」中，將「靜因」的思想落實於治國施政中，表現在三個地方：

1. 「主逸臣勞，君臣異道」。

在「管子四篇」中，國君的主動性不在於努力參與個別的政務，因爲那是屬於百官之事。國君的主動性在於「執道要」，也就是找尋、並且遵守某種「指約易操」，卻又能應用於一切事物中普遍有效的原則。因此，《論六家要旨》中所說的道家之國君與儒家之不同，就在於儒家以人主爲天下儀表，主張「主倡而臣和，主先而臣隨」。這種「主勞臣逸」的事，是道家君主所不爲的。又根據我們前幾章的討論，國君執道要的方法，在於內靜外敬的治心工夫。因此，理想國君的形象是「恬愉無爲」，「其處也，若無知；其應物也，若偶之」的。這也就是《論六家要旨》中所說：「至於大道之要，去健羨，絀聰明，釋此而任術」。

2. 「循名責實，督言正名」。

〈心術上〉說「因」是捨棄主觀成見，如實的反應事物之本然之性。這麼做的目的在於，國君能依照事物的本然之性，將事物安置於其應有的位置中。從〈心術上〉「物故有形……」一段，以及〈白心〉說：「原始計實，本其所生。知其象，則索其形；緣其理，則知其情；索其端，則知其名。」可

知，主要是表現在「以形務名」、「督言正名」上。對於臣下之任用，一方面適才適性，授與其適當的職位，使其能充分發揮其所能；另一方面，則以「循名責實」的方式，考核政績，而給予賞罰。

　　3.「隨變斷事，知時以為度」。

　　在「靜因之道」中，國君不能受過去經驗的影響而墨守成規，而應該時時保持心靈之虛靜，以反應事物之本然之性。

　　根據上一節的討論，「管子四篇」將「心術」落實於「治術」中，主要可以表現在「君臣異道」、「督言正名」以及「知時斷事」這幾點上。從上述三點可以發現，「君臣異道」等等，又可以說，都是從「靜因之道」的不同面向開出。我們討論了「靜因之道」的內容後，接下來將分別對「君臣異道」、「督言正名」以及「知時斷事」這幾點進行討論。

貳、君臣異道

　　〈心術上〉以「心」與「九竅」來比擬「君」與「臣」的關係。關於〈心術上〉的這一段敘述，筆者以為分別包含了治身與治國這兩個議題，由於「治身」的部分我們已經在第四章討論「管子四篇」的治心議題時討論過了，所以在本章的討論中，我們將把焦點放在「治國」的部分上。

　　在「管子四篇」中，我們可以明顯地看到「君臣異道」的主張，〈心術上〉說：

> 心之在體，君之位也。九竅之有職，官之分也。心處其道，九竅循理。嗜欲充益，目不見色，耳不聞聲。故曰：上離其道，下失其事。
> 毋代馬走，使盡其力。毋代鳥飛，使弊其羽翼。

〈心術上〉說明，如果要使國家正常運作，則要遵守君臣之道，如此則必須注意下列這兩件事情：

　　1.「心」的職能在於總宰「九竅」，而不應該代「九竅」行事。

　　2.「心」不能為嗜欲、成見所影響，以至於偏離其道。

〈心術上〉藉此強調國君與人臣各有其職分。國君居於統馭的地位，應該虛一靜因，而不參與百官之事。如此一來，百官就能各按其職份行事，國家自然能順利運行。反之，則會「上離其道，下失其事」。此外，〈心術上〉文後解經部分又說：

> ……毋先物動者，搖者不定，趮者不靜，言動之不可以觀也。位者，

　　謂其所立也。人主者立於陰，陰者靜，故曰：動則失位。陰則能制

　　陽矣，靜則能制動矣，故曰靜乃自得。

一方面說明「言不奪能，能不與下誠」的道理，一方面則用動靜、陰陽來說明主張「君臣異道」的理由。因為，「陰則能制陽，靜則能制動」，〔註28〕所以人君靜因無為，人臣才能盡其所能而無不為，而國家才能在發揮其最大功能的情況下順利運行。所以，如果希望臣下能在與其能力相應的位置「盡其所能而無不為」（陽／動），那麼人君應該居於「陰」（靜）。《管子‧明法》曰：「君臣共道則亂」可以作為「君臣異道」說的旁證。

　　在前面幾章的討論中，我們說明了「管子四篇」的治心議題，其實是根據「人君如何能與無形無狀的道相契合」這個問題而產生的。所以，透過內靜外敬的治心工夫，便是為了使人君與無形無狀的道契合為一。在此治心工夫中，人君必須時時「虛欲去智」，保持「心」的虛靈、潔淨狀態，如此才能使周流萬物的「精氣／道」留處於「心」中。正因為人君保持在與道契合的狀態中，所以國君施政治國，統馭群臣都是依循於「道」，而不是個人的喜惡成見。因此可以扼要的說，「管子四篇」將國君的主動性放在透過內靜外敬的治心工夫，而能「執道要」上。

　　「管子四篇」主張「君臣異道」，以為人君不應涉百官之事，主要是因為國君所注重的是依循道來使國家整體順利運行，而非注重個別、部分的政務。因此主張透過「虛靜無為」的統馭之術，使百官能適才任性、發揮所能。在這一點中，我們說明了「管子四篇」主張，國君的職能在於「執道要」以統馭百官，而百官之職能則在於處理各式各樣的政務，也說明其主張「君臣異道」的原因。接下來我們要討論，「管子四篇」如何能使臣下「使盡其力，使樊其羽翼」。

參、督言正名

　　名實問題一直是先秦思想家所關注的問題，《論語‧子路》記載：「子路曰：『衛君待子而為政，子將奚先？』子曰：『必也正名乎！』」《荀子‧正名》

〔註28〕同樣的思想，也出現在《韓非子‧喻老》中。《老子‧二十六章》曰：「重為輕根，靜為躁君。是以聖人終日行不離輜重。雖有榮觀，燕處超然。奈何萬乘之主，而以身輕天下。輕則失本，躁則失君。」《韓非子‧喻老》則說：「制在己曰童，不離位曰靜。重則能使輕，靜則能使躁」。也主張「以靜制動，靜為躁君」。

說：「今聖王沒，名自慢，奇辭起，名實亂，是非之形不明。」而公孫龍在其
《名實論》中也說：「天地與其所產焉，物也。物以物其所物而不過焉，實也。
實以實其所實而不曠焉，位也。出其所位，非位。位其所位，正也。以其所
正，正其所不正，疑其所正。其正者，正其所實也。正其所實者，正其名也。」
都顯示著「名實問題」在先秦思想中，討論的頻繁。同時，這些討論多數又
都與政治實踐有關。在下面的討論中，我們將首先討論「管子四篇」作者如
何將「名實問題」應用於人君的治官理政之中。

　　「名」這個概念，最早見於甲骨文。在甲骨文中，「名」寫作「㲋」或「㲋」，
是由「夕」和「口」兩個部分組成的。「夕」字本意是借用月牙的形狀，表示
黑暗。「口」是摹寫人的口部形狀。「夕」和「口」合成「名」字，表示在黑
夜，因為眼睛看不清楚東西，需要用口說出名稱，以區別事物。許慎在《說
文解字》中指出：「名，自命也，從口夕，夕者冥也。冥不相見，故以口自命。」
清代段玉裁解釋說：「故從口夕會意。」是以從「名」字的造字本義來看，具
有稱謂事物和交流思想的功能。〔註29〕

　　在「管子四篇」中「物固有形，形固有名」是一項基本的預設。所有的「物」
都有與之相應的「形」，而「形」也必然具有與其相符的「名」。〔註30〕因此，
在「強不能徧立，智不能盡謀」的情況下，如果能「姑形以形，以形務名，督

〔註29〕詳見葛榮晉，《中國哲學範疇導論》，台北：萬卷樓，1993年，頁335。
〔註30〕筆者以為在這裡呈現一個很重要的「區別原則」，「物固有形，形固有名」陳
　　　述著這樣的一種世界觀，即每一個現實存有的「物」（包含所有無生命和有生
　　　命之物），都具有各自的「形」，而此「形」正是一物與另一物賴以區別的要
　　　素。「形」除了具有劃分物與物之不同的功能，也就是作為「形體」這項功能
　　　外，同時具有標明物之「實質內容」的功能。而我們用以認知「形」並用以
　　　稱謂「形」的，就是「名」。在這裡我們發現「管子四篇」中的兩個思想面向，
　　　一是在「物」-「形」-「名」之間，具有一個彼此相應相符的「實質內容」存
　　　在，而這也是用以指出一物的本質和區別一物與另一物何以不同的要素；而
　　　從另一方面來看，正因為物與物之間具有這種區分、不同，所以如何在現實
　　　的世界中安置這許許多多本性各不相同的物就是很重要的問題。因為如果不
　　　按照物的本性而安置物，則就如同將魚放於草原、馬置於溪流一般，會造成
　　　應有秩序的混亂。因此聖人（國君）必須依循於「道」，從「物」-「形」-「名」
　　　之間得知「物」的本然之性，並且依照「物」的本然之性來安置事物，這樣
　　　才能使世界有秩序的運行並且使「物」發揮最大的效能，這也說明了為何通
　　　過「忠實的反應事物之本然之性」的「靜因之道」，便能達到「君逸臣勞」、「人
　　　君無為而臣下適才適性無不為」的治術。從上述兩點，一方面可以發現「管
　　　子四篇」從「道」與「物」之「實然之性」以至於「世界秩序」的世界觀，
　　　另一方面也可以為「靜因之道」作補充性的說明。

言正名」使「言不得過實，實不得延名」、「名實相符」，則等於找到一條「握一以知要」的法則，用以安置各個具備不同「本然之性」的「物」。如此此一來，一方面可以使世界在應有的秩序中順利運行；另一方面，也使得「物」能依據其「本然之性」發揮最大效能。〈心術下〉說：「凡物載名而來，聖人因而財之，而天下治」，指的便是此一原則。根據〈心術上〉文後解經部分說：「名當謂之聖人」，可以推知，這應該就是「管子四篇」理想的政治實踐原則。

　　然而如何才能達到「名當」呢？關於這一點，我們先試著從「當」字在「管子四篇」中的意義談起。〈白心〉較古的本子首句都作「建當立有，以靖爲宗」，王念孫改「當」爲「常」，改「建當立有」爲「建常立道」；何如璋則以爲「建當立有」應該改爲「建常無有」。其後，陶鴻慶、許維遹等從王說，張佩綸、郭沫若等從何說。〔註31〕然而，王博先生在〈《黃帝四經》和《管子》四篇〉一文中，引用「黃老帛書」中，一些提及「當」字的句子，如：「參以天當」（《經法・道法》）、「故惟聖人能盡天極，能用天當」（《經法・國次》）、「受賞無德，受罪無怨，當也」（《經法・君正》），指出「當」是「黃老帛書」中一個重要的概念，並且指出〈白心〉所說的「建當立有」的「當」，指的就是這個概念。〔註32〕筆者以爲王博先生的觀點極有參考價值。《管子・宙合》說：「時出則當……奚謂當……應變不失之謂當」、《穀梁傳・序》疏：「當者，中於道」、《荀子・正論》注：「當，謂得中也」，都顯示「當」這個概念用於表示某種判準，而此一判準皆能忠實的與事物相應。朱伯崑先生曾指出，〈白心〉中「是以聖人之治也，靜身以待之，物至而名自治之」、「名正法備，則聖人無事」，即是對首句「建當立有，以靖爲宗」的解釋，「立有」之「有」也就是「有形有名」之謂。〔註33〕因此我們可以說，「建當立有，以靖爲宗」意味著「管子四篇」的作者企圖建立一個以忠實相應於「物」之有形有名的判準，而此一判準是以「靜」爲根本，也就是說，此一判準是透過「內靜」的治心工夫而得到的。而這正是與〈心術上〉中所說，忠實反應事物本然之性、應物若偶的「靜因之道」。因此，〈心術上〉文後解經部分說：「因也者。無益無損也。以其形，因爲之名，此因之術也。」又說：「名者，聖人之所以

〔註31〕參見郭沫若，《郭沫若全集》歷史篇第六卷，人民出版社，1982 年。

〔註32〕王博，〈《黃帝四經》和《管子》四篇〉，《道家文化研究》第一輯，上海古籍出版社出版，1992 年。

〔註33〕見《中國哲學史論文集》第一輯，山東人民出版社，1979 年，頁 107～123。

紀物也。」〈心術下〉也說：「凡物載名而來，聖人因而財之，而天下治」這都與〈白心〉中「是以聖人之治也，靜身以待之，物至而名自治之」，「名正法備，則聖人無事」前後相互呼應。綜合前述，現在讓我們回到一開始所提及的問題：然而如何才能達到「名當」呢？就在於「靜身以待之，物至而名自治之」，聖人（人君）能透過虛一而靜的治心工夫與道契合，忠實的反應事物的本然之性，並且按照事物本然之性，適才適性的將事物安置於在世界秩序中其應有的位置。所以〈心術上〉說：「物固有形，形固有名，名當謂之聖人。」而〈心術下〉也說：「凡物載名而來，聖人因而財之，而天下治」。

　　將這套「以形務名」、「督言正名」的思想落實於政治實踐中，就成為「執名以察形」、「循名責實」的統馭技術。人君依照臣下的實際才能（所謂的「形」），適才適性的因任授官。然後依據這些職務上所規定的職務範圍（名），來考核臣下的政績（實），查看它們是否在「形」-「實」-「名」的關係中，彼此相符一致、吻合無間。如此，則人君既不必親涉百官之事，也不必操心勞慮，只需要不將自身的喜惡成見雜於其間，依照臣下各自的才能和表現，給予適當的職位和如實的賞罰，如此百官自能甘受指使而不得不努力的有所作為，以成就國君的大有為。〈白心〉說：「上聖之人，口無虛習也，手無虛指也。物至而命之耳。」〈九守〉說：「督名——修名而督實，按實而定名。名實相生，反相為情，名實當則治，不當則亂。」所說的都是這種「握一以知要」、「名正法備，聖人無事」的「靜因之道」。

　　在上面的討論中，我們從「督言正名」這個面向上討論了「管子四篇」的「靜因之道」，並且說明了它如何落實於政治實踐的統治技術中。在接下來的討論中，我們將從「知時斷事」這個面向來討論「管子四篇」的「靜因之道」。

肆、知時斷事

　　牟宗山先生曾經說：「察事變莫過於道」，以為道家所說的玄思玄理，其實際作用就在於察事變，也就是知幾。〔註34〕這種對於時代局勢以及世事變化的察知，同樣也出現在《管子》中。《管子》將天、地、人，視為一個整體，將自然與人事的運動變化，視為一種依循於「道」的正常秩序，〈形勢〉說：「天不變其常，地不易其則，春夏秋冬不更其節，古今一也」，指的就是這樣一種不以人的意志為轉移的秩序。《管子‧侈靡》說：「天地不可留，故動化，

〔註34〕牟宗山，《中國哲學十九講》，台北：台灣學生書局，1997年1月，頁62。

故從新」，則指出天地間的這種運動變化，是不可停滯，日夜求新的；同時，各種事物都有「極而返，盛而衰」的轉化可能。〔註35〕人君聖王一旦契合於「道」，則應該將「道」落實於政治實踐中。人君聖王這種對於事變的察知，就反應在「知時」上。〈白心〉說：「建當立有，以靖為宗，以時為寶，以政為儀」，就明顯的反應了「時」與國君施政間的緊密關係。這種藉由天道變化推移為人事之理，以及反對墨守成規，而強調察知事物之徵兆，以作為國君施政原則的主張，在《管子》中，由以下兩個面向呈現：

1. 推四時之序，為人事之理。
2. 隨事變化，知時斷事。

一、推四時之序，為人事之理

《管子》將四時之序與人事之理結合，主張人君聖王治國施政皆應該因於「時」。這一點可以從下面的討論得知。在〈宙合〉中說：

> 「春采生，秋采蓏，夏處陰，冬處陽」，此言聖人之動靜、開闔，詘
> 信、涅儒，〔註36〕取與之必因於時也。

以「適合時宜」為聖人之行為動靜的原則。此一原則不僅落實在農業社會注重天時上，例如〈牧民〉所說：「務在四時，守在倉廩」，〈君臣下〉說：「審天時，物地生，〔註37〕……勸農功」。同時，它與陰陽刑德的思想結合後，更化身為賞罰刑殺的原則。〈形勢解〉說：

> 春者，陽氣始上，故萬物生。夏者，陽氣畢上，故萬物長。秋者，
> 陰氣始下，故萬物收。冬者，陰氣畢下，故萬物藏。故春夏生長，
> 秋冬收藏，四時之節也。賞賜刑罰，主之節也。

在這裡，顯然已經將春、夏、秋、冬，四時之生長消息與人事之理，認為是出於同一種客觀規律。如此，才能根據陰陽二氣在四季中的變化規律，將陰陽刑德的思想化為具體的賞罰依據。這種「務時而寄政」〔註38〕的思想，一方面反應了天、地、人之間，都遵循著同一秩序；另一方面，它也說明，人

〔註35〕吳光先生以為，這種世界遵循著一定規律不斷運動變化的想法，是黃老思想
　　　　的共同主張。詳見吳光，《黃老之學通論》，大陸：浙江人民出版社，1985年，
　　　　頁223。
〔註36〕安井衡云：涅，贏也；濡，猶縮也。「贏」通「盈」。
〔註37〕物，察看。《左傳・昭公三十二年》：「物土方。」杜預注：「物，相也。」生，
　　　　通「性」。屬性。
〔註38〕《管子・四時》。

君治國施政必須合乎時宜，也就是「因於時」。

二、隨事變化，知時斷事

　　「管子四篇」對於「時」的主張，主要是反應在這一點上。〈白心〉說：「隨變斷事也，知時以爲度」，以爲事物總是在時間中變化運動著的，因此人君治國施政不可以墨守成規，必須依據事物的徵兆、變化，而採取相應的措施。從這一點出發，一方面銜接了「應物若偶」的「靜因之道」；另一方面，也反應了國家的法令政策不可以一成不變。

　　從其與「靜因之道」的關係上說，「管子四篇」並沒有將認知事物之運動變化的主動性，放在感官經驗的考察上。相反的，它以爲所有的運動變化都是依循於不可聞見的無形之道。因此，它將主動性放在虛欲去智上，以「感而後應，緣理而動」的應物之道，來察知萬物變化之幾。這也正是〈心術上〉說的「靜因之道」。並且強調，應該以「時」爲決斷的標準，掌握時機「審時以舉事」。〔註39〕

　　從其與國家政令的關係上說，《管子・正世》說：

　　　古之所謂明君者，非一君也，其設賞有薄有厚，其立禁有輕有重，

　　　跡行不必同，非故相反也，皆隨時而變，因俗而動。

在這一段引文中，《管子》解釋了，何以古代不同的明君聖文王的施政賞罰之制度會有不同。〈正世〉的解釋說明，如果法令政策不能相應於時勢變化以及民情風俗，就有修改的必要。然而，這並不是指過去明君聖王的法令政策是錯的，而只是因爲時、地的不同，而有相應的措施而已。否則，如果說，過去的明君聖王也是依道立法，那麼豈不造成古今之道的對立？《管子》「隨變斷事」的主張，筆者以爲可能是基於下述這個理由，即在《管子》中，隨著時間改變的只是任何個別的事物，由於個別的事物總是依循「道」而運動變化，因此國君施政治國所依循的「道」自身卻是保持不變的。這種解釋可能會引起這樣的質疑，如果國君法制政令所賴以從出的「道」自身是不會改變的，那麼國君所制定的法令規章又怎麼會有所變化呢？筆者以爲舉下面這個例子應該可以清楚的說明，我們都知道，用火燒水必然能將水煮沸；然而，在平地與在高山上燒水，卻在火力和時間上有很大的差別。用火燒水是將水煮沸的不變之「道」，然而，將之應用於個別的時地之中，要燒多久水才會煮

　　　　　　　　　　　　　　　　　　　　　　　　　

〔註39〕《管子・五輔》。

沸，就得依照時間地點有所斟酌改變。這就是《管子》中所提及的「隨變斷事」之道。

從上述三節中，我們說明了在「管子四篇」中，聖人是如何在透過「心術」與「道」契合後，將無形無狀的「道」落實於「治術」中。並且從「道」與「義」、「禮」、「法」間的關係，說明了「管子四篇」是如何將形上的「道」，落實爲人間的價值規範。至此，我們處理了「管子四篇」是如何「降天道以爲治道，推天理以爲人事」的問題。

第六章　結　論

一

　　無疑的，一篇論文最令人愉悅的部分，就是終於能順利的進入結論階段。不過在讀者諸君與筆者共同分享這份喜悅之前，先讓我們再一次的檢視本章所提出的問題，以及處理這些問題的方法。

　　就本文的題目而言，追問「管子四篇」的黃老思想風貌究竟為何？顯然是全文論題的核心。在本文各章的討論，都是以此為主軸而展開的。在第一章中，本文首先指出，儘管「管子四篇」在當代中國哲學中受到重視，是由於一個學派歸屬上的問題；但是，本文並不打算從這個面向進行討論，而是重新返回〈內業〉等四篇，追問它所欲處理的問題以及方法。

　　從這個面向上出發，在第二章中，我們追問的是，如果「管子四篇」確實繼承了《老子》的「道」概念，那麼，何以二者之間所呈現的風貌是如此的不同？如果說，「管子四篇」與《老子》所說的「道」，是在同一個意義下使用，那麼我們將很難說明，何以主張「大道廢，有仁義」、「法令滋彰，盜賊多有」的《老子》思想，會轉變為道、法結合，提倡仁、義的黃老思想。可是，在「管子四篇」中，又確實存在著承襲《老子》「道」論的文句。因此，我們首先面臨著在使用「道」這個概念時，是否能同時既接受仁、義、禮、法，又同時反對之問題。根據矛盾律，這顯然是不能被接受的。所以，我們有理由相信，「管子四篇」在使用「道」這個概念時，和《老子》是不一樣的。為了區分二者之間的異同，我們從《老子》向來只描述「道」，而不定義「道」這一點，將《老子》的「道」分解成：《老子》對於「道」的描述，以及《老

子》「道」的實踐性格，這兩個部分。「管子四篇」與《老子》「道」相近之處，在於使用《老子》對於「道」之描述。而二者相異之處，則是由於實踐性格之不同的緣故。

由於區隔「管子四篇」與《老子》「道」論的，是二者的實踐性格之不同。因此，在第二章中，首先討論決定「管子四篇」道論這種實踐性格的條件，也就是稷下黃老思想的產生背景。透過對稷下學宮的設立背景以及百家爭鳴的分析，可以得知，政治上的種種需求以及學術間的交流，是促成稷下黃老思想成為以道論兼綜儒、墨、名、法、陰陽各家的「君人南面之術」的要因。其次，我們基於這種實踐性格的不同，指出「管子四篇」對於《老子》之「道」的轉化，主要表現在「道的客觀規律性的強化」以及「道的精氣化」，這兩個部分。最後，就其與各家思想間的整合吸納，討論這種造成現象的可能理由。這是從「管子四篇」與《老子》道論之異同，這個面向上，討論「管子四篇」黃老思想的風貌。

二

「君人南面之術」是黃老思想的共同特色。然而，在這個共同特色之下，不同的黃老思想作品，是否有各自所要處理的問題呢？在第三章中，我們所追問的問題就是，「管子四篇」所要處理的核心議題是什麼？我們由「管子四篇」對於《老子》「道」的一個重要轉化——「道的精氣化」——切入，並且分成兩個部分來討論這個問題。首先，我們發現在「管子四篇」中，「精氣」並沒有取代「道」概念，而是二者可以互為詮釋。經過比較「管子四篇」使用「精氣」和「道」這兩個概念所欲處理的問題，可以得知，有「道」字出現的句子，都集中於討論「道」之無形無狀，所以不能被感官得知，而必須透過治心的工夫來把捉的特性。有「精」字出現的句子，都集中於討論「精氣停留於心的狀態與產生的功效」和「如何使精氣停留於心（也就是如何體道）」這兩點上。因此可以得知，「管子四篇」透過「精氣」所處理的是，如何使虛無無形的精氣存留於聖人的心中，並透過與道的契合，得到施政治國的形上依據，而我們稱此為「管子四篇」的治心議題。

其次，我們從精氣的創生性，推論精氣為超越的創生實體，並且追問，既然萬物之有、萬物之生，不再是通過主觀境界之沖虛玄德來保障，那麼又該怎麼解釋天道、四時的秩序，如何能與人間的價值理序發生關係？我們藉

由胡家聰先生所提及的「天、地、人」一體觀，切入這一個問題。他指出，將四時之序推移為人事之理，並且藉此替國君找到施政決策可以依循的形上依據，必須首先把天地萬物和人類社會看成是一個整體。由於精氣在「管子四篇」中，不但是萬物的本源，而且具有創生萬物的功能。因此，天地萬物在本質上都是由精氣所構成，彼此間因為具有同源的關係，而成為一個整體。由此可以說明，「管子四篇」降天道以為治道，推天理以明人事的論據。

上述兩點，一方面從精氣作為創生實體上說明，天道即是人間價值理序的形上依據；另一方面，也說明聖人必須透過種種方式，契合、依循於這種形上依據來施政治國。也就是說，「管子四篇」的核心議題就是「治心議題」，處理的是聖人應該透過何種方式與道契合，並依此落實於治國之上的問題。這是從「管子四篇」所欲處理的核心議題究竟是什麼，這一個面向上，討論其黃老思想的風貌。

三

在第三章中，我們指出「管子四篇」以「道」作為國君施政治國的形上依據。因此，在第四章中，我們從方法上追問「國君是如何與道契合」這一問題。由於道的不可感知性，所以，首先就排除了從感官知覺獲知「道」的可能。其次，「管子四篇」的內容、文脈可知，體道的方法在於將「道」呈顯於心，也就是將「精氣」存留固守於「心」中，而根據〈內業〉，這需要通過「內靜外敬」的治心工夫。「內靜外敬」又可以區分成「虛欲去智」（內靜）和「正形飾德」（外敬）兩個方面。由於喜怒、好惡、智巧等等精神性的意念、情感，會干擾「心」的作用，使人不能固守「精氣」，因此必須「虛欲」、「寡欲」。又因為人主妄用個人的智能，會因為成見而背離「道」，所以必須「去智」。其次，「管子四篇」也以為，人能通過端正形體，從專心一志、耳目不淫於外等等工夫，達到「形正德來」、「正形飾德」的功效。

「管子四篇」的作者認為，「體道」的方法是兼顧修心與修身。我們將這種個人經過修身，而使「精氣／道」進入人的心中，並且透過人虛欲去智的工夫，將精氣固守、停留於心中的過程，稱之為「管子四篇」的治心工夫。此外，我們也發現，「管子四篇」接受儒家以詩、書、禮、樂來調節個人的情緒起伏的方法，透過個人行為的端正肅靜，來達到心靈的平靜專一。也就是說，雖然內靜外敬的工夫，在形式上有內、外之分，但是實質上，卻是殊途

同歸的朝向同一個目的——從一個虛靜的狀態上與「道」契合。

當聖人透過內靜外敬的治心工夫與道契合之後，人因為喜怒哀樂欲而不完整的心，將再度因為精氣的存留，而恢復整全。「管子四篇」稱此為「全心」，而將精氣稱為「心中之心」或「彼心之心」。從「管子四篇」虛欲去智的治心工夫可以得知，要掃除心中的欲望、不潔，然後使我們的「心」成為「道」、「智」、「精氣」的館舍。由〈內業〉描述人的創化原則可知，「精氣」是人所本有的。但是，人卻因為「憂樂喜怒欲利」而喪失之。所以，必須透過虛欲去智的治心工夫，來留守這一來一逝的精氣，使其存留於心中，讓心得以整全。由於從「管子四篇」的文脈中可以推知，所治的心是需要掃除不潔、虛欲去智的「人心」；所安的，則是人曾經喪失的「本心」（精氣）。是以說，經過掃除不潔、虛欲去智的人心，已經成為留處、包藏「道」、「智」、「精氣」的館舍。在虛欲去智的人心中，固守了著一度喪的本心（精氣），而這正是「管子四篇」所說的「全心」狀態。這是從聖人如何與道契合的方法上，討論「管子四篇」的黃老思想的風貌。

就「管子四篇」與《莊子》之不同而言，莊子繼承老子對於個體生命的看法，以為清靜素樸才是萬物的真正自我。人心因為陷逆名利的糾葛與纏繞之中，產生自我的執迷而造成價值的失落。因此，莊子以為人應該使自己能擺脫官能習氣的役使，以及心知定見的障蔽，讓個體生命在逍遙無待中，以無限寬容的道心來接納天地萬物，以達到真人、至人、神人的境界。所以，莊子的「心齋」主要就是希望通過對心知定見的批判反省，藉以將人之超越於心知定見之上的「真心」，從紛擾糾葛中釋放出來。反觀「管子四篇」所關心的是，「如何為國君找到治國施政的依據」。因此，在「管子四篇」中，透過內靜外敬的治心工夫，所欲達到的是與萬事萬物所依循的「道」相契合。虛欲去智在「管子四篇」中，並非為了達到如莊子「心齋」所重視的，淨除心知定見以解放心之桎梏的目的，而是為了契合不遠而難極的道，留處一來一逝、周流萬物的精氣。所以我們可以說，「管子四篇」的心術是從「治術」的角度出發，來處理國君如何找到施政治國的形上依據這一問題，因此與《莊子》的「心齋」在一開始的關懷，和所欲達到的目標上就是不相同的。

就「管子四篇」與《孟子》之不同而言，孟子的心氣論，在其「盡心知性知天」的學說體系中，是以「仁心仁政」，與堯舜禹湯等先王之道結合起來的。是國君透過道德自覺，將人所本有的惻隱知心擴充之，並且推己及人、

實行仁政。因此，孟子的政治思想，是由人本心善性的自覺而出發的，重視的是以德行仁。道德主體透過存養擴充人之異於禽獸的「仁義」，並且推己及人，如此近則可以侍父母，大則能保四海，一國之君如能透過此道德自覺，便能如先王一般行不忍人之政。因此，孟子心氣論所追求的目標是道德主體的自覺。在這一點上，孟子思想與「管子四篇」產生了根本的區別。

「管子四篇」的治術，即是是稷下黃老的「君人南面之術」。因此，儘管「虛欲去智」的治心工夫是從個體心靈上著手，但是心靈的能動性，卻不是指個人內在道德的自覺，而是放棄個人的主體性，以契合普遍的客觀規律為依歸。於是，國君成為體道的聖人後，不是一躍而為天下儀表，反而是轉向「虛靜無為」。這正代表體道的國君（聖人），將自身的主體性，全然交給那萬事萬物所依循的「客觀規律」（道），而將自己納入整體秩序的一環。從這裡便可以得知，「管子四篇」與《孟子》心氣論間的根本不同。這是從「管子四篇」與《莊子》、《孟子》治心工夫的異同，來討論「管子四篇」的黃老思想風貌。

四

經過本文的三、四章，分別從不同的視角切入討論「管子四篇」的治心議題之後，在第五章中，我們所要追問的是，當聖人透過「心術」與「道」契合之後，又該如何將「道」落實於實際的政治實踐中，成為具體的「治術」呢？由於管子四篇」主張通過治心工夫使國君與道契合，並且依道施政治國。因此，我們首先從「管子四篇」對於體道之聖人的陳述，切入這個問題

聖人效法天地之無私無覆，以因性任物、應物若偶的「靜因之道」治理天下。按「物」之「名實」，將萬物安置於其應有的位置上。同時，以「時」以作為「應物變化，隨變斷事」之標準。因此，我們可以透過「無私無覆」、「督言正名」以及「知時斷事」，看到聖人體道之後，是如何將虛無無形的「道」表現在治國施政之上。「管子四篇」主張「君臣異道」，以為人君不應涉百官之事，主要是因為國君所注重的是，依循道來使國家整體順利運行，而非注重個別、部分的政務。因此，主張透過「虛靜無為」的統馭之術，使百官能適才任性、發揮所能。也就是，國君的職能在於「執道要」以統馭百官，而百官之職能則在於處理各式各樣的政務。人君依照臣下的實際才能（所謂的「形」），適才適性的因任授官。然後依據這些職務上所規定的職務範圍（名），

來考核臣下的政績（實），查看它們是否在「形」——「實」——「名」的關係中，彼此相符一致、吻合無間。如此，則人君既不必親涉百官之事，也不必操心勞慮，只需要不將自身的喜惡成見雜於其間，依照臣下各自的才能和表現，給予適當的職位和如實的賞罰，如此百官自能甘受指使而不得不努力的有所作爲，以成就國君的大有爲。這也就是「管子四篇」所主張的，「循名責實」的刑名之術。這是從「管子四篇」的治術上，討論「管子四篇」的黃老思想風貌。

五

「管子四篇」的研究，自 1944 年，郭沫若先生發表〈宋鈃、尹文遺著考〉一文至今，已經經過半個多世紀。不論是研究的陣容或是成果，都已日益壯大豐富，但是其中仍然存在著許多待理的議題。本文以「管子四篇」的黃老思想風貌爲主軸，分別從其核心議題，治心工夫以及治術上，展開討論。這對於「管子四篇」的整體研究和掌握而言，自然不免多所疏失。惟盼能在世紀交替之際，爲「管子四篇」之研究略盡綿薄之力，也懇請前輩先生不吝批評指正。

參考書目

一、古典文獻

1. 《易經》
2. 《論語》
3. 《墨子》
4. 《老子》
5. 《莊子》
6. 《孟子》
7. 《荀子》
8. 《楚辭》
9. 《韓非子》
10. 《管子》
11. 《鶡冠子》
12. 《呂氏春秋》
13. 佚名《黃老帛書》
14. 司馬遷《史記》
15. 班固《漢書》
16. 鄭玄《禮記注》
17. 王充《論衡》
18. 王弼《道德經注》
19. 郭象《莊子注》
20. 司馬貞《史記索隱》
21. 朱熹《四書章句集註》

22. 郭慶藩《莊子集釋》

23. 皇侃《論語義疏》

24. 戴望《管子校正》(同治十二年刊本)

二、當代專著

1. B.I.Schwartz, The World of Thought in Ancient China, PP. 173～185, Cambridge／Mass, 1985.

2. Frank Thilly，A HISTORY OF PHILOSOPHY　Princeton University，1959.

3. 丁原明，《黃老學論綱》，山東：山東大學出版社，1997 年 12 月。

4. 白奚，《稷下學研究：中國古代的思想自由與百家爭鳴》，北京：三聯書店，1998 年 9 月。

5. 朱伯崑，〈管子四篇考〉，《中國哲學史論文集》第 1 輯，濟南：山東人民出版社，1979 年。

6. 朱謙之，《老子釋義》，台北：里仁書局，1985 年 3 月。

7. 江瑔，《讀子巵言》，台北：泰順，1971 年。

8. 牟宗三，《中國哲學十九講》，台北：台灣學生書局，1997 年 1 月。

9. 吳光，《黃老之學通論》，大陸：浙江人民出版社，1985 年。

10. 吳光，《儒道論述》，台北：東大圖書公司，1994 年 6 月。

11. 李志林，《氣論與傳統思維方式》，上海：學林出版社，1990 年。

12. 李志庸主編，《中國氣功史》，河南科學技術出版社，1988 年。

13. 李歷城，《司馬遷之人格與風格》，台北：漢京文化公司，1983 年。

14. 林中鵬主編，《中華氣功學》，北京體育學院出版社，1989 年。

15. 金春峰，《漢代思想史》，中國社會科學出版社，1987 年 4 月。

16. 侯外廬，《中國思想史》卷 2，大陸：人民出版社，1992 年。

17. 胡家聰，《管子新探》，中國社會科學出版社，1995 年 5 月。

18. 胡家聰，《稷下爭鳴與黃老新學》，北京，中國社會科學院，1998 年 9 月。

19. 徐復觀，《中國人性論史先秦篇》，台北：台灣商務印書館，1977 年。

20. 袁保新，《老子哲學之詮釋與重建》，台北：文津出版社，1991 年。

21. 馬非白，〈《管子‧內業篇》之精神學說及其他〉，《紀念顧頡剛學術論文集》，巴蜀書社，1990 年。

22. 勞思光，《新編中國哲學史》(一)，台北：三民書局，1997 年 10 月

23. 高柏園，《莊子內七篇思想研究》，台北：文津出版社，1992 年。

24. 張岱年，《中國哲學大綱》，台北：藍燈文化事業公司，1992 年 4 月。

25. 張岱年，《中國哲學史料學》，北京：三聯書店，1982 年。

26. 張舜徽，《周秦道論發微》，木鐸出版社，1983 年。

27. 郭沫若，許維遹，聞一多集校，《管子集校》上下，東京：東豐書店，1981 年 10 月。

28. 郭沫若，〈宋鈃、尹文遺著考〉，《青銅時代》，重慶：文治出版社，1945 年；或《郭沫若全集・歷史篇》，卷 1，北京：人民出版社，1982 年。

29. 郭沫若，〈侈靡篇的研究〉，《郭沫若全集・歷史篇》第三卷，北京：人民出版社，1982 年。

30. 郭沫若，〈稷下黃老學派的批判〉，《十批判書》，北京：東方出版社，1996 年 3 月。

31. 陳鼓應，《黃帝四經今註今譯》，台北：台灣商務印書館，1995 年 6 月。

32. 陳德和，《從老莊思想詮詁莊書外雜篇的生命哲學》，台北：文史哲出版社，1993 年 10 月。

33. 陳德和，《淮南子的哲學》，嘉義：南華管理學院，1999 年 2 月。

34. 陳麗桂，《戰國時期的黃老思想》，台北：聯經出版社，1991 年 4 月。

35. 傅斯年，《傅孟真先生集》第二冊中篇丙，《戰國子家序論》，台北：台灣大學，1952 年。

36. 馮友蘭，〈先秦道家所謂道底物質性〉，《中國哲學史論文集》，上海人民出版社，1958 年。

37. 馮友蘭，《中國哲學史新編》第二冊，北京：人民出版社，1984 年 10 月。

38. 黃錦鋐，《新譯莊子讀本》，台北：三民書局，1998 年 3 月。

39. 楊寬，《戰國史》，上海人民出版社，1957 年 5 月。

40. 蒙文通，〈略論黃老學〉，《中國哲學思想探源》，台北：台灣古籍出版社，1997 年。

41. 葛榮晉，《中國哲學範疇導論》，台北：萬卷樓，1993 年。

42. 劉節，〈管子中所見之宋鈃一派學說〉，《說文月刊》，1943 年，後收入《古史考存》，香港：太平書局，1963 年。

43. 劉文典，《淮南鴻烈集解》，台北：文史哲出版社，1982 年。

44. 劉長林，〈說氣〉，文載於楊儒賓先生主編《中國古代思想中的氣論及身體觀》，台北：巨流圖書公司，1993 年。

45. 蔡仁厚，《孔孟荀哲學》，台灣：台灣學生書局，1994 年 9 月。

三、期刊論文

1. 〔美〕史華慈，〈黃老學說：宋鈃和慎道論評〉，《道家文化研究》第四輯，1994 年 3 月。

2. 王叔岷，〈司馬遷與黃老〉，《文史哲學報》第 30 期，1981 年 12 月。

3. 王叔岷，〈讀莊論叢〉，《道家文化研究》第十輯，1996 年 8 月。

4. 王博，〈《黃帝四經》和《管子》四篇〉，《道家文化研究》第三輯，1993 年 8 月。

5. 白奚，〈《管子》心氣論對孟子思想的影響〉，《道家文化研究》第 6 輯，1995 年 6 月。

6. 李存山，〈《內業》等四篇的寫作時間和作者〉，《管子學刊》創刊號，1987 年。

7. 李零，〈說〝黃老〞〉，《道家文化研究》第五輯，1994 年 11 月。

8. 周立升、王德敏，〈《管子》中的精氣論及其歷史貢獻〉，《哲學研究》第 5 期，1983 年。

9. 周立升、王德敏，〈評《管子》書中「靜因之道」的認識論〉，《文史哲》第 3 期，1984 年。

10. 周紹賢，〈黃老思想在西漢〉，《政大學報》第 26 期，1972 年 12 月。

11. 林之達，〈《管子‧心術》篇的心理學思想〉，《西南師院學報》第 3 期，1982 年。

12. 林永光，〈《管子》認識論初探〉，《中國哲學史研究》第 2 期，1988 年。

13. 孫開泰，〈稷下黃老之學對孟子思想的影響〉，《道家文化研究》第 6 輯，1995 年 6 月。

14. 孫開泰，〈稷下學宮創建于齊威王初年考辨〉，《管子學刊》第 1 期，1994 年。

15. 張福信，〈關於稷下學昌盛的理由〉，《齊魯學刊》第 1 期，1983 年。

16. 郭志坤，〈簡論稷下學宮〉，《齊魯學刊》第 1 期，1982 年。

17. 黃漢光，〈黃老之學初議〉，《鵝湖月刊》第 283 期，1999 年 1 月。

18. 楊蔭樓，〈《管子》道論的特色〉，《管子學刊》第 4 期，1991 年。

19. 楊儒賓，〈論《管子》四篇的學派歸屬問題——一個孟子學的觀點〉，《鵝湖學誌》第 13 期，1994 年 12 月。

20. 楊儒賓，〈論「管子‧白心、心術上下、內業」四篇的精氣說與全心論——兼論其身體觀與形上學的聯繫〉，《漢學研究》第 9 卷第 1 期，1991 年 6 月。

21. 董治安，王志民，〈試論稷下學宮的地理位置和政治性質〉，《齊魯學刊》第 1 期 1983 年。

22. 裘錫圭，〈馬王堆《老子》甲乙本卷前後佚書與道法家——兼論《心術上》《白心》為慎到田駢學派作品〉，《中國哲學》第 2 期，1980 年 3 月。

23. 裘錫圭，〈稷下道家精氣說的研究〉，《道家文化研究》第二輯，1992 年。

24. 趙吉惠,〈論荀學是稷下黃老之學〉,《道家文化研究》第四輯,1994 年 3 月。

25. 鍾肇鵬,〈黃老帛書的哲學思想〉,《文物》第二期,1978 年。

26. 滕復,〈黃老哲學對老子「道」的改造和發展〉,《哲學研究》第 9 期,1986 年。

管子道法學述義

施昭儀　著

作者簡介

施昭儀，台灣台中。1985 畢業於輔仁大學中國文學研究所。師事史師次耘，受業於臺師靜農、孔師德成、王師靜之、王師夢鷗、葉師慶炳。論文研究側重先秦諸子學術。1985 始，服務於弘光護專（今已改制為「弘光科技大學」）迄今。所開課程有，義理之學：傳統與創新、台灣文學、應用文、大一國文。

提　　要

　　管子一書，以其踳駁難讀、問題重重，故後世學人鮮有問津者。今詳觀其文，始知是書內容弘博精深，與先秦學術至為密切。自昔以降，此書備受論爭之焦點，多在其歸類諸子學術家別上之探討；尤以為「道」抑「法」之爭最甚。今仔細研析期間，迺知「道」、「法」二家，為管子書主要思想；但書中亦兼廁以諸家之說，故亦有以為此書乃「雜家」之言。是以本論文之作，廓清一切，惟擇其為「道」、「法」之屬者，加以申論，俾明此二家言之旨趣；並詳其與先秦學術之關係，則管子書庶幾可觀於今世矣。又從而辨其為「道」為「法」之源流，研考先秦諸子學術流派若干問題，則管子書之學術家別問題，於此亦庶幾可得而解矣。故本論文，除結論外，計分論四章、凡十二節。

　　首章，管子書辨，敘管子一書之外緣問題，尤其關乎學術流變過程，以探討本論文主題－道、法之辨。

　　第二章，排比析理管子書中相關之道家學說。

　　第三章，排比析理管子書中相關之法家學說。

　　第四章，述管子書中「道」、「法」之說，與先秦諸子「道」、「法」諸說之比較。

　　結論：其一，管子書「道」、「法」之說與諸子有別，此書於先秦學術中應有其獨立地位。其二，從明辨先秦「道」、「法」二家學說之關係，管子書之「道」、「法」二說皆可得其歸趣。

　　由於古本管子今已不傳，所以本論文管子書版本之選擇，以上海涵芬樓之常熟鐵琴銅劍樓藏宋槧本景印本管子，簡稱宋楊忱本，亦即四部叢刊本為依據。又，管子書文字舛錯不少見，為能明其大義，多輔以許蓋臣管子集斠為詁訓訂正之用。

目次

序　言

　　管子一書，卷帙浩繁，各篇純駁不一，舛錯尤多，在先秦諸子中，最難董理。且以其作者與時代之撲朔迷離，令學子均不敢觸及，以致沉寂有年。殆及清季中葉及民初，鑽研者漸夥，惟多側重訓詁辭句之考證，庶使管子書條暢可讀。至其間學術奧旨，則罕有道及。今特爬梳其書，詳加研析，益知其內容之豐碩、思想之深邃。全書要義，尤重在「道」、「法」二家之理論，書中如白心、內業、心術上、心術下諸篇，均係道家言。法法、明法、任法、法禁諸篇，均係法家言。義蘊精審之至，於是迺竭其棉薄之力，考辨其書，闡述其要義，因題之曰「管子道法學述義」。

　　昭儀撰草此文，每遇阻難，輒廢然興歎，幸賴史師孝盦屢予鼓勵與指導，始克濟事，師恩永銘心版。蓋自維學淺識薄，思慮未周，顧此失彼，挂漏實多，尚祈師長學友賜予諟正。

民國七十四年五月下澣施昭儀謹序
於輔仁大學中文研究所

第一章　管子書辨

第一節　管子書考

　　管子書卷帙浩繁，為先秦子書中之所罕見者。但同時，此書本身所牽連之問題，及其所引發後世之爭議亦最多。而校考諸說之餘，始知前賢亦不過持「推論」之辭而已，咸無定論，蓋文獻不足故也。是以，董理管子一書之過程中，對於諸多問題，為吾人力所未逮者，惟存其疑而已。若其關係全書，未可棄而罔顧者，則撮其要，並明一己之所見，以為論證之據。

一、篇帙沿傳考

　　管子書篇數之著錄，始於劉向序管子書錄：

> ……臣向言：所校讎中管子書三百八十九篇，太中大夫卜圭書二十
> 七篇，臣富灥書四十一篇，射聲校尉立書十一篇，太史書九十六篇，
> 凡中外書五百六十四篇，以校除復重四百八十四篇，定著八十六篇，
> 殺青而書可繕寫也。

由上文證知，漢成帝時，管子書已流傳極廣至為錯雜，否則，復重者不致近五百之數，而經劉向校訂字句及刪其復重後，遂成今之定著本。〔註1〕至於在向以前，管子書之流傳情形，惟太史公有言：

> 吾讀管氏牧民、山高、乘馬、輕重、九府及晏子春秋，詳哉其言之

〔註1〕據向言「凡中外書五百六十四篇」，於校除復重四百八十四篇後，何故仍有八十六篇之數？對於此一懸差，前賢亦有疑之者。

也。既見其書，欲觀其行事，故次其傳，至其書，世多有之。（史記
管晏列傳）

然劉向云「九府書，民間無有。」（管子書錄）是知，向所輯之管子書，顯然已
非完本。而年代湮隔，尋裔無由矣。及向之後，管子書散佚之情形，除漢志襲
七略之說，猶稱凡八十六篇外，於史志則皆錄其卷數，不稱篇數（詳見下文），
惟從宋人之私家目錄可得而考管子書存篇沿傳之情形：如陳振孫直齋書錄解題
卷十管子下云：「今篇數與漢志合。」並未言有亡篇之事。然崇文總目與郡齋讀
書志，雖傳本各有二種，却俱言亡篇之事，惟所稱亦各有異。〔註2〕而以其但
言亡篇，不舉其篇名，故皆不可得其詳。清人嚴可均始窺其端倪，云：

> 梁隋時，亡謀失、正言、封禪、言昭、脩身、問霸、牧民解、問乘
> 馬、輕重丙、輕重庚十篇。宋時，又亡王言篇。（鐵橋漫稿卷八書管
> 子後）

嚴氏何以能明各亡篇之時代，所據爲何？嚴氏並未具言其詳。但以其與郡齋
讀書志二刊本參校，却正合十、一之數，一言前時之亡，一言宋時之失。雖
然，此猶爲推論之辭，未足遽信。惟從尹注管子，於封禪篇下云：「元篇亡，
今以司馬遷封禪書所載管子言以補之。」可知十篇之亡，或在漢、唐之際。
如此，與嚴氏之說，尙可吻合。而自宋後，管子書未再亡佚，即仍存八十六
篇本，而其中十篇有目無文。各家注本以此行世。

自劉向定著八十六篇，無分卷管子，是今古本管子。其後，管子書卷帙
分石之情形頗爲複雜，各異其數；而且由於闕其實錄，故今亦不得模擬隋志
及新舊唐志所稱十八卷本、十九卷本之情形。或唐吳兢書目、宋鄭樵通志略
所云三十卷本、二十卷本之面貌。惟自宋志定著管子二十四卷本以降，遂成
今日通行之管子本。又至宋本以下，各篇目下皆標有經言、內言、外言、短
語、區言、雜言、管子解、管子輕重等字樣。其始作之者，蔣伯潛云：周秦
諸子往往分內篇、外篇、或又有雜篇。管子多至八十六篇，獨無所區分，故
宋氏以己意爲之分類爾。〔註3〕以爲乃宋濂之造作。然考諸宋著諸子辨，祇載

〔註2〕四庫全書所收之崇文總目云：「按吳兢書目凡三十卷，自存十九卷，自形勢解
篇而上十一卷亡。」粵雅堂叢書所收文崇文總目則云：「按吳兢書目凡三十卷，
今存十九卷，自列勢解篇而下十一卷亡。」下注：「見文獻通考」。而吳兢書
目（唐）已亡於宋後，不得按考。郡齋讀書志袁本云：「劉向校八十一篇，今
亡一篇。」衢本云：「劉向所定，凡九十六篇，今亡十篇。」

〔註3〕參見蔣著諸子通考。頁416。

錄全書卷帙區分之情形，並無按以己說之意。而檢典原刻宋本，始著錄「經言」等字樣。故顯非迨及明人而後有，乃宋以前之好事者之所加。且觀其所裁別，與書之內容，除解言、輕重二者外，皆無相涉，於管子書之學說思想並無影響，故去之可也。

二、眞僞考

自劉向書錄管子，並敘管仲之傳紀以來，人皆咸信管子書乃仲之自作。降及晉，傅玄首提管子書非管仲所作，此一質疑：

> 傅玄曰：管子之書過半便是後之好事者所加，乃說管仲死後事。輕重篇尤鄙俗。〔註4〕

於是，管子書之作者問題，自茲成爲千古纏訟。論者各傾其政治、歷史、語言、思想潮流、……等觀點以評之。本來，以廣角度檢視學術問題，乃爲凸顯澄清紛擾之良法。然而，此舉於管子書而言，反使管子書益趨分歧。蓋各挾主觀言己之所是，龍蛇雜陳，務爲新奇，荒誕不經者，時有所見。〔註5〕正如前文所言，蓋皆文獻不足，有以致之也。今綜覈各家之說，約可條其梗概如下：

（一）管子書非出自管仲之手，但有真偽二說

論其全係後人僞託之作者，首推唐孔穎達：

> 世有管子書者，或是後人所錄，其言甚詳。……外傳齊語與管子大同，管子當是本耳。〔註6〕

其後論者亦甚，如葉夢得、朱熹、黃震、宋濂、四庫提要等，各舉一二事不合史實者以爲言。則管子書非惟仲之所作，亦非成於一人之手，一時之作。然而言之鑿切，非空疏之論，轉至近世梁啓超、胡適之先生、羅根澤等人之論說，皆各有所見。然其說確否，莫能肯定。就中以羅氏之考證頗見工力。詳見管子探源一卷。其結論否定管子書之整體性，而致呈分崩離析。然總括之，大都以爲管子書無非爲「一種無系統之類書」（梁啟超語）而已。

〔註4〕參見僞書通考管子條下，劉恕通鑑外紀引。

〔註5〕參見續僞書通考。引馬非白「關於管子輕重篇的著作年代問題」一文。原刊於「歷史研究」一九五六年第十二期。作者倒果爲因，拘攣補衲，旨在明輕重篇乃出於莽新時代。

〔註6〕參見僞書通考。管子條下引左傳正義語。

雖然，管子書截至目前為主，非管仲自作，已成定論。但有仍謂其書非贋品者。持此見者，蓋皆非如前者勉勵於考證之事上，而是綜貫一大觀念而言。亦即，從對學術史之理念言：

近人編書目者，謂此書多言管子後事，蓋後人附益者多。余不謂然，先秦諸子皆門弟子或賓客或子孫撰定，不必手著。（鐵橋漫稿卷八）

章學誠亦云：「春秋之時，管子嘗有書矣，然載一時之典章政教，則猶周公之有官禮也。記管子之言行，則習管氏法者所綴輯，而非管仲所著述也。」（文史通義詩教上）其下又自注作：「皆不知古人並無私自著書之事，皆是後人綴輯。」於是，此說論者，遂相沿援論、孟二書以為例，則管子書亦未可以偽書視之。〔註7〕然而此說一出，竟引發先秦學術之基本問題。

按管子書富陳各家之說，其既皆述仲之思想，而仲又生居當春秋之始，則春秋戰國學術之發軔，一皆移於管子之身。於是，諸子起於王官抑道家之爭息。管子躍出而為百家首矣。又管子書內容繁富雜陳，或謂道家之屬，或謂法家之屬，則諸子起於為道抑法歟？是以，設若自學術之發展觀之，管子書是否為先秦學術之承先（周室東遷前）啟後（春秋、戰國）者？此一質疑，乃欲檢討「戰國前無私家自述，皆係門人或後人之綴輯」是否可據？而作一學術之推斷，能無審慎乎！

（二）管子書乃真偽相錯

主是說者，其言較諸前者為趨緩，但就倍增疑竇之篇章提出意見，而未敢驟爾推翻全書之立場。如云管子書載及「管仲將歿，對桓公之語」〔註8〕、「其廢情任法，遠於仁義者，多申韓之言。」〔註9〕「小問篇有秦穆公，或後人追改。」〔註10〕……等。但大體上，此種立論有欠渾圓。因管子書本身文字錯簡脫落者至多，傳流過程亦頗多波折，可能歷代皆有增訂潤色之者。是以，若單舉一二，便謂之某某，誠不合情理。而必得有如山之鐵證，方可揭櫫而議。雖然，彼輩如姚際恒、胡應麟，保留一部分態度供迴旋之需，仍為可喜之事。〔註11〕

〔註7〕參見徐文珊先秦諸子導讀。頁47。
〔註8〕參見偽書通考引指略序。
〔註9〕參見偽書通考引蘇轍古史管晏列傳語。
〔註10〕參見偽書通考引俞正燮癸巳類稿語。
〔註11〕參見姚著古今偽書考及胡著四部正譌二書。

管子書之眞僞，誠難以置判。但究其非仲之作一事，又可從書寫工具之發展言：按古人尙未有筆之時，以竹簡、刀刻爲之，而竹簡體積龐大，材料難尋，且刊刻亦不易。何況管子書達數十萬言，豈「五車」所可運載。觀較仲而後之孔子，其作春秋，寥落寫來，爲後人譏其爲「斷爛朝報」耳。與書寫工具之不易，誠有密切關係。繼之，以語言之演進而言，乃由簡以至複，其間包含對語言之認知以至操縱。故由「記言」而後「造論」，表示語言之發展過程。而管子書與莊子、荀子皆係「造論」之屬。故其成書年代當應在稍後之戰國時代。

蓋觀管子書中，有關治術之言，誠與仲之生平治績有頗相合者，則管子書部分信爲仲之自作，或其門人之纂述，至於其他諸篇，亦應不當晚出劉漢之後，則史記、淮南子之所稱，皆足可疑。雖然，吾人當以極審愼之態度，折衷於顧頡剛所言：「雖有不倫，無乖傳信，故管子不可謂之僞書。」〔註12〕以斯讀管子書，庶乎可觀其學說體系之本源矣。

第二節　管子書類別之探討

七略爲漢時劉歆種別群書之作，漢書劉歆傳云：「歆復領五經，卒父前業，乃集六藝群書，種別爲類。」是中國圖書分類編目之始。本來，部次甲乙，條別異同，推闡大義，疏通倫類爲目錄學家之事。辨章學術，考鏡源流爲學術史家之事，然自劉歆爲整理先秦學術典籍，首將先秦學術分流家派後，班固承其續餘，遂引發先秦學術千古莫解之爭訟。如諸子百家因何以生？王官歟？時勢歟？又其產生先後之次序，儒家歟？抑道抑法歟？乃至於因對先秦典籍學說旨趣持仁智之見，而與上諸問題演成循環推論者。其間問題糾纏盤結，多牽枝連株，已非目錄學者所能之事，而關涉學術之奧義矣。以典籍爲例，管子書可爲典型代表者。如於部類，各家多持自是之見。而從其分流之各異，遂引生出對先秦學術基本觀點之辯議。茲略述其事之始末。

史記管晏列傳正義引七略文云：「管子十八篇在法家。」七略至宋而佚，故莫得確考正義引文之虛實。然從下二事，將可資劉歆入管子書於法家之見。

漢書百官公卿表上云：「秦兼天下，建皇帝之號，立百官之職。漢因循而不革，明簡易，隨時宜也。其後頗有所改。」言漢初政體多因襲秦制。然事實上，李斯之制秦制又多因襲商鞅之法。商鞅爲法家人物，故論者遂多謂漢

實行法家政治。又漢人多好議法家言，如鼂錯上書文帝曰：「人主所以尊顯功名揚於萬世之後者，以知數術也。」勸以法術鞏固政權（史記袁盎鼂錯列傳）。張釋之亦以「法者，天子所與天下公共也。」語文帝當依法而行事，不可因貴賤等級而置事不一（漢書張馮汲鄭傳）。而桓寬鹽鐵論中諸多篇章，即所以論法家學說其應用於實際政體之得失。又於輕重篇，則更議管子書輕重篇「行輕重之變」之旨。是知備載治國道術甚豐之管子書，於漢代之政治環境下，被視爲法家著作，其來有自矣。

然漢時於管子書，亦有異於七略之說者，班固之漢志是也。雖然，固自云漢志承七略而書，然於管子書則竟列於道家。豈固以管子書蘊「知秉要執本，清虛以自守，卑弱以自持，此君人南面之術也。」（漢書藝文志）此義邪？則不可揣得。而可知者，管子書爲道抑法之爭，〔註13〕漢時已滋生異議矣。其後，隋志以降，道法議息，目錄家又悉緣隋志之說，改入管子書於法家。其間惟宋陳振孫直齋書錄解題對此提出疑議：「管子似非法家，而世皆稱管商，豈以其操術用心之同故邪。然以爲道則不類，今從隋唐志。」〔註14〕雖然未予肯定，但其斟酌管子書內容，不忽略其中或道或法之言，殊爲有見。

除陳氏外，在同一時代中，對管子書內容產生懷疑者，另有朱熹、黃震等人。而二氏則以其內容繁富瑣碎，而目之爲「雜著」。〔註15〕是從道法之爭外，別立一說。此後，論管子書者持說文異。如清嚴可均雖心折於其中之道家言，然終不得不正視其亦蓄儒、法、陰陽、……等家之說，而改判入雜家。嚴可均鐵橋漫稿卷八云：

> 余觀內業篇蓋參同契所自出，實是道家。餘篇則儒家、陰陽家、法家、名家、農家、兵家，無所不賅，今若改入雜家，尚爲允當。不然，寧從漢志。（書管子後）

是以管子書又轉入另一論題，即雜著與雜家之爭。如近人胡適之、馬岡皆謂管子書乃無統貫思想體系者，故曰雜著。〔註16〕而梁啓超雖亦謂「無系統之類書」，却援入雜家。〔註17〕至於戴君仁則以其「有意造成混合折衷之思想」

〔註13〕太史公以管晏二人合傳，並於管子謂「多述其行事，不述其文」。則似乎歸管子書於儒家。詳見史記管晏列傳。

〔註14〕參見直齋書錄解題卷十。

〔註15〕參見僞書通考管子條下引朱熹朱子語錄及黃震黃氏日抄文。

〔註16〕參見胡適中國古代哲學史。頁15。馬岡中國思想史資料導引。頁38。

〔註17〕參見梁啓超諸子考釋。頁84。

而置入雜家。〔註18〕雖然於持理置判，三說各有所同，亦有所異。但歸納其原因，不外於，一者，關於雜家一詞定義之糾擾。二者，關於管子書全書內容之探討。而由於後者非本論文之論題，故此不與焉，僅就前者略述之。

按「雜著」一詞，人多謂乃隨意亂湊者，斷然否定其在學術上之地位與價值。至於「雜家」，漢志雖云：「兼儒墨、合名法，知國體之有此，見王治之無不貫，此其所長也。及盪者為之，則漫羨而無所歸心。」肯定其意義與價值，然後人於「雜家」之「雜」一字之探義不同，故分論亦各異。如徐文珊謂「雜不成家，未足與議」，〔註19〕顯然是以「雜」字本身之意義論之，說頗同於梁啓超，否定雜家於學術上之意義。然而亦有肯定其意義者，如江瑔謂「雜家非駁雜不純，亦有一貫之學。」〔註20〕其所謂「一貫之學」者，乃承漢志之說。至於戴氏雖亦肯定雜家之學，則乃循隋志所謂「通眾家之意」，將兼蓄陰陽家學說之管子書，視為雜家者流矣。〔註21〕其下又謂「如把道、雜二家視為一家，則列入道家，亦無不可。」是以管子書之屬類問題，又旋引至道雜辨識之途上。

蓋戴氏「道雜一家」之主張，實溯自胡適之先生。胡氏以為先秦諸子之分家流派，乃漢人之事，先秦無有，唯以「道術」（莊子天下篇）一詞統稱之。又漢志所謂雜家「兼儒墨、合名法」，正與司馬談謂道家「因陰陽之大順，采儒墨之善，撮名法之要」相巧合。故「漢以前之道家可叫做雜家，秦以後之雜家應叫做道家」。於道、雜二家指稱雖異，其實內容相同，代表思想混合之趨勢。〔註22〕以是，戴氏於管子書謂亦雜亦道矣。而其所謂道家，則實為漢志之雜家。是以，設若欲明先秦道、雜之異，從管子書入手，或可有一二助益矣。

綜之，從管子書其為道抑為法之爭，引致雜著抑雜家之屬之爭。又從而涉入為雜抑道之爭。其間所探討者，不祇在管子書其本身之問題，而乃不得不先廓清先秦學術之面貌。是以，在鏡源管子書於先秦學術之途上，左右枝連，益形艱辛。為先秦學術史之一大問題。然而，此類問題，體大思精，非才疏學淺者一蹴可幾。是以，於撰擬本論文，以管子書之兩大思想，亦即為

〔註18〕參見戴君仁「雜家與淮南子」一文。幼獅學誌七卷二期。
〔註19〕參見徐文珊先秦諸子導讀。頁12。
〔註20〕參見江瑔讀子卮言「論雜家非駁雜不純」章。
〔註21〕同注6。
〔註22〕參見胡適中國中古思想史長編。頁83～89。頁257～284。

眾人爭執最甚之論題－道法之辯為鵠的，探討二家學說之旨趣，並明其與先
秦學術之密切關連，或可為如上諸問題，以作一二之解釋。

第二章　管子之道家學說

第一節　解　題

　　如前所述，管子書由於成諸眾人之手，再經劉向校讎，故其篇帙雖井然成序，但內容猶混淆部居，間雜以他說，因此遂有目之為「雜家」或「雜著」者。是以或必欲推原某篇屬某家者流，則斷鶴續鳧，索解無門。且「思想」之發生，必混合時代因素，與時推移，不斷成為另一新鎔鑪。在管子書其時代、作者未確定之下，吾人亦只能從其形似者，再予以抽絲剝繭，分析其說之旨要，若強為離析章句以攀附援引，自以為是，則反弄巧成拙。以是，徵諸全書之類道家思想者，其體系大抵羅列於心術上、心術下與白心、內業諸篇。另樞言與勢二篇亦間有述及之。

　　管子書之客觀背景，于上章已略述其形貌，茲不複述。但若探討及思想內容時，心術上、心術下、白心、內業諸篇之若干外緣問題關係甚大，故此先略作解釋。

　　歷來治管子之學用力最深者，莫過於管子探源一卷。羅氏在此書中裁奪管子書之時代及其作者問題，所採原則不外兩點：一從學說思想言，一從文字用語言。此二大方針，雖是研治管子者所必依持，但亦未可驟以盡信。因「應然」未是「必然」，所以在信史未確下，亦僅得依所歸納出之原則，謂某一時代下可能出現某一思想學說。故若如羅氏切鑿之言，則倒果為因。以後人史學觀念所推驗出來之原則，今反據以證思想學說之發展，落入無限循環論證。此是研治學者所不可不留意。

在考訂心術上下、白心篇等之時代、作者問題時，羅氏云：

> 三篇爲道家言，……道家清靜無爲，純任自然之旨，成於老莊。……
> 若此三篇，非戰國中世道家成立以後之作，而爲春秋之書，或竟出
> 管子之手，則老莊之言，皆爲鈔襲，不應成爲一家之學，而春秋之
> 世，不應絕無道家思想。故以思想系統而論，必在老莊之後。〔註1〕

此下，羅氏又擧上三篇文與老莊之書相比較，以資輔證。但總括言之，羅氏
不外在爲支持其此三篇後成於老、莊，此一理論而已。雖然，其結論如此肯
定，但其推論過程殊屬非是。婁良樂評議其說，言頗允當。

> 綜之，羅氏於此，……其論此三篇爲道家言，而白心篇有法家之方
> 策，冀於實現道家無爲之治者，允矣！獨以道法二家並成立於戰國
> 中世，則稍逆於學說衍流之勢矣。〔註2〕

要之，管子書大抵著成於戰國末期是可確定之事。彼時思想已呈現一股
注流。若必欲羅氏之說，固已刻舟。

在文字方面，心術上、心術下與內業三篇，簡編凌亂，互有同文。尤以
心術下篇爲甚。張佩綸釋云：「疑上下兩篇分別體用，今上篇附解，而下篇
似內業之解。蓋篇名存而其文固爛脫矣。」〔註3〕意猶有未足者。按心術上
篇言分經傳。前經後傳，經文自篇首「心之在體，君之位也」至「是故有道
之君，其處也若無知，其應物也若偶之，靜因之道也。」以下則皆爲解上文
之傳文。

至於心術下篇，何如璋云：「此篇乃內業解，因錯卷在此，遂附以心術
標目而分爲上下二篇。然其文俱見內業，惟顛倒錯亂耳。」〔註4〕言與張佩
綸同。但詳觀是二篇，則張、何二氏之說，立見捉襟。蓋心術下篇非全係內
業之解文，而亦是一「與內業篇相出入」〔註5〕之經文。管子集斠之言甚是
正確：

> 下篇乃內業之別本，內業詳，而心術下篇奪去首尾，且簡篇凌亂。
>
> 〔註6〕

〔註 1〕 參見羅著諸子考察。頁 469。
〔註 2〕 參見婁著管子評議。頁 238～245。
〔註 3〕 參見張著管子學。頁 1305。
〔註 4〕 參見許蓋臣等撰管子集斠引何氏語。頁 651。
〔註 5〕 參見吳汝綸點勘諸子集評－管子。頁 157。
〔註 6〕 參見管子集斠郭君語。頁 651。

心術下篇文次與內業相錯糺，忽前忽後，且文字亦不與內業盡同，故文義亦有所牴牾。〔註7〕全篇亦雜有內業所無之段落，〔註8〕通篇零散，不見秩序。因此，一者，心術下既已獨立成篇，何故複重至此？且今心術下文是否即劉向校定後之原形？若果是，劉氏之校何以無及於此？若不然，則其貌何時乃易？千古疑竇，然以文獻不足，竟莫能解。有臆之者，管子集斠之言：

> 心術分上下二篇者，非原來如此，乃劉向校錄時所編訂，蓋兩篇原均題名「心術」，劉向乃以上下別之。內業之意與心術無異，蓋心者內也。「術」猶業也。〔註9〕

正確然否，此姑存疑。

內業篇，漢志諸子略儒家類載有「內業十五篇」，其下班固自注：「不知作書者」。然漢志內業篇已亡。故今不知漢志與管子之內業是否相同。〔註10〕近人顧實本章學誠「別裁」〔註11〕一說云：

> （內業十五篇）亡，管子有內業篇。古書多重複，或此竟包彼書也。〔註12〕

亦姑予存疑。

白心篇較諸前者，是一首尾俱全之經文。但題名「白心」，遂因之橫生枝節。

按莊子天下篇有「以此白心」句：

> 不累於俗，不飾於物，不苟於人，不忮於眾，願天下之安寧，以活民命，人我之養，畢足而止。以此白心。古之道術有在於是者，宋鈃尹文聞其風而悅之。

劉節、郭君二氏遂因之以為白心篇即宋鈃尹文之遺著：

> 「白心」為宋尹學派主旨，宋尹俱曾講學於稷下學宮，故其遺著被

〔註7〕 如內業：「彼心之心，意以先言，意然后形，形然后言，言然后使，使然后治，不治必亂，亂乃死。」是言意志過程。但心術下作：「心之中又有心。意以先言，意然後刑。刑然后思，思然后知。」則是思辨過程。

〔註8〕 如「昔者，明王之愛天下，……刑者，惡之末也。」一段。

〔註9〕 參見管子集斠郭君語。頁633。

〔註10〕 近人馬國翰輯佚書則據以輯入。依漢志分為十五篇。

〔註11〕 參見章著校讎通義，別裁第四：「蓋古人著書有採取成說，襲用故事者。……至其全書篇次具存，無所更易，隸於本類亦自兩不相妨，蓋權於賓主重輕之間，知其無庸互見者。」

〔註12〕 參見顧著漢書藝文志講疏。頁105。

收入管書中。〔註13〕

並由是以推心術上下、內業亦同白心之作者：

> 心術上篇乃宋鈃遺書。宋鈃為稷下先生，故其書存于齊，而被收入
> 於管書。

> 內業亦宋子遺書。〔註14〕

關於此點，今人多不以為然，〔註15〕余雄之說，可為總括：

> 然中國哲學史中，最初提出心之問題，而創立一個關于心的學說者，
> 實為與孟子同時而年稍長之宋鈃。莊子天下篇述宋子云：「語心之
> 容，命之曰心之行。」容者寬容，行者趨向。宋子講心之寬容，以
> 為心之本來趨向。惜宋子之書不傳，其詳不可得知了。

> 管子有心術白心等篇，近人劉節先生與郭沫若先生謂即宋子遺文。然
> 細審心術、白心等篇，講道論德，談心說氣，其論旨與老莊甚相近。
> 而對于宋子主要學說「人情欲寡」、「見侮不辱」、以及心之寬容等，
> 無所發揮。恐實非宋子遺文。宋子學說兼綜墨楊，然實較近於墨家，
> 荀子以墨宋並稱，觀莊子天下所講宋子之兼愛非攻的態度與實踐，亦
> 可以見。劉向謂宋子尹文曾遊稷下。史記雖稱稷下先生環淵接子慎到
> 田駢等學黃老道德之術，然稷下實包容各派學者，如陰陽家鄒衍，儒
> 家荀子，皆嘗居稷下。吾人實不得因宋子嘗居稷下，遂謂其屬於道家。

〔註16〕

誠哉是言。細察白心篇文，多闡發道家之說，然並無一字及「白心」。且與「禁
攻寢兵」、「情欲寡淺」之宋尹學說毫無關係。亦竟有大相逕庭者。如云「兵
之勝，從於適。……兵不義不可。」並無寢兵之義。

考宋、尹二人俱活動於戰國中期，但有關是二人之行誼，先秦文獻頗乏
實錄，惟莊子天下篇較為詳贍。餘則荀子、韓非之書亦有一二述評，且多與
天下篇同。故彙考眾錄之餘，可知宋子係墨者之流是一結論。〔註17〕與言心、
言「道」之道家思想竟不類。故郭說未確。

〔註13〕參見羅著諸子考索。頁470～471。及管子集斠。頁659。
〔註14〕參見管子集斠。頁633。
〔註15〕如羅根澤、徐復觀、婁良樂等人均持反對態度。詳各見諸子考察，頁471。中
國人性論史，頁477。管子評議，頁243～244。
〔註16〕參見余著中國哲學概論。頁574。
〔註17〕參見荀子非十二子、解蔽、天論三篇。及先秦諸子繫年宋鈃、尹文考。

由是推，之四篇當爲道家餘裔之作，且大體上各自獨立成一篇章。以下，則剖析其內容，以見其所言，乃道德之歸墟。【缺〔註18〕位置】

第二節　道　論

說文云：「道，所行道也。」是道字之本義。其後，道字多引申爲可依循之方式之謂。而道字有各種不同之哲學意義，是在春秋後期以降，諸子競說，各經營理想境界，並字之曰「道」。「道」因此具有多義，成爲戰國學術思想之核心。於儒家而言，道爲仁；於墨家而言，道爲義；於法家而言，道爲法；於道家而言，則道是自然。何謂自然？簡言之，即對宇宙觀察之經驗，累積成智慧，而後歸納成原則，指引人生行事。而道家對此「道」發揮最多者，莫過於「道德經」。管子書在時代上可能後於老子書，然其中對道論亦多所闡發，且有微異於道德經者。但此僅論述管子書之道家學說思想。至於與道家諸子之比較，則見後文專論之。俾管子書在道家傳承上作一確定地位。

一、道　體

先秦學說中，專力對道體形貌之描寫唯道家而已。是亦即西洋所稱「本體論」。管子書中以心術上、內業二篇對此稱述爲多。

> 虛而無形（宋本作「虛無無形」，據王念孫考）謂之道。（心術上）

對「道」作一抽象之總說。敷言之，即「口之所不能言也，目之所不能視也，耳之所不能聽也。」（內業）一極虛空之無形質。但同時，「道」亦是一極實在、極密度之有形質：

> 凡道，必周必密，必寬必舒，必堅必固。（內業）

故兼言之，「道」具絕對性，「其重如石，其輕如羽」（白心）。不可以常理按之，其無形覺，亦無聽覺，又如如在。故僅得以「意想」悟致之，內業：

> 不可止以力，而可安以德，不可呼以聲，而可迎以意（宋本作「音」，據王念孫改）。

> 誅（無人聲也。宋本作「謀」，據王念孫改）乎莫聞其音，卒乎乃在於心，冥冥乎不見其形，淫淫乎與我俱生。

蓋因道體眞如，故在「意想」之先，必先經營一醞致之特殊媒介，內業：

〔註18〕參見李杜中西哲學思想中的天道與上帝。頁51～52。

> 凡道無所，善心安處，心靜氣理，道乃可止，……彼道之情，惡音
> 與聲，修心靜意（宋本作「音」，據豬飼彥博改），道乃可得。

唯「善心安處」而後，則彼道自來。然則安處之道而何？內業云：「憂則失紀，怒則失端，憂悲喜怒，道乃無處。愛慾、靜之，遇亂、正之。」從正靜情欲上入手。此乃令管子書在諸子學中顯著特質之「心論」。由於其體系自具，故於後文專爲申述之。

「道」既以「意想」竟乃可掇者，則其必要條件爲道當具遍在性，方可隨想而取。心術上云：

> 道在天地之間也，其大無外，其小無內。故曰：不遠而難極也。

內業亦云：「彼道不離，……卒乎其如可與索，渺渺乎其如窮無所。」似無實有，若即若離，迷漫天地，以絕對性之姿遍居環宇之間。

道之特質既有絕對性，則其當自生自存。非從外生，亦無生有外。故內業又云：「凡道，無根無莖，無葉無榮。」介然一體而獨存之。

以道之遍在且獨存觀之，其以靜存抑以動居？心術上解文云：

> 天之道，虛其無形，虛則不屈，無形則無所低赶（宋本作「位赶」，據王引之改），無所低赶（上同），故遍流萬物而不變。

低赶，即「牴赶」，言道無駐，環流不已，無所不至。又：

> 道者，一人用之，不聞有餘，天下行之，不聞不足，此謂道矣。（白心）

此則道之最大效用，如聚寶盆，予物生機，汩汩無止。是道之無限性。

道之本體其如上述。具絕對、遍在且無限三性質：

> 視則不見，聽則不聞，洒（灑）乎天下滿，不見其塞，集於顏色，知於肌膚，責其往來，莫知其時，薄乎其方也。韓乎其圜也。韓韓乎，莫得其門。（白心）

此言適可爲狀前述之總結。

「道」其本體既虛以實、近以遠，化象不居，雖其效用大，然則「四海之人，又孰知其則」（心術上），安心而用之？於對「道」之認識，管子書闡發並不多。樞言：

> 道之在天者，日也。其在人者，心也。

由對日月星辰之觀察而取譬。而所觀察之結果，即是「道」，白心云：

> 日極則仄，月滿則虧，極之徒仄，滿之徒減，孰能已無已乎？效夫

天地之紀。

「已無已乎」語義多歧，或謂作「己無己乎」（王念孫說）。何如璋釋云：「已無已者，周而復始，往而復來，故可以法夫天地之紀也。」〔註 19〕從日月之終始環轉上視「道」，但此認識並不足以釀致如上其對道體形貌之敷說。杜而未以宗教觀點云：「道，是以哲學方法推論出來的神。」〔註 20〕正如神之不可致詰，道亦不可致詰，「大道可安而不可說」（心術上）在思維上，付予「道」一哲學意義。杜氏之說雖具另一意義，但對「道」之不可言不可見，兼予以神秘性，或可作一補釋。

二、道　用

「道」之哲學意義，既是從對宇宙萬象之觀察，析理成一抽象意義，以為人事之用，如「毋代馬走，使盡其力；毋代鳥飛，使弊其翼；毋先物動，以觀其則。」（心術上）。而「道」之哲學目的，亦是在於此所以為人事之用之法則。管子書於此，對「道用」之詮釋，可約為二則。一是靜因之道。一是「反者，道之動」。

于「道」處靜因而言。心術上云：

　　天曰虛，地曰靜，乃不貸。

故「動則失位，靜乃自得」（心術上）、「過在自用，罪在變化」（上同）是以「有道之君，其處也若無知，其應物也若偶之，靜因之道也。」（上同）以「因」、「應」之術立身行事。心術上對「因」、「應」二字解云：

　　因也者，舍己而以物為法者也，感而後應，非所設也，緣理而動，
　　非所取也。

以是，「靜因之道」實即「無為」—無意作為，與「自然」—自己而然之同義語。即「順應自然」而為，亦即是「道」之法則：

　　故必知不言之言（宋本無「之言」，據王念孫改）、無為之事，然後
　　知道之紀。（心術上）

而且，「靜因」同時亦乃「反者，道之動」之轉義。

「日極則仄，月滿則虧」（白心）此天之事理。但消息盈虧亦因之而見。如「功成者墮，名成者虧」、「無成，有貴其成；有成，貴其無成也。」（上同，

〔註 19〕參見管子集斠引何語。頁 668。
〔註 20〕參見杜著中國古代宗教研究。頁 198。

白心）「惡者，美之充也；卑者，尊之充也；賤者，貴之充也。」（樞言）是
以，當如何處乎其間。心術上云：

> 人之可殺，以其惡死也；其可不利，以其好利也。是以君子不怵乎
> 好，不迫乎惡，恬愉無爲，去智與故。其應也，非所設也；其動也，
> 非所取也。

中國人性論史釋「反者，道之動」云：反，即回歸、回返之意，道既必無窮
以創生萬物，其自身又且不可隨物遷流，須依持虛無之本性，故道之動，是
即其自身之反。〔註21〕以是，由「道」之反故，乃「靜因」以處之。是即「應」、
「動」之際，非在計算之內也。至於「進道若退」亦「道之反」義。樞言曰：
「釜鼓滿，則人概之；人滿，則天概之，故先王不滿也。」何故不滿？「虛
則不屈」將猶有所待也，乃「若退」之積極義。故勢篇云：

> 成功之道，嬴縮爲寶，毋亡天極，究數而止。

至於其消極義，則在庶乎無害，白心云：

> 持而滿之，乃其殆也。名滿於天下，不若其已也。名進而身退，天
> 之道也。

三、道　名

　　大凡哲學語詞之擬設，始初在涵攝所架構之哲學境界。因此，若無悖其
始作之理境下，當亦可以他稱名言之。但詮稱飾多，若未足以豐富其理境，
則反徒增混淆。然若其爲始乎有心，而於語言用字，已能精確傳達所欲指明
之理境，則非贅詞矣。唐君毅於此「道名」之設定，認爲：中國思想之名言
概念，可與一切事物相連，以互相規定其意義者，自不限於此「道」，如「事」、
「物」……等，亦似皆可爲一切事物之義所規定，而亦可用以規定一切事物
之義者。〔註22〕即用意於語詞涵量問題。因各以一字義精當，能傳其神者以
摹擬之，不啻互爲補足意之未盡者，且適以明其旨義。然更進以言之，此則
或在思想潮流競陳出新、雜冗紛沓，方得而生。管子書著成於戰國末期，彼
時爲子學末流轉化期，將且開啓另一新時代。故亦無異於其對「道」之指稱。
輪替以精、氣、一、神、神明、靈氣等。如：

> 有神自在（宋本下有「身」字，據郭君改），一往一來，莫之能思，

〔註21〕參見徐復觀中國人性論史。頁347。
〔註22〕參見唐著中國哲學原論原道篇卷一。頁32。

失之必亂，得之必治，敬除其舍，精將自定。得之而勿捨，耳目不淫，心無他圖，正心在中，萬物得度。道滿天下，普在民所，民不能知也。（內業）

以神、精、道三者雜言而所指為一，但之三者義亦自具。

內業：

聖人與時變而不化，從物而不移，能正能靜，然后能定，定心在中，耳目聰明，四肢堅固，可以為精舍。

以聖人心定而後心可以為精舍。另心術下亦有文與此稍異，是心術下為內業之解文。心術下作：「聖人之道，若存若亡，援而用之，歿世不亡。」是「精」「道」可通稱。又「精」亦可以意想悟致之：「精想思之，寧念治之，嚴容畏敬，精將至定。」（內業）則「精」無疑於「道」。雖然，二者猶有所差異。心術上云：

物得以生生，知得以識（宋本作「職」，據張文虎改）道之精。

「道之精」有微小而善之意。內業亦云：「凡物之精，比（合也，宋本作「此」，據石一參改）則為生。」故「精」「道」雖同，然則，「精」更指乃創化萬物之生機與最小元素。於「精」之本義「擇米」（說文）言，取其引申義也。

又「精」亦時與「氣」連言。內業云：「思之而不通，鬼神將通之，非鬼神之力也，精氣之極也。」而「精氣」連言，實以「精」、「氣」分言而得：「精也者，氣之精者也。」（內業）「精」「氣」其間，微有差異。反言之，則：氣，精之粗者也。故心術下有言：「一氣能變曰精。」但從大處言之，「氣」之與「精」其義又實同。精者，「凡物之精，比則為生」。而氣者，內業云：「氣通（宋本作「道」，據戴望改）乃生」。比、通義近。皆所以下為「德」之因子。

至於「氣」之與「道」，心術下云：

氣者，身之充也，……充不美，則心不得，……是故聖人若天然，無私覆也，若地然，無私載也。

「氣」若渾佈四肢，亦如聖人之胸懷。是「氣」乃「道」之一端，取其遍在，流於容隙之間。為「气」之引申義。〔註23〕

「氣」，或形容以「靈」，言其行走流暢也，內業：「靈氣在心，一來一逝，其細無內，其大無外，所以失之，以躁為害，心能執靜，道將自定。」有時則用以指行走流暢後之境界，內業云：

〔註23〕氣之本字作「气」。說文云：「雲气也。」段注：「引伸為凡气之偁。」

> 能守一而棄萬苛，見利不誘，見害不懼，寬舒而仁，獨樂其身，是
> 謂靈氣（宋本作「雲氣」，據俞樾改），意行似天。

守一而致「靈氣」，其猶得道之人。何乃守一？「能摶乎？能一乎？能無卜筮
而知吉凶乎？」（內業）即「摶氣如神」。即靜因之道也。故「得一之理」，天
下治矣。「一」者形容道也。即老子云「天得一以清」之「一」。莊子云「唯
道集虛」之「虛」，一即虛也。

　　心術上云：「虛其欲，神將入舍，掃除不絜，神乃留處。」解文則作：

> 去欲則宣，宣則靜矣，靜則精，精則獨立矣，獨則明，明則神矣。
>
> 神者，至貴也。

宣，尹注「通也」，或謂作「寡」（郭君）。其實解文乃在敷演「神」之難致。
至於去欲、宣、靜、精、獨、明，其境界之層次，管子書則無以及之。質言
之，「道」之舍，則乃如「神」。取其伸引以進也。

　　又「道」另有「神明」一詞。心術上云：「去私勿言，神明若存，紛乎其
若亂，靜之而自治。」又內業云：「神明之極，照乎知萬物。」但形容「道」
之恍忽、光明二性而已。

第三節　心　論

　　管子書特重養心術。中以內業篇為尤。可謂乃意在建立道家內心之學。
但其「心論」實因「道論」而來。引發而至之結論，即：「心」若舍「道」，
則「心」即「道」。於演繹過程中，遂將「心」判有二：一為治之者，即官器
之心。一為被治之者，即心以藏心之心，神明之心。此「二心論」，獨表於諸
子學術之外。唐君毅擘肌分理謂：

> 由人心之能自覺，而能自反省，而自思其心意已形者，則此心意之
> 已形者，與能自思自反省自覺之之心，自為二層。前者居下，居外
> 而可有形。後者純居上，居上而必無形。〔註24〕

所言甚是，頗探意形思省之差忒。然若按此即以為管學之「心論」，則語多違
背。是則，此二心於管子書其各謂何如。

　　心術上：

> 心之在體，君之位也，九竅之有職官之分也，心處其道，九竅循理。

〔註24〕參見同注22。頁47。

「心」亦猶「道」,持之以「靜因」,方得「九竅循理」。以故,「心處其道」是
為法則。然心多凌駕不居,如之何安處之?亦必有一獨明之境,使其得以安藏。
而管子書於此並無立一安藏此心之境,反立一有以使之者之心,是即神明心與
官器心之始分。而神明心乃「可以為精舍」(內業)謂為「中得」,〔註25〕而後
蘊生作用,「萬物得度」(內業)。至於官器心者,內業云:「我心治,官乃治。
我心安,官乃安。治之者,心也;安之者,心也。」以官器心之效用,在「能
去憂樂喜怒欲利,心乃反濟。」(內業)但管子書對此官器心亦僅著墨於此。其
下,多專力於形容神明心。內業云:

> 凡心之刑(通形),自充自盈,自生自成。

> 彼心之心,……精存自生,其外安榮,內藏以為泉源,浩然和平以
> 為氣淵。淵之不涸,四體乃固,泉之不竭,九竅遂通,乃能窮天地,
> 被四海。

直如道體之形容。但於此有一矛盾,是其說理未浹者:蓋心之本體既已「精
存自生」,則焉用治之者?故若必欲複造一心,則當是立一安藏此「精存自生」
之心,乃不逆於前說。

至於神明心之效用,既為「道」之所舍。故若「道」已舍,則「心」即
「道」,「形」即「德」。內業云:

> 全心在中,不可蔽匿,知於形容,見於膚色。

「形」為「心」之外顯,猶如「德」係「道」之已成。故納道者,謂之聖人。
「心全於中」者,亦謂聖人。內業云:

> 心全於中,形全於外,不逢天菑,不遇人害,謂之聖人。

除以官器心肅治神明心外,在造情使神明心安處者,此提出:「彼心之情,
利安以寧,勿煩勿亂,和乃自成。」(內業)以靜因無為之道居之。則「心」
乃充塞天地之間:

> 折折(即「皙皙」之借,丁士涵說)乎如在於側,忽忽乎如將不得,
> 渺渺乎如窮無極。此稽不遠,日用其德。(內業)

綜之,「心」治則「道」舍,是此「心」即「道」。而若「心」不治則「道」

〔註25〕按內業作「中得」(「不以物亂官,不以官亂心,是謂中得。」)「內得」(「敬
發其充,是謂內得。」)二者。心術下則作「內德」。考心術下與內業文同,
唯用字不一。是知,「德」在管子書中專視其所顯發之功能言。故曰:德者,
得也。並不具道德意義。

不舍，故必欲有一治此心（神明心）之「心」（官器心）。以是，「心」（神明心）之能否有其功用，端賴治心之道而已。內業云：

> 四體既正，血氣既靜，一意摶心，耳目不淫，雖遠若近。

「一意摶心」，正是管子書之生命本源處，亦是言心之要訣。

第四節　德論──生元論

管子書非系統之作，故論題多簡而零散，不克與各具體系之呂氏春秋、淮南子相比侔。然若將之棄之罔顧，則適失管子書之真旨。為溯其思想之源流，茲特論列於左：

「德」，「道」之運作之化顯。心術上云：「化育萬物謂之德。」其下解文亦云：「德者，道之舍，物得以生生。」故「德」者，亦兼以形容此創化萬物之過程。又心術上云：「德者，道之精。」「德」與「道」以無閒，正足釋：「凡物之精，比則為生。」一語之奧義。是「德」亦含藏於「道」之中。蘊育生化之能力。以是，「德」之意義凡四：一者含容於道中，具生育能力。二者生化萬物之過程。三者為已生化之萬物之總稱。四者乃道之最後依皈及其目的。故內業云：「敬守勿失，是謂成德。德成而智出，萬物畢（宋本作「果」，據王念孫改）得。」

另管子書又多論述「德」之表現於人生行事者，構成一頗為特殊之「生元論」。

內業云：

> 得道之人，理丞而屯泄（丞，升也。屯作毛。泄，發也。王引之說），
> 匈中無敗。

王念孫注云：「言得道之人，和氣四達，蒸泄於毛理之間，故匈中無敗也。」〔註26〕雖此涵養意境，但其最後結論則歸於「養生長壽」為目的。此實與漢黃老術之發衍有絕大關係。至於其述論之過程，則采儒、道合流。

對基型道家，即以老莊為主之道家而言。萬物恃道以生。但管子則以為人之以生，在於天、地各司其能：「凡人之生也，天出其精，地出其形，合此以為人。和乃生，不和不生。」（內業）以「和」之道，為依養生命之原則。具體而言之，在生理方面，即：

〔註26〕參見王著讀書雜志卷八。

凡食之道，大充氣（宋本無此字，據李哲明補）傷而形不臧。大攝
骨枯而血沍（停止也）充攝之間，此謂和成。（內業）

至於勻稱充攝之法，則是「飽則疾動，飢則廣思，老則長慮。」（內業）使精、
形「淪洽（宋本作「論治」，據郭君改）在心，此以長壽。」（內業）

又人之七情六慾，無不隨時緣生因染。其性情、生命亦因之載沉載浮。
故若不爲之圖以節適之道，則「慢易生憂，暴傲生怨，憂鬱生疾，疾困乃死。」
（內業）錯之死地而不返矣。故於思惟運作上雖可生知（智）「思索生知」（內
業）但「思之而不捨，內困外搏，不蚤爲圖，生將巽舍」（內業）反爲大害。

至於「節適」一理論之形上基礎，在管子書謂爲：「知周於六合之內者，
吾知生之有爲阻也。」（白心）查其本源，亦「反者，道之動」一說之延續，
故白心言：「持而滿之，乃其殆也。」且不惟主體之修持上以「節適」，於客
體之觀察，亦甚爲要。白心云：

滿盛之國，不可以仕任。滿盛之家，不可以嫁子，驕倨傲暴之人，
不可與交。

但管子書並無進而言「識」之法，亦即洞察顏色而知有以處之者。然要之，「節
欲之道，萬物不害」是其論之目的。

在修養方面，除以「節適」爲脩持外，其積極則在「平正擅匈」。內業云：

凡人之生也，必以平正，所以失之，必以喜怒憂患，是故止怒莫若
詩，去憂莫若樂，守禮莫若靜，內靜外敬，能反其性。

愛欲，靜之；遇（即愚，章太炎説）亂，正之。

以外在之禮文，得到靜敬之境，故「性將大定」（內業）。此靜敬之境亦即是
「其處也若無知，其應物若偶之」，靜因之道之另一發揮。

從「節適」與「平正擅匈」二者所構架之養生論，茲下此言適可爲上論
之始末，內業：

人能正靜，皮膚欲寬，耳目聰明，筋信（通申）而骨強，乃能戴大
圜，而履大方，鑒於大清，視於大明，日新其德，偏知天下，窮於
四極，敬發其充，是謂內得。然而不反，此生之忒。

第三章　管子之法家學說

　　管子書雖兼陳先秦諸家學說，然大體上，仍以言法家者爲多，爲先秦法
家言之又一大結集。唯其屬法家學說者錯散各篇，均無統序。近人石一參管
子今詮將管子書重裁定其篇次，並芟移其內容時，於法家學說者云：「今就法
法、任法、明法、正世、法禁、重令、禁藏諸篇，及旁見於他篇者，彙而錄
之，其冗雜者釐而出之，俾後之言法治者覽焉。」〔註1〕遂以法法、重令、明
法、任法、正世、法禁等六篇歸爲法家言。另於管學中別條所謂政家言、權
謀家言（按指非爲法家學說之政治理論）與計家言（按指經濟政策）者。用
力不可謂不深，但多以己意爲之，拘攣補衲，乖違離經者，往往可見。〔註2〕
蓋不明法家學說之產生與法家學說之主旨，實與時代背景密切攸關。亦即法
家學說若無春秋戰國時，歷史環境之推波助瀾，則便不足以刺激管商申韓等，
各制新法以勵精圖治。亦無有因管商申韓等所造就枝葉扶疏之法家學說。換
言之，法家學說實與先秦歷史政治推移苗長，及管商申韓等人所深負之治國
重任有關。故其學說不惟重法治，主刑賞，而是指一切爲治國之具者，如賞
罰、制度與政策等。是爲法家所謂「法」之意義。〔註3〕但本章中並不準備述
及此一廣義之法家，但就其學說理論者探討之。至於涉及法家之實際政治措
施者，則暫置之。

〔註1〕參見石著管子今詮。頁335、頁159及頁413。

〔註2〕另羅著管子探源一卷，唯以法禁、法法、任法、明法、樞言五篇謂爲法家著
　　　作。其他又別條政治家或政治思想家所作，但所據爲何，並無陳述。其舛誤
　　　甚多，然非本論文之所及，故不贅述，近人婁良樂管子評議一書，指摘頗多，
　　　亦甚有見地。

〔註3〕參見陳啓天法家述要一文。中央研究院歷史語言研究所集刊四十本下。

第一節　禮治與法治論

管子書中雖以陳述「法」者爲多。並也明「禮」於不足以應付世道人心時，遂衍生「法」取其位而代之。「人之心悍，故爲之法，法出於禮。」（樞言）但禮治之說亦常見於各篇。而雖然管子書各篇作者、時代未確，但禮治、法治並列一篇者，亦輒屢見之。是否暗寓此時儒家學說尚未顯衰微之象。

按「禮」爲儒家所重，是舉措之準則，其不同於法治，蕭公權對此禮、法並廁作解釋云：以狹義之禮、法，即儀文等差與刑罰而言，儀多刑少是爲禮治，刑多禮少是爲法治。故荀子雖明刑，猶不失爲儒家。管子雖明禮，而不失爲法家。禮法之間無絕對之分界。〔註4〕換言之，即以用禮、刑量之多寡，爲區別儒、法之治。然事實上，法治、禮治二者之區別，實在從對人性認識之不同，及其因之而對人之價值之抑揚。於儒家言，除以禮辨貴賤等級外，更重在表達所蘊涵雍容氣象之文化精神。故子曰：「禮云、禮云，玉帛云乎哉。」（論語陽貨）是以，「儀文等差」並非禮治精神之所在。而法者則不然，法以爲政用，公平無私，並造就效率化是其精神。前者視人有自發性，爲自然之流露。後者則視人唯被動，「引之而來，推之而往，使之而成，禁之而止。」（任法）爲不得不然爾。而之二者，由其旨趣之各異，故所產生之效果亦有所不同：「道之以政，齊之以刑，民免而無恥。道之以德，齊之以禮，有恥且革。」

而此所謂儒家學說尚未完全衰微者，乃指非惟主法家政治，且亦主儒家政治，二者輒兼陳並廁，竟難稀釋其一而自存。七法篇「七法（宋本作「四傷」，據趙本改）」述治國之道者有七：

> 勝敵國有理，正天下之分，則、象、法、化、決塞、心術、計數。
> 根天地之氣，寒暑之和，水土之性，人民鳥獸，草木生物雖不甚多，
> 皆均有焉。而未嘗變也，謂之則。義也、名也、時也、似也、類也、
> 比也、狀也，謂之象。尺寸也、繩墨也、規矩也、衡石也、斗斛也、
> 角量也，謂之法。漸也、順也、靡也、久也、服也、習也，謂之化。
> 予奪也、險易也、利害也、難易也、開閉也、殺生也，謂之決塞。
> 實也、誠也、厚也、施也、度也、恕也，謂之心術。剛柔也、輕重
> 也、大小也、實虛也、遠近也、多少也，謂之計數。……故曰：治

〔註4〕參見蕭著中國政治思想史上。頁200。

民（宋本作「和民」，據戴望改）一眾，不知法不可。變俗易教，不
知化不可。馭眾移民，不可。馭眾移民，不知決塞不可。布令必行，
不知決塞不可。布令必行，不知心術不可。舉事必成，不知計數不
可。

「化」教化人民，「心術」體恕人民。二者爲儒家所重。「法」及「決塞」則
所以用民之道，爲法家所主。正示儒、法合治之迹。版法篇亦云：

舉所美必觀其所終，廢所惡必計其所窮。慶（賞也，豬飼彥博説）
勉敦敬以顯之，富祿有功以勸之，爵貴有名以休之。兼愛無遺，是
謂君心（宋本作「謂君」，據解文改）。必先教順（宋本作「順教」，
據陶鴻慶改），萬民鄉風。

此愛民無遺、慶勉敦敬顯非法家政治原則，正見儒者之治。但其下接云：

罰罪有（宋本作「宥」，據王念孫改）過以懲之，殺僇犯禁以振之，
植固不動，奇衺（宋本作「倚邪」，據王念孫改）乃恐。倚革邪化，
令往民移。

以刑戮震懾民心爲手段，然后有至治之效。又顯非儒家之德治，而爲法家之
法治也。尹注於「版法」二字釋題云：「選擇政要，載之於版，以爲常法。」
則知此治國之常道，亦禮法兼之。

政治之道在獲取民心，但儒家其不同於法家者，儒家本「民吾同胞，物
吾與也」而得民心。法家則意在得民而用之。故法法云：「大國之君所以尊者，
何也。曰：爲之用者眾也。小國之君所以卑者，何也。曰：爲之用者寡也。」
管子書於此持兩造之説，一則從儒家之愛民，一則從法家之用民。

孟子離婁上云：「孟子曰：桀紂之失天下也，失其民也。失其民者，失
其心也。得天下有道，得其民，斯得天下矣。得其民有道，得其心，斯得民
矣。得其心有道，所欲與之、聚之。所惡，勿施爾也。民之歸仁也，猶水之
就下，獸之走壙也。」以國家興亡，在民心向背。得民者昌，失民者亡。得
其民有道，唯在行仁者之治。牧民篇具陳儒家思想，而下文適足以歸孟子之
意：

故從其四欲，則遠者自親；行其四惡，則近者叛之。故知予之爲取
者，政之寶也。

故司馬遷將管晏合傳，是史公有見於此歟？樞言篇有儒道法三家之説。於儒
家之屬：

> 樞言曰：愛之、利之、益之、安之四者道之出，王者用之天下而治
> 矣。帝王者審所先所後，先民與地則得矣，先貴與驕則失矣。是故，
> 先王慎貴在所先所後。

又曰：

> 先王取天下，遠者以禮，近者以體（親也，尹注）。體禮者，所以取
> 天下；遠近者，所以殊天下之分際。

皆明爲政在愛民，知民情之喜怒，而治之以道，而后天下歸服焉。是儒家政治之理想。

君臣上篇雜陳儒、法二家之言，然有異於前文所言者，此多申儒家言以爲法家用。

> 是以明君順人心，安情性，而發於眾心之所聚。是以令出而不稽，
> 刑設而不用。先王善與民爲一體，與民爲一體，則是以國守國，以
> 民守民也。然則民不便爲非矣。

按儒家之治，在令人人主動「各正性命」（易乾象），故其終極目標其實亦在使「魚相忘乎江湖，人相忘乎道術」（莊子大宗師）無君民之分之政治理想。但此處雖亦以儒家之「順人心，安情性」爲治，實則是以之爲手段，達到令「民不便爲非」此一目的。換言之，此儒、法合治者，其實爲假儒家政治之方法，而期法家政治之理想，終歸是法家學說之本質。

以是，於法家而言，「愛民」乃出於政治上之不得不然，其初在圖霸國之治，雖亦愛民一道，然已異其神髓：「明王之務，……論賢人，用有能，而民可使治。薄稅斂，毋苛（宋本作「苟」，據王念孫改）於民，待以忠愛，而民可使親。三者，霸王之事也。」（五輔）而法家之又一變，則逕棄「愛民」獨標「用民」之意矣。

法法篇爲管學法家思想之代表者，將「用民」一策直言無諱曰：

> 計上之所以愛民者，爲用之愛之也。爲愛民之故，不難毀法虧令，則
> 是失所謂愛民矣。夫以愛民用民，則民之不用明矣。夫至用民者，殺
> 之危之勞之飢之渴之。用民者，將致之此極也。而民毋可與慮害己者。

以用民計而愛民。而愛民之道，亦一變爲「止民所好，而行其所惡」，民所好者逸樂，民所惡者勞苦。而民安佚則國弱，民勞苦則國彊，故爲霸王計，在「明法在上，道法行於國，民皆舍所好，而行所惡。」（法法）「是故屬之以八政，旌之以衣服，富之以國稟（宋本作「裏」，據王引之改），貴之以王禁，

則民親君可用也。民用則天下可致也。」（君臣下）是法家學說之所主。

　　綜上述，可歸得管學中有三至之政治理想：一者禮治，二者儒法合治，三者法治。而法治思想中，又有以愛民為手段，及轉至以用民為手段者。此一現象，除說明各篇作者之政治理想不一外。其可揣度者，一在知法家其所以取於儒，亦從而棄儒主法之迹。一在從而推管子書之時代背景，或在法家將興，而儒家將替之際歟。故其學說面貌亦因以致異焉。

第二節　法　論

　　法家學說既所以代興於政治之所趨向，則其學說之目的，必期於國治。而是時，國治在致富與強兵，造成春秋戰國時期饒富特色之農戰政策。然則所以確效推行農戰政策之法者何？「兵必勝敵國矣，而不明正天下之分，猶之不可。」（七法）此「正天下之分」者何？則、象、法、化、決塞、心術、計數等「七法」也。雖亦「法」之謂，然此處所稱者，乃指所以行之之道，為行事之方法或途徑，非法家之所意者。唯「七法」中「法」下云：「尺寸也，繩墨也，規矩也，衡石也，斗斛也，角量也，謂之法。」就「法」之性質言，言「法」乃外在客觀條件行事之準則。更言之，即一放諸天下而皆準之制度。除一名「法」，在管子書中，又且以「律」、「令」、「法令」及「法律」（注五）等舉稱之，各代表法（廣義）之一端。

> 夫法者，所以興功懼暴也。律者，所以定分止爭也。令者，所以令人知事也。法律政令者，吏民規矩繩墨也。……法令者，君臣之所共立。（七臣七主）
>
> 不為愛民枉法律。（法法）
>
> 令不行，則百吏皆喜。（法法）

詮稱不一，亦皆各有所指，如謂賞罰為「法」，法條為「律」，及示人者「令」。然其在指謂皆係一種法文規則，為眾必遵行者，則一也。又由其歧稱，可推知「法」必行之已久，深植於當世，且正漸演申其理論，故有以名之。

　　雖然，猶有可資疑問者。「法」此一理念之受重視，其故安在？法家學者對此提出何種見地？（此詳見後文）又「法」之內容為何？於茲，先就管子書者論之：

一、法之理論基礎——人性論

樞言曰：

> 人故相憎也，人之心悍，故爲之法。法出於禮，禮出於治。治禮，
> 道也。萬物待治禮而后定。

從右文中，可分析得管子書對「法」之理念有四：一者，於人性之認識爲「惡」
之一面。二者，「法」從「禮」出。三者，肯定「法」具強制性甚於「禮」。
四者，「法」、「禮」皆出於不得不然，其初在欲由以致「道」。君臣下有文論
國家之起源，適可與之互見其義：

> 古者未有君臣上下之別，未有夫婦妃媲（宋本作「妃」，據丁士涵改）
> 匹之合，獸處羣居，以力相征。於是智者詐愚，強者凌弱，老幼孤
> 獨，不得其所。故智者假眾力以禁強虐而暴人止，爲民興利除害，
> 正民之德，而民師之。是故，道術德行出於賢人，其從義理，兆形
> 於民心，則民反道矣。名物處違，是非之分，則賞罰行矣。上下設，
> 民生體，而國都立矣。

以人性多詐愚凌弱故，不得不維之以道術德行，不得不禁之以賞罰，故民返
道矣。是知，管學之人性論毋寧較同於荀子：「故必將有師法之化，禮義之道，
然後出於辭讓，合於文理，而歸於治。用此觀之，人之性惡明矣。其善者僞
也。……古者聖王以人之性惡，以爲偏險而不正，悖亂而不治，是以爲之起
禮義，制法度，以矯飾人之情性而正之，以擾化人之情性而導之也。始皆出
於治、合於道者也。」（性惡）以「禮」矯人性之惡者。二者之異，唯在管學
更不得不謂除「禮」外，「法」方爲唯一之有效途徑。茲下試述其詳。

關於管學對人性之認識與價值評估，明法解云：

> 明主之治也，縣爵祿以勸其民，民有利於上，故主有以使之。立刑
> 罰以威其下，下有畏於上，故主有以牧之。故無爵祿則主無以勸民，
> 無刑罰則主無以威眾。故人臣之行理奉命者，非以愛主也，且以就
> 利而避害也。百官之奉法無姦者，非以愛主也，欲以愛爵祿而避罰
> 也。

又云：

> 人臣之所以畏恐而謹事主者，以欲生而惡死也。使人不欲生不惡死，
> 則不可得而制矣。

明人情唯在官能性之趨利避害，然後從事。而人心又悍，故苟無以賞罰持之，

則民好逸惡勞，國事不治，暴人輕犯禁，民幸不見用。正世：

> 故賞不足勸，則士民不爲用；刑罰不足畏，則暴人輕犯禁。民者，
> 服於威殺然後從，見利然后用，被治然後正，得所安然后靜者也。

謂「法」之價值，得縱控人之意志行爲，凌越人性之上。換言之，其以「法」
貶抑人之精神德性心，視人如徒然芻狗，但受制於物性之驅遣。故視「法」
具無上法力，唯「法」乃可滿足、彌補人性之缺憾，可制服人之此一物性。
又禁藏：

> 夫法之制民也，猶陶之於埴，冶之於金也。故審利害之所在，民之
> 去就，如火之於燥濕，水之於高下。

因「法」塑民，杜絕個人之一切意志行爲。然在法家者而言，則謂以「法」
防微杜漸人性之惡，所能滋生之不善者。視茲在「法」下之行舉，爲唯一當
然至善者。故正篇云：

> 弊之以口其口（宋本作「刑以弊之」，據俞樾改）毋失民命。令之以
> 終其欲，毋使民徑（宋本作「明之毋徑」，據劉績改）。過之以絕其
> 志意，毋使民幸。

唯恐滋生「不齊之民」，故一齊之以「法」，民無二議，唯「法」是從，然後
國治可待，是「法」之最大效用，亦「法」之最後目的。

　　人性善惡之議，首發於孟荀。荀子從「禮」學發端，謂以飾人性之惡者，
其外爍之人性論，正足與管學相暉映。然惜於管書著作年代未確，否則將可
益明人性論於先秦之發展概況。至於管、荀之所異者，除法、禮二用外，於
荀學旨趣，又主「虛壹而靜」由以求「道」之法，總之，旨在完成禮教社會。
而管學法家思想之旨趣，則主要在欲捷至政治之目的而已，故不惜壓縮人情
之好惡不同與志趣之有別，以成就事功。又從「食色、性也」此基能之物性、
來強調是乃人之惡者，故不得不以法制之矣。

二、法之創制及其本質

　　法爲治國之大本，乃正所以應世之急，然則其由何人作之？法禁：

> 君壹制其儀，則百官守其法，上明陳其制，則下皆會其度矣。

任法亦云：

> 夫生法者，君也。……置儀設法以度量斷者，上主也。

明法解亦云：

法制獨制於主，而不從臣出。

按法家學說代興於既有政綱之不足以付世之急，而諸侯王莫不欲圖霸於天下，故其學說亦大抵在因應一人之政治野心。於管學，遂以「法」非從君出而後可。

政治之目的在圖霸，政治之對象在百姓，而「法」為唯一之政治途徑，是法家之政治學說。故「法」必觀乎時政，度其緩急而后以立。正世云：

> 古之欲正世調天下者，必先觀國政，料事物，察民俗，本治亂之所
> 生，得失之所在，然後從事。故法可立，而治可行。

時政風俗因時地必有以替變，故「法」必亦因其時而制其宜。是乃管學法家學說之歷史觀。

> 昔者七十九代之君，法制不一，號令不同，然俱王天下者，何也？
> （治國）

> 周書曰：……國更立法以典民則祥。（任法）

知乎古可以立乎今，以長程之歷史觀之，「法」之變易性，實乃應時務之需，為「法」之本質之一。

雖然，「法」為察世隨俗而立，但若就「法」之本身而言，「法」另有一不變性者，正篇云：

> 如四時之不貣（從人求物也），如星辰之不變，如宵如晝，如陰如陽，
> 如日月之明曰法。

即「法」之本質且常且明，堅定恒常、曉諭國人，而后人民可從。任法亦云：

> 故聖君設（宋本作「失」，據洪頤煊改）度量，置儀法，如天地之堅，
> 如列星之固，如日月之明，如四時之信，然故令往而民從之。

由臣守之，民行之「法」，唯其明確惟一，質固定信，是求「法」能普遍推行之基本必要條件。否則臣民無由循其道，亂是以作。法禁云：

> 君之制其儀也不一，則下之倍法而立私理者必多矣。是以人用其私，
> 廢上之制而道其所聞，故下與官列法，而上與君分威，國家之危，
> 必自此始矣。

是即「法不一則有國者不祥」（任法）之謂也。

三、法之實施原則

七臣七主云：「法令者，君臣所共立也。」顯然與前文所言不同，或在作

者非一歟。但無論「法」由君立，抑君臣共立，法家之所以成爲法家，即在於任「法」而治，亦即凡事一憑於「法」，除「法」外，禁絕一切行爲意志：「古之法也，世無請謁任舉之人，無閒（「嫻」之借字，孫詒讓說）識博學辨說之士，無偉服，無奇行，皆囊於法以事其主。」（任法）且重要性亦甚於君：「不爲君欲變其令，令尊於君。」（法法）人君亦不得以一己之好惡，枉「法」以求。故其由誰立，並非屬要，因「法」之本身即爲一客觀公正之存在，重要於「法」當如何施行之，而使得發揮其最大效用：

一者，從親貴行之。重令云：

> 凡令之行也，必待近者之勝也，而令乃行。故禁不勝於親貴，罰不行於便辟，法禁不誅於嚴重，而害於疏遠，慶賞不施於卑賤，而求令之必行，不可得也。

謂「法」當不避親貴，方得取重於天下。而此近者，即連君王亦在當然之數：「明君知民之必以爲心也，故置法以自治，立儀以自正也，故上不行則民不從。」（任法）亦即「王子犯法，與庶民同罪」之謂也。故治世之所以得，也正在明君能「不知親疏遠近，貴賤美惡，以度量斷之。」（任法）實行「法」之公平、無私之精神。

二者，不假於外。任法云：

> 聖君任法而不任智，任數而不任說，任公而不任私，任大道而不任小物。

舉凡智慮、議言、私情、末物皆一概在摒棄之內。因「堪材（宋本作「諶杆」，據孫詒讓改）習士閒（宋本作「聞」，據孫詒讓改）博學之士，能以其智亂法惑上。眾疆富貴私勇者，能以其威犯法侵陵，……天臣能以其私附百姓，翦公財以祿私士。」（任法）「令出雖自上，而論可與不可者在下，是威下繫於民也。」（重令）各自行其所自是，而求「法」之行，國之治，猶緣木而求魚也。故要皆以「法」爲準繩，「萬物百事，非在法之中者，不能動也。」（任法）唯視「法」者，乃天下之至道。

三者，行法必如法。法法：

> 君有三欲於民，三欲不節則上位危。三欲者，何也？一曰求，二曰禁，三曰令。求必欲得，禁必欲止，令必欲行。

因「法」若不如如，則威日下；威日下，則「法」更出；「法」更出，則民愈不從矣。申言之，即「求多者其得寡，禁多者其止寡，令多者其行寡。……

故未有能多求而多得者也。未有能多禁而多止者也。未有能多令而多行者也。」
「號令已出又易之，禮義已行又止之，度量已制又遷之，刑法已錯又移之。
如是，則慶賞雖重，民不勸也；殺戮雖繁，民不畏也。」（法法、上全）此之
謂也。故「憲律制度必法道，號令必著明，賞罰必信密。」（法法）此正民之
經也。按此一主張，頗能緣人情「制民急則迫，民迫則窘」（正世）而說。是
「法」之功能雖具無上法力，但仍有一最高上限，而此一上限即「人情」，若
越此而過之，則「法」亦失其效用矣。然而在「法」之本身，於人民而言，
是否即符人情而設，則非法家所論也。

任法云：「法者，不可不慎（宋本作「恒」，據俞樾改）也。存亡治亂之
所從出，聖君所以為天下大儀也。君臣上下貴賤皆法（宋本作「發」，據丁士
涵改）焉。」是凡此些施行原則，不外為達「法布必行」此一目的而已。是
以設若「行公道而託其私焉，寢久而不知，姦心得無積乎？姦心之積也，其
大者有侵偪殺上之禍，其下者有比周內爭之亂。」（君臣上）「令求不出謂之
滅，出而道留謂之擁，下情求不上通謂之塞，下情上而道止謂之侵。」（明法）
或則內亂，或則國淪見亡，皆由「法」之不立也。是故先王之治國，「威不兩
錯，政不二門，以法治國，則舉錯而已。」（明法）

四、法之功能

七法云：「常令不審則百匿勝，官爵不審則姦吏勝，符籍不審則姦民勝，
刑法不審則盜賊勝。國之四經敗，人君泄見危。」此法度不明之故也。然則
法度若明，其功能為何？治民一眾也。七法又云：

> 不明於法，而欲治民一眾，猶左書而右息之。

而其道如何？號令、斧鉞、祿賞也。「非號令，毋以使下。非斧鉞，毋以威眾。
非祿賞，毋以勸民。」（重令）其所及之能力範圍又為何？法禁篇歷述聖王所
禁者一十又八，但於此一十八項中，可歸納出凡所禁者，一在枉法私行，一
在特行異舉。蓋二者皆委曲「法」，恣意任行，誘人之不從「法」也。然而，
適可見「法」之所趨，無所不及，要在置「法」於上，齊民一道耳。故「士
莫敢詭俗異禮以見於國，莫敢布惠緩行，脩上下之交，以和親於民。（宋本此
有「故」字，據王念孫改）莫敢超等踰官，漁利蘇功以取順其君。聖王之治
民也，進則使無由得其所利，退則使無由避其所害，必使反乎安其位，樂其
群、務其職、榮其名，而后止矣」（法禁）庶幾乎百姓安居樂業於「法」中，

而猶不知其在身。是法其功能之最大效果與最終目標，「藏於國則爲法，施於國則成俗」（法禁）之謂也。故法「任天下而不重也」（任法）。

除治民一眾外，「法」之功能表現於事者，即用以別等級、任職事、選賢人：

> 是故先王制軒冕，足以著貴賤，不求其美。設爵祿，所以守其服，不求其觀。（法法）

> 朝有定度衡儀以尊王位，衣服緄綻盡有法度，則君體法而立矣。（君臣上）

> 君發其明府之法瑞以稽之，立三階之上，南面而受要。是以上有餘日，而官勝其任；時令不淫，而百姓肅給。唯此上有法制，下有分職也。（君臣上）

> 選賢論材，而待之以法，舉而得其人，坐而收其福，不可勝收也。（君臣上）

管子書於政治之目的云：

> 政者，正也。正也者，所以正定萬物之命也。是故聖人精德立中以生正，明正以治國。故正者，所以止過而逮不及也。（法法）正之、服之、勝之、飾之，必嚴其令，而民則之曰政。（正）

是知，政在治國，「法」亦治國。法、政實不二，而爲政以「法」，即所以明法家之爲法家之謂。亦明「法」其功能之所在。君臣上此文，正足以歸其義：

> 君據法而出令，有司奉命而行事，百姓順上而成俗，著久而爲常。犯俗離教者，眾共姦之，則爲上者佚矣。天子出令於天下，諸候受令於天子，大夫受令於君子，君子受令於父母，下聽其上，弟聽其兄，此至順矣。衡石一稱，斗斛一量，丈尺一純（宋本作「緯」，據王念孫改）制，戈兵一度，書同名，車同軌，此至正也。從順獨逆，從正獨辟，此猶夜有求而得火也。姦僞之人無所伏矣，此先王之所以一民心也。（君臣上）

第三節　刑賞論

刑賞，其實亦屬「法」之事，然管子書中對此發明頗多，故特闢一節以明之。

如前文所述，管學論「法」從人之物性言，然事實上，其主要即在言何以立賞罰之由來，禁藏云：

> 夫凡人之情，見利莫能勿就，見害莫能勿避。其商人通貫，倍道兼行，夜以續日，千里而不遠者，利在前也。漁人之入海，海深萬仞，就波（宋本作「彼」，據古本改）逆流，乘危百里，宿夜不出者，利在水也。故利之所在，雖千仞之山無所不上，深淵（宋本作「源」，據王念孫改）之下，無所不入焉。故善者勢利之在，而民自美安。不推而往，不引而來。

緣人情趨利而避害，故勸功以賞，絕惡以罰。九變云：

> 凡民之所以守戰至死而不德其上者，有數以至焉，……不然則罰嚴而可畏也，不然則賞明而足勸也。

故人君操此二柄以成君之勢。「君之所以爲君者，賞罰以爲君。」（君臣下）

賞罰其成唯一誘迫人民死上之具，是以君王若「言是而不能立，言非而不能廢，有功而不能賞，有罪而不能誅，若是而能治民者，未之有也。」（七法）故唯在錙銖必計，分毫不苟，然後乃取信於人。

> 見其可也，喜之有徵；見其不可也，惡之有刑（同形。俞樾說）。賞罰信於其所見，雖其所不見，其敢爲之乎？（權修）

> 用賞者貴誠，用刑者貴必，刑賞信必於耳目之所見，則其所不見莫不闇化矣。誠暢乎天地，通於神明，見姦僞也。（九守）

賞罰一事，本在「賞之於其所善，罰之於其所惡」（禁藏）信賞必罰外，但爲重致其效，管學則懸之以重賞嚴罰：

> 法者，將用民力者也，將用民力者，則祿賞不可不重。……法者將用民之死命者也，用民之死命者，則刑罰不可不審。（權修）

> 夫民躁而行僻，則賞不可以不厚，禁不可以不重，故聖人設厚賞，非侈也。立重禁，非戾也。賞罰則民不利，禁輕則人不畏。……故賞不足勸，則士民不爲用；刑罰不足畏，則暴人輕犯禁。（正世）

按此一重賞罰之主張，於管學法家學說之體系，實構成一矛盾。因一者，若此所益之賞罰，爲在法之外者，則不符學說中「賞罰必信密」此一原則。二者，若所益之賞罰在「法」之內者，則亦不符人情，不符「制民急則迫，民迫則窘」此一原則。然由此一矛盾，適可見其唯功利是尚。甚且者，其尤主重刑以懲之。而管學對此重刑賦予二意義。一在防患於未然，使民不敢爲非，

有刑以至於無刑，是「法」之積極義：

> 故形勢不得爲非，則姦邪之人愨愿。禁罰威嚴，則簡慢之人整齊。……
> 明君者，閉其門，塞其塗，弇其迹，使民無由接於淫非之地。是以
> 民之道正行善也，若性然。故罪罰寡而民以治矣。（八觀）

一則禁於已然之後，以重法震懾之，務收殺一儆百之效，是「法」之消極義：

> 行令在乎嚴罰，罰嚴令行則百吏皆恐。……死而無赦，惟令是視。
> 故曰：令重而下恐。（重令）
>
> 由於管學屢明罰罪信必，故其於「赦」一事云：
>
> 凡赦者，小利而大害者也，故久而不勝其禍。毋赦者，小害而大利
> 者也，故久而不勝其福。（法法）

主當無赦，然后民無倖心。而赦之起，乃本不忍人之心而有，或其情可憫，
或其情可宥。於恤囚，書堯典：「象以典刑，流宥五刑。」「眚災肆赦。」於
愼刑，書呂刑：「五刑之疑有赦，五罰之疑有赦。其審克之。」主要目的乃在
欲以感化之道，使萬民誠服，故易中孚：「象曰：澤上有風，中孚。君子以議
獄緩死。」人君體會中孚理象，溫潤德澤，審察刑獄，期於無罰。但以人性
乃惡而構架之法論，則視此舉不過縱囚犯姦、民之仇讎耳。法法云：

> 民無重罪，過不大也。民無大過，上無赦也。上赦小過，則民多重
> 罪，積之所生也。故曰：赦出則民不敬（同儆，戴望說），惠行則過
> 日益。惠赦加於民，而圄圉雖實，殺戮雖繁，姦不勝矣。

於赦者，有如「犇馬之委轡」。而無赦者，則「痤疽（宋本作「睢」，據孫星
衍改）之砭（宋本作「礦」，據王念孫改）石也。」（法法，上仝）故邪莫若
蚤禁，一者，從省刑事云：

> 以有刑至無刑者，其法易而民全。以無刑至有刑者，其刑煩而姦多。
> （禁藏）

一者，從人之習性云：

> 夫先易而（宋本作「者」，據孫星衍改）後難，先難而後易。萬物盡
> 然。明王知其然，故必誅而不赦。（禁藏）

「所以爲人致利除害也」（禁藏）。是以「正法直度，罪殺不赦，殺僇必信，
民畏而罪。」（版法）方所以治國之道。

從嚴罰毋赦之主張，可知管學欲收事功之急切，而一方面亦顯發其法令
至上之精神。以法令至上故，賞罰之準則，並不在行爲之可否，而在法令已

布否，是爲賞罰之原則：

> 令未布，而民或爲之，而賞從之，則是上妄予也。……令未布，而
> 罰及之，則是上妄誅也。……令已布，而賞不從，則是使民不勸勉、
> 不行制、不死節。……令已布，而罰不及，則是教民不聽。(法法)

又賞罰雖從君出，但亦必得各當其事，不由一人之好惡，「愛人甚而不能利也，
憎人甚而不能害也」(樞言) 否則「喜以賞，怒以殺，怨乃起，令乃廢。」(版
法) 雖然，令布而行、賞罰有由矣。然事之未萌，輒善惡難分，故人君必先
詳事之始末，而行賞罰之實，然后乃人心服：

> 舉所美，必觀其所終。廢所惡，必計其所窮。(版法)

是故，由管學行賞罰之原則，知其重在嚴名覈實。換言之，即令「聲實無閒」
也。

賞罰乃成人民行事唯一之途徑。是以設若賞罰不信，亦即「聲實有閒」(君
臣上)，則非惟反教民邪途，甚或國破而不復矣：

> 令出而留者無罪，則是教民不敬也。令出而不行者毋罪，行之者有
> 罪，是皆教民不聽也。……益損者毋罪，則是教民邪途也。(重令)
> 法虙立而害疏遠，令一布而不聽者存，賤爵祿而毋功者富，然則眾
> 必輕令而上位危。故曰：……賞罰不信，五年而破。(八觀)

由上文知，於賞罰管學主信賞必刑，而爲重致其效，故又主重刑賞，且
以刑罰一事爲尤。但若豐賞罰虐，則如惠主「泰則反敗矣」(七臣七主)。立
政篇首事章言，爲政者當務之急在先明賞罰於天下：

> 凡將舉事，令必先出，曰事將爲，其賞罰之數，必先明之。立 (本
> 字「莅」于省吾說) 事者，謹守令以行賞罰，計事致令，復賞罰之
> 所加。有不合於令之所謂者，雖有功利，則謂之專制，罪死不赦，
> 首事既布，然后可以舉事。

適可以知刑賞於其政治之地位，乃百事之首，行令之鑰。

第四節　君臣論

管學法家學說之指趣，主要乃欲於政治上組織成一體系，爲治國圖強之
藍本。而政事之所繫者，上爲人君，下爲人臣，君臣道諧，然後國治。是故，
於君臣所各應自持之道，及其間之相互對待，並由是而演繹出君臣間之理想

關係，亦成為管學法家學說主題之一。以是，本節凡分論三事，明其學說之一端。一者君術，二者君勢，三者君臣之道。

一、君　術

法家之「術論」，由申不害發其義，明人君御臣下之道。其後，韓非更豐其羽翼，成為法家學說特色之一。然管子書雖卷帙浩繁，唯甚少及於此。忒中有一二語，然亦未確其義，亦未發衍其說，零落錯散，於申韓之「術論」相較尚遠，誠無足觀。然若檢視其間，亦猶可得其形似，故竊移其詞稱，聊樹一端以論之：

君臣上云：

> 是故主畫之，相守之；相畫之，官守之；官畫之，民役之。又有符節、印璽、典法、筴籍以相揆也。此明公道而滅姦偽之術也。

又云：

> 天子出令於天下，……此至正也。從順獨逆，從正獨辟，此猶夜有求而得火也。姦偽之人無所伏矣。

又云：

> 為人君者，執要而待之，則下雖有姦偽之心，不敢殺也。

不外謂人君當抱法而立乎君位，則公法行而私法滅。公法行，則姦偽之人亦無敢越雷池一步。私法滅，則姦偽之人可驅遣矣。除此，管學又以苛察慎微、刑罰嚴重為嚇阻姦偽之資。君臣下云：

> 明君在上位，便僻不能食其意，刑罰必近也。大臣不能侵其勢，比黨者誅明也。

九守亦云：

> 刑賞信必於耳目之所見，則其所不見，莫不闇化矣。誠暢乎天地，通於神明，見姦偽也。

然而無不勝之法與無不禁之刑，除用以遏絕已然之姦，及姦之大者外，管子書於此又多以從人君之自我修養言，如其於無私之德言：「不為愛親危其社稷」（七法）、「不為愛人枉其法」（七法）。於堅其志行云：「凡將立事，正彼天植，風雨無違，遠近高下，各得其嗣，三經既飾，君乃有國，……兼愛無遺，是謂君心。」（版法）積極防患姦生於未然。皆所以在顧全國家大計。而對此人君之自我修養發論最多者，以九守篇為尤：

安徐而靜，柔節先定，虛心平意，以待傾（宋本作「須」，據俞樾改）。
（主位）

目貴明，耳貴聰，心貴智，以天下之目視，則無不見也。以天下之
耳聽，則無不聞也。以天下之心慮，則無不知也。輻湊並進，則明
不塞矣。（主明）

假舍「道」之法：「凡道無所，善心安處，心靜氣理，道乃可止。」（內業），
比於人君之治理國事，言人君當處乎舍道之位，「能正能靜，然后能定，定心
在中，耳目聰明，四肢堅固。」（白心）即把持其神明心，虛心、明目、聰耳，
則無不知聞矣。此蓋乎從道下降於人事之用，故漢志於道家評曰：「此君人南
面之術也。」豈其來有自歟。

管學中，亦有甚於自我修養之言者，言人君當持「術」以守之；此說以
明法解篇為多，如：

明主者，有術數而不可欺也。審於法禁而不可犯也，察於分職而不
可亂也。故群臣不敢私，貴臣不得蔽賤，近者不得塞遠，孤寡老弱
不失其所職。意內明辨，而不相踰越。

主無術數，則群臣易欺之。

明主操術任臣下，使群臣效其智能，進其長技。……守法而遠之，
身無煩勞而分職。

則此術數亦所以防微杜漸，洞察臣下詭言異行之所當必備者。然而，究其實
質，亦不過明人君抱法，即所以持術數也。雖然，猶有異於此者，七臣七主
云：

（申主）任勢守數以為常，周聽近遠以續明。

此「周聽近遠」，其「術」之謂乎。九守主參下亦歷舉人君如何使臣下無以藏
奸之法。而如若不然，則姦藏於下，亂犯於上矣：

人主不可不周，人主不周，則群臣下亂。寂乎其無端也，外內不通，
安知所怨。關閉不開，善否無原。（九守）

以道體之虛無不測，「詝乎聞其音，卒乎乃在於心，冥冥乎不見其形，淫淫乎
與我俱生。」（內業）謂人主謹密其行舉，亦在「寂乎其無端」，則人臣不得
食其意，姦亦無由肇端。至於所以行之之道，則在：

一曰長目，二曰飛耳，三曰樹明。明知千里之外、隱微之中，曰動

姦，姦動則變更矣。（九守）

正乃周聽近遠之具體實行也。

聽之術曰勿望而距，勿望而許，許之則失守，距之則閉塞，高山仰

之不可極也，深淵度之不可測也。神明之德，正靜其極也。（九守）

使意志無見乎形色，「修心靜意」（內業）乃周，刖人臣不得度君之意以逢迎趨避。

　　總之，管子書於「術論」，並非外在積極建立一偵辨姦邪之術以防其臣下，而是以人君之於其臣下，除假之以法以制之外，於人君之本身，則由君德，亦即自我修養之躬親蓄行啓其端，則容光必照，臣下之姦終無得以藏焉，且亦無得乘君之際而入矣。是以管學並無所謂「術論」，實則只能言從對於君德之要求，而君德之有，又不過爲事功論之結果，故其於君德之要求，但爲一變相偏狹之君德論而已。

二、君　勢

　　「法」是管學法家學說之主體，「術」則爲君德說之續餘，所以防臣下亂上者。而「勢」則人君所以成人君之尊之資也。法法云：

凡人君之所以爲君者，勢也。故人君失勢則臣制之矣。勢在下則君

制於臣矣，勢在上則臣制於君矣，故君臣之易位，勢在下也。

然而，何謂「勢」？

權勢者，人主之所獨守也。故人主失守則危。……權斷於主則威。（七

臣七主）

即權力也。乃人君所得獨擅。故人君非必在其德行威嚴獨能盡賢於人，而在有「勢」。是以，人臣不敢論其德行之高卑（見法法）。然而，「勢」何以爲人君之所必持，其所以造成之效用爲何？明法云：

夫尊君卑臣，非計親也，以執勝也。

從君臣間之利害關係，以爲發展「勢」所以重要之因，及其所能造成之功效。實際上，此一理論仍不過爲前述人性論之發揮。蓋人皆有趨利避害之心理，設若人君無「勢」以頤使臣下，則臣下不從矣。又設若「勢」爲臣操，則人君反爲牛馬。皆不合管學尊君之論題，故其下明法解云：

明主在上位，有必治之勢，則羣臣不敢爲非。是故羣臣之不敢欺主

者，非愛主也，以畏主之威勢也。百姓爭用，非以愛主也，以畏主

之法令也。故明主操必勝之數，以治必用之民；處必尊之勢，以制
必服之臣。故令行禁止，主尊而臣卑。

「勢」乃爲服人之器用也。勢在君，則臣下服且民見用，令無不行，國遂以
疆矣。

又，「勢」之內容爲何？

令重於寶，社稷先於親戚，法重於民，威權貴於爵祿。故不爲重寶
輕號令，不爲親戚後社稷，不爲愛民枉法律，不爲爵祿分威權。故
曰：勢，非所以予人也。

以法令、社稷、威權皆爲人君所擅勢之一端。然要之，「勢」所表現於人事者，
三器與六柄也。

三器，重令云：

凡先王治國之器三，……三器者何也。曰：號令也，斧鉞也，祿賞
也。……三器之用何也？曰：非號令無以使下，非斧鉞毋以威重，
非祿賞毋以勸民。

蓋治國存乎法令爲法家政治之特色。又生法者君也。是以「令重則君尊，君
尊則國安，故尊君在乎行令。」（重令）設若「令出而論可與不可者在官，是
威下分也。」（重令）則主道卑矣。

六柄，任法云：

故明王之所操者六，生之、殺之、富之、貧之、貴之、賤之，此六
柄者，主之所操也。

法法又云：

曰：人君也，故從而貴之，不敢論其德行之高卑。有故，爲其殺生
急於司命也，富人貧人使人相畜也，貴人賤人使人相臣也，人主操
此六者以畜其臣，人臣亦望此六者以事其君。

以人君操臣民生殺予奪之權，更見君勢之甚者。故若一旦「奪柄失位，而求
令之行，不可得也。」（任法）是知，君勢與法之關連性。

綜上所述，管學之勢論，即指人君所處之勢位，與人君必擅之以法令，
乃完成君勢之表現。亦即，處君之位，故擅君之法。法若不尊，則君威下分，
君勢無有。君勢不可得，則令亦不可行。故「法」之於「勢」，即法所以成「勢」
之名，故「無實則無勢，失轡則馬焉制」（七臣七主），人君無得收使臣下之
行爲。而「勢」之於「法」，即使法得以穩固推行者也，二者並存，皆在維護

家國穩定、君之尊嚴，則一也。

三、君臣之道──道法關係

　　政治之對象在民，而君臣爲政治之核心，所以操職事者也。故君臣人民、上下諧和，然後乃天下治。先秦諸子中，對此君臣之道發揮最多者，以儒、法二家爲多。然二家旨趣不一，其所偏治者，也因之各異。蓋儒家重德治，本「民吾同胞，物吾與也」之胸懷故，多從人民言理想之政治。而法家重法治，本富國圖強之目標故，多言君臣何以分治之道。又以其襲家天下觀念，故尤重於人主守其位而君之之道。此於管子書之法家學說者亦然。

　　管學認爲術、勢即所以握君位之資者，而法雖亦人君之所操，然法於君臣，乃所以推行政治之所在。以是，由君臣其所各當司之職責，及其間相對待之道，所衍化出君臣間之理想關係，是管學法家學說之理想政治結構。而雖然，於君臣而言，人君分司職能於其臣下，而后下以任上，上以食下，本即屬政治原理，爲五倫之一款。然而，管學於此，則將此原理，從道化之觀念中轉出，遂構成「道象於上，德化於下」，道德合一，則君無爲而天下治之政治景觀。對此議言最多者，以君臣篇爲尙。

> 道者，成（宋本作「誠」，據陶鴻慶改）人之生（宋本作「姓」，據戴望改）也，非在人也。而聖王明君善知而道之者也。是故，治民有常道，而生財有常法。道也者，萬物之要也。爲人君，執要而待之，則下雖有姦僞之心，不敢殺也。夫道者虛設，……民治財育，其福歸於上，是以知明君之重道法而輕其國也。（君臣上）

以「法」之內容而運作以「道」之法則，故明君重道法而輕其國。而君臣之分司職能，遂爲：

> 上之人明其道，下之人守其職，上下之分不同在，而復合爲一體。（君臣上）

> 爲人君者，修官上之道，而不言其中。爲人臣者，比官中之事，而不言其外。（君臣上）

> 吏嗇夫任事，人嗇夫任教，……如此，則人君之事究矣。是故，爲人君者，因其業，乘其事，而稽之以度。（君臣上）

> 是以，爲人君者，坐萬物之原，而官諸生之職者也（君臣上）

以人主處「獨立而無稽」（君臣上）之位，人臣處「智能聰明」（君臣上）之職。一者抱法而處乎無爲，一者循法而立乎有爲，是即「心道進退，刑道滔赴」（君臣下）之謂也。以溝通於其間者，則爲無不爲之「法」。

> 君據法而出令，有司奉命而行事，百姓順上而成俗，著久而成常，
>
> 犯俗離教者，眾共姦之，則爲上者佚矣。（君臣上）

是知，君之無爲由「法」之無不爲而來，君執無不爲之體，猶君執無不爲之「道」，而處道體之無爲。而臣之有爲亦由「法」之無不爲而致，臣如「道之舍」，化育萬物之德，故行無不爲之事。君臣異勢，君逸臣勞，以達於一。道一，德一，則布政均平，而定於一。民有軌範矣。

> 是故別交正分之謂理，順理而不失之謂道。道德定，而民有軌矣。（君臣上）

第四章　管子道法與先秦道法之比較

第一節　管子之道家與先秦之道家

一、先秦道家學說

　　漢書藝文志諸子略道家類下載籍甚豐，但詳徵其確可信者，且今有是書，於先秦中唯老子、莊子二大典籍，是爲道家主流。然而，若既明道家思想其所以產生，實時代背景有以致之，其欲超脫於世俗之精神意識，則必知此所謂道家者流，於當時蔚爲流尙，〔註1〕而非僅以二人數。然又進而言之：其既已能創新一思想，且又繼之以著述傳世者，則非靈傑超然之士莫能也。今漢志之作，既務於「以備篇籍」爲事，而非在條陳先秦之道家者流，且古人多無著述之事，又傳載亡失，故亦無足怪今所存者之少也。又以行誼超特，散見於先秦文獻中之道家者流，亦爲有限。此或與道家之徒，大抵以隱名遁形爲志，不欲見乎世用有關，故其行迹多闇而不彰，乃如太史公書老子傳，或曰凡三人（史記老子傳）。

〔註 1〕漢志源流九流十家，各示其所從出，其在道家云出於史官。此說致議頗多。概乎言之，亦稱得理。因王官散，百家興。本是當時形勢。然漢志以「虛無無爲」爲術用，資判義道家（司馬談「論六家要旨」同此），則非能緣委始初，而以漢初「黃老之治」景況先秦道家，固非可取。又若從人物行誼，以避世不見世用，不苟合於世者爲稱「道家」，如隱者逸民長沮、桀溺、顏淵等人。則將引致對「道家」一詞界義之紛擾。故嚴格別之，類此之流，吾人只謂是具「道家式」意念者。雖在凡犖，亦可因景緣情而有之。是故，本文所謂「道家」乃一已發衍爲學說，且具學術價值者，方爲取焉。

　　雖然，先秦文獻中，其略而可得以考道家之流者，猶在莊子天下、荀子非十二子、解蔽及呂氏春秋不二篇等中之文字。剖析尋繹之，雖不能如儒家得思想發展脈絡之清晰，然若以鏡委先秦道家其思想理型發展之種類，則亦庶幾可得，聊成一局。以是，則管子書其道家思想者，亦將得以烘托其在先秦道家流衍上所處之勢位。

（一）楊朱、魏牟

　　楊朱〔註2〕其人已不可考，亦未嘗聞著書之事。然孟子書中屢以「楊墨」並稱：「楊朱墨翟之言盈天下，天下之言不歸楊則歸墨。」（滕文公下）「孟子曰：逃楊必歸於墨，逃墨必歸於儒。」（盡心下）則楊朱之學說，必在儒墨並稱「顯學」之後，而儒家漸圮，墨家猶方興未艾之時，取代儒家昔日之地位。孟子有見於此，乃以聖人之徒自任，力拒闢之：「今之與楊墨辯者，如追放豚，既入其苙，又從而招之。」（盡心下）唯此而後快意。

　　雖然，已知楊朱之說造成望風披靡之勢，至於楊朱其所資之學說內容為何，則古籍多缺失。今可據者，唯孟子與呂氏春秋之片言斷語爾。

　　孟子：「楊氏為我，是無君也。」（滕文公下）又：「孟子曰：楊子取為我，拔一毛而利天下不為也。」（盡心上）

　　呂氏春秋不二篇：「楊朱貴己。……皆天下之豪士也。」

　　是知楊朱學說以「為我貴己」為主。然而墨子之「無我」與楊朱之「為我」兩相反之學派，如何得並見容於世？大凡人處亂世，既遭切身之痛，則莫不思有以治之之道。故於墨者流則呼聲疾走，必死而無返。然而，世治未平反以加劇。蓋人多私心自用，抑者各以己之所是，非人之所是。是以欲靜天下無途矣。楊朱遂曰「為我」－拔一毛以利天下不為也。關於此點，人多譏之以為極端自私主義者。而倖有列子楊朱篇〔註3〕述此說之始末，楊朱方得盡釋前嫌：

　　　楊朱曰：古之人損一毫利天下不與也。悉天下奉一身不取也。人人
　　　不損一毫，人人不利天下，則天下治矣。

其意謂息眾說，止眾行，而後天下可安。是所謂不言利天下，而所以利天下

〔註2〕　參見蔣伯潛諸子通考。頁183～185。及錢著先秦諸子繫年，楊朱考。但錢說過於武斷自用，不可從。

〔註3〕　列子其書，人多以為偽作者，非列子所撰。但其中楊朱、說符二篇猶有主足稍信其為真者。如胡適、屈萬里二氏。詳見中國古代哲學史。頁31（胡著）。先秦文史資料考辨。頁495～498（屈著）。

之道也。管子心術上：「必知不言之言，無爲之事，然後知道之紀。」其此之謂乎。

至於「爲我、貴己」之具體發展，則轉成極端至樂，縱欲之人生觀。（詳見楊朱篇）。在荀子非十二子中亦曾對此種縱慾思想大加撻伐，唯非意指楊朱，更見彼時此說之泛濫：

> 縱情性，安恣睢，禽獸行，不足以合文通治，……它囂、魏牟也。

它囂、魏牟二人行誼亦不詳。考魏牟即公子牟。漢書藝文志有公子牟四篇，在道家。是知魏牟亦爲道者之徒也。

（二）慎到、田駢、彭蒙

關於慎到、田駢、彭蒙之三人之生平事迹，或曰有師承關係。〔註4〕但未可確考。今僅可自莊子天下與荀子非十二子、呂氏春秋不二等文，得其學說大概，另慎子有輯佚本行世，亦可資參證。

然而從此些資料中，斯二文之作者對慎到等人之批駁竟如是言：一說其道家者，天下篇是；二說其法家者，非十二子篇是。按道、法二家，一主自然，一重人爲，意趣相反，然則慎子者流如何兼而有之？

陳駢（即田駢）「貴齊」（不二篇）一說是其關鍵處。按莊子亦有「齊物」之論，其由「喪我」入，蓋在破我執、明萬物與我不二，「和之以是非，而休乎天鈞」，臻乎精神共遨遊之境。然慎田者流則以爲唯「齊萬物以爲首」，爲能得天地之道，故其以「均齊」爲目的。其方法在自我修持方面則棄知棄己，泠汰於物，與物輓斷，至於若無知之物。乃大異於生機盎然之莊周，以是徒致「死人之理」之譏。在對待萬物而言，由於此說在齊形器之物我，而形器之物我爲絕不可齊，慎田輩認清此主觀上之困難，遂不得不訴諸於客觀上之「法」，「法之所加，各以其分」、「所以去私塞怨也」（全見慎子君人篇），故「法雖不善，猶愈於無法，所以一人心也。」（慎子威德篇）正示「法」乃所以爲齊天下之道。天下篇：「公而無當（黨），易而無私，決然無主，趣物而不兩。」其暗寓歟。而荀子則直斥之曰：

> 尚法而無法，下脩而好作。……終日言成文典，反紃察之，則偶然無所歸宿，不可以經國定分。（非十二子）

言其重法治而不知賢人德治，「蔽於法而不知賢」（解蔽）是雖爲儒家觀點，

〔註4〕參見先秦諸子繫年。慎到考及田駢考。

而荀子所尚之禮文略如於法，其猶不以爲然若是，則愼子之重「法」又可見一斑。

先秦道家中，主要二思想理型，其一關、老，其二莊周。而先秦典籍中唯莊子天下篇爲肯綮之評述。由於本文此旨在指撝其思想理型，非析理二說之內容，故雖之二者體大思精，備二鉅作，則不論列焉，僅就天下篇以言之。

又道家之另一人物列子，唯莊子書多載其人事，但莊書多以寓言爲之，未可確辨。至於今列子書，亦信實未確。〔註5〕是以有關列子之文字，皆付諸闕如。今獨呂氏春秋不二篇有評：「列子貴虛」一語。考諸莊子應帝王，允稱吻合。是以要約可知，苟有列子其人，亦以「虛」爲體者，與關尹相去不遠。

（三）關尹、老聃

關尹，其人今已茫不可考。〔註6〕史記稱老子五千言，乃應關尹之請而作。漢志道家類錄關尹子九篇。〔註7〕又天下篇以關尹與老聃並稱，則尹當亦爲道家之徒。而有關老聃其人之說，今更多所臆測推論，不能確信。而史記所稱恰與天下篇符合，故此以爲老聃即著道德經之老子。〔註8〕

關、老合稱，既自天下篇始，則必有其由，天下篇云：

> 以本爲精，以物爲粗，以有積爲不足，澹然獨與神明居，古之道術
> 有在於是者，關尹老聃聞其風而悅之。建之以常無有，主之以太一，
> 以濡弱謙下爲表，以空虛不毀萬物爲實。

以爲二氏學說思想之所同者，蓋皆從體道上著手。爾後建立爲在生活上之金科玉律。然二氏各體於道性之二端，故其說亦各有所偏。在關尹，天下篇云：

> 在己無居，形物自著，其動若水，其靜若鏡，其應若響，芴乎若亡，
> 寂乎若清，同焉者和，得焉者失，未嘗先人，而常隨人以虛己、無
> 己爲自我之修持。

故靜、故退。是重於「空虛不毀萬物爲實」者。在老聃，天下篇謂：

> 知其雄、守其雌，爲天下谿。知其白、守其辱，爲天下谷。人皆取

〔註5〕 按此論至爲紛雜。詳見僞書通考（張心澂）、續僞書通考（鄭良樹）及諸子通
　　　 考（蔣著）三書。而今之翻案文章，嚴靈峯（列子辯僞及其中心思想一書）及
　　　 周紹賢（列子要義一書）二氏則逕謂其爲列子所著或存以列子思想精義之書。

〔註6〕 蔣伯潛以爲史記及天下篇所記皆不可信，是虛構之人物。詳見諸子通考，頁
　　　 182。錢穆則以爲關尹即環淵（便蜎）。詳見先秦諸子繫年。頁207～211。

〔註7〕 今關尹子九篇爲僞書。詳見屈著先秦文史資料考辨。頁492～493。

〔註8〕 史記老莊申韓列傳：「老子者，……諡曰聃。」天下篇。

> 先，己獨取後，曰：受天下之垢。人皆取實，己獨取虛，無藏也，
> 故有餘。歸然而有餘。其行身也，徐而不費。無爲也而笑巧。人皆
> 求福，己獨曲全，曰：苟免於咎。以深爲根，以約爲紀。曰：堅則
> 毀矣，銳則挫矣。

體道之「反」性，故用之於人生，其貌也弱而退。是重於「以濡弱謙下爲表」
者。而合關、老所擅，則其爲「道」之全矣。

（四）莊　周

　　先秦道家學說中，獨樹一幟於衆者，非莊周莫屬。莊周，生平不詳，有
書行世，其中內七篇確考爲莊周自作。蓋莊子所謂之「道」，非同關、老於物
外他建一客觀之「道」，而是於探勘生命之內涵與意義中求得。故其言「道」
亦恒取譬於生活中事，及物之大者、遠者、奇者，使人既知處乎其間，又且
能自拔於其外，直尋宇宙間之精神價值，倜儻自適，不爲外物所累。

> 寂寞無形，變化無常，死與生與，天地並與，神明往與，芒乎何之，
> 忽乎何適。萬物並羅，莫足以歸。……莊周聞其風而悅之。……獨
> 與天地精神往來，而不敖倪於萬物，不譴是非，以與世俗處。……
> 上與造物者遊，而下與外死生無終始者爲友。（天下篇）

乃至「芒乎昧乎，未之盡者」，對宇宙間之生命之價值與意義，永予以肯定、
推崇。其得道而入乎無間，故其情神而跌宕。而關、老則不然，其體道而後
居靜，故其情閑以守朴。斯爲莊、老學說之絕異者。

二、管子道家學說與先秦道家學說

（一）道　論

　　先秦道家學說中，老、莊並舉「道」。謂：道體絕對且無限，流敷遍處，
萬物以作，以養以成。但如前述，察乎其間於內涵上之差異，老子之道於本
體之探賾爲多；而莊子則意在轉「道」入「境」。〔註9〕老子重在將道之特性，
如反、柔……等運用於人生；而莊子則揚棄反求精神境界之超昇。相同，管
子書亦舉「道」，然其較諸老、莊，則近乎老子之探賾本體爲多。

　　如老子言道體以「虛」：「天地之間，其猶橐籥乎，虛而不屈，動而愈出。」

〔註 9〕今人牟宗三也著重「境界」以說明老莊之異。詳見牟著「才性與學理」頁177
　　　　～180。

（五章）管子書亦云：「虛而無形，謂之道。」（心術上）老子言道恍惚：「道之為物，惟恍惟惚，惚兮恍兮，其中有象。恍兮惚兮，其中有物。」（二一章）管子書亦言道：「誅乎莫聞其音，卒乎乃在於心，冥冥乎不見其形，淫淫乎與我俱生。」（內業）老子言道為無限：「道沖而用之，或不盈，淵兮似萬物之宗。」（四章）管子書亦云：「道者，一人用之，不聞有餘，天下行之，不聞不足。」（白心）於道用方面，老子尚「反」；管子書亦主之：「成功之道，嬴縮為寶，毋亡天極，究數而止。」（勢）

雖然，研擘二者對「道」之鋪架，則知管、老間亦有以稍異。蓋老子之思想體系自具，其言「道」，以縱則從無至有，以橫則敷說其性，呈一骨肉均盈之宇宙創生論，然後再落實為人向道德回歸之人生論（關於人生論管老之不同，詳見後論），是老學之主要企圖。而管子書則不然，其以「道」之所自由及其所生，亦即於宇宙創生論皆付諸闕如。唯多事描摹道之性，並因其性而詮稱之。且特闢一「心論」，則為老學所無及之。至於莊學雖即「心學」，然二者意趣不一。於莊子主言得心之超越、永恆。而管學則以之為得道之門法。

按「心論」盛行於戰國末期。荀子由解蔽而開出之「虛壹而靜」說，可與管學互為參考。

> 故治之要在於知道，人何以知道，曰心。心何以知。曰虛壹而靜。……
> 虛壹而靜，謂之大清明。萬物莫形而不見，莫見而不論，……經緯
> 天地而材官萬物，制割大理而宇宙裏矣。（解蔽）

「道」之與「心」為二體之相對待；使心清明，然後可知道識理。管學則不然，其言「虛其欲，神將入舍；掃除不絜，神乃留處。」（心術上）是將「道」與「心」從二體之對待，揉成一體以存之。然而二者虛心以靜之功夫則一也。

又除道用其「反」為管、老之所同者外，道用其「無為」亦為二者之大異，並從此間之解析，則可為管學為道抑法之爭做一提供：

先秦道家思想理型，既皆設定一形上之「道」。然諸子於此「道」却以較異之反應顯示之。換言之，諸子從「道」所獲之理念，各極其貌以表現於人生。老子則「體」之以得生命之智慧，閑以守朴。於莊子則「聖人不由，而照之於天」（齊物論）化道於無形，精神跌宕。於慎子則識道之「均」，故「勞神明為一」（齊物論）務緣之而已，至於「若无知之物」，是亦得道，而却猶似土塊。同時，已如上述由其對道之認識，導出「法」之應用，故自來皆謂慎到乃轉「道」入「法」者。視慎到為法家始祖之一。至於管學雖同於老子

用道之「無爲」，但實際上，老子之道是「常無爲而無不爲」（三七章），後者不識道之「無不爲」，故守之以無知慮之無爲：「動則失位，靜乃自得」（心術上）「過在自用，罪在變化」（仝上）即以「靜因之道」爲之。至於何爲「靜因」？

> 恬愉無爲，去智與故。其應也，非所設也，其動也，非所取也。……
>
> 是故有道之君，其處也若無知，其應物也若偶之。（心術上）

其下解文更釋「因」謂：「舍己而以物爲法者也。」「感而後應」、「緣理而動」。

是以「恬愉無爲」即「因」之道。與愼子之「泠汰於物」同義，非老子之「無爲而無不爲」。「去智與故」與愼子之「棄知去己」、「若無知之物」同義，非老子之「大智若愚」。一言以蔽之，乃愼子之「死人之理」耳。

因此，由愼、管之說，或可作如下之假設：

一者，於道家傳承之統，愼到者流之學說與管學有前後血緣關係。唯孰先孰後，仍莫能定，然皆必較老子而後。二者，漢志列愼子在法家，不列道家。而漢志列管子書在道家，至隋志以降，始改入法家。是隋志有見於愼、管之所同歟？三者，法家固有所襲於道家者，若依漢志，則道、法二家其界於何地？其誤入愼子邪？其誤入管子邪？欲澄其紛擾，則擒其始初，漢志爲始作俑者矣。然學術之區分流派，爲所以董理其間之道，進步之迹，是可喜之事。雖亦難免於扞格難入，不合事理者，亦屬事實。是以管子書爲道家乎？爲法家乎？固當明其學說始末，則無用斤斤於此矣。

（二）德　論

德，在老學中是「道」之所借以顯者，其兼容形上與形下意義，除言其有所得外，亦指其所造成之道德性。

> 上德不德，是以有德；下德不失德，是以無德。上德無爲而無以爲，
>
> 下德爲之而有以爲。……故失道而後德，失德而後仁，……。（三八
>
> 章）

直言之，即眞德乃不恃有化造萬物之所以得爲德。至於德之等而下者，則恃以化造萬物之得爲德，故是無德。韓非解老於此云：「德者，內也。得者，外也。上德不德，言其神不淫於外也。」可謂深得道德經旨義。〔註10〕

然「德」義在管子書中，則有異於老子。按管子書中「德」雖與「道」

────────────────

〔註10〕王弼注老以「得」釋「德」。釋德清則直以「德」釋「德」。見觀老莊影響論。

無間，但實質上，其「德」已喪失其中之形上意義，而只爲一多重性作用意義之指稱（詳見前文第二章第四節）。是以德、得互用，但義不相妨。

內業云：「不以物亂官，不以官亂心，是謂中得。」心術下有文與上全，但「中得」作「內德」。又內業於舖敘上引文中，其論結曰：「敬發其充，是謂內得。」是知，「德」「得」義通無別：「故德者，得也。得也者，其謂所得以然也。」（心術上）因萬物以成，有所得，故曰德。是重在其「有所得」，與後於此之雜家准南子之言「德」，義正相同：

> 故心不憂樂，德之至也；通而不變，靜之至也；嗜欲不載，虛之至也；無所好憎，平之至也；不與物散，粹之至也。能此五者，則通於神明。通於神明者，得其內者也。是故以中制外，百事不廢。中能得之，則外能收之。（原道篇）

正所以具體言「德」已離「道」言，落向實在界之「得」。

（三）生元論

老子對生命之觀感，在求如何與「道」相諧以生，而「道」既爲宇宙至上之標的，故人若法「道」，則人亦可因以堅靭其生命。「我有三寶，持而保之，一曰慈、二曰儉、三曰不敢爲天下先。……今舍慈且勇，舍儉且廣，舍後且先，死矣。」（六七章）是即老子所謂「養生論」。亦即生元啓學。按慈者，以茲（滋）人爲愛，爲道之本體。故老子云：「道生一，一生二，三生萬物。萬物負陰而抱陽，沖氣以爲和。」（四二章）順生得天而助人，故亦即道之用。是以強調慈乃能勇；儉乃能廣；不敢爲天下先，乃能成器長。〔註11〕在「儉」與「不敢爲天下先」，老子又作解釋云：

> 治人事天莫若嗇，夫唯嗇，是謂早服。早服謂之重積德，重積德則無不尅，……可以有國，有國之母，可以長久，是謂根深固柢，長生久視之道。（五九章）

韓非云：「母者，道也。道也者，在於所以有國之術，故謂之有國之母。」又解老云：「聖人之用神也靜，靜則少費，少費之謂神。」故以「嗇」處之，實

〔註11〕參見史師孝盦老子道德經訓義（講義）：「慈者，以茲（同滋，滋生不已也。）人爲愛，能得人之心，而天莫不助之矣。故能勇。儉者，以讓物爲順。儉，以順者，能使物自得，而天下無棄物矣。故能廣。不敢爲天下先者，常善應物之宜，而制用立器以爲天下利矣。故能成器長。此三者不可舍，故曰三寶。……三者，又以慈爲首，蓋慈，則順生得天乃彌近道也。順生則助人，助人則人皆助之。」頁66。

即「無爲」之道，爲擅攝生者：「蓋聞善攝生者，陸行不遇兕虎，……兕無所投其角，虎無所措其爪。……夫何故，以其無死地。」（五〇章）以其「無以生爲者，是賢於貴生。」（四四章）故至如厚愛吾生而偏不識此道者，則往往大費厚亡，適得其反：「人之生動之死地，亦十有三。夫何故，以其生生之厚。」（五〇章）次從「弱者，道之用」言，「強大處下，柔弱處上」故「人之生也柔弱，其死也堅強。」（七六章）若違此一事理，即違生之事理：「物壯則老，謂之不道，不道早亡（已）。」（五五章）

　　從形上之道體以及道用，以下降爲人事之養生說，則其生命也必「復歸於朴」。是以，老子之言「長生」非其學說之主要目的，而是其學說可致之結果。此與漢降以來之長生久壽論，捨道論器，以長生爲目的因，而侈言黃老者，實大異其趣。

　　在思想時代上，處乎二者間之管子書，其於生元論，正示其兩面性。一從道性言人當法之。白心：

　　　　持而滿之，乃其殆也，……名進而身退，天之道也。

一則多從長生久壽乃人之所欲以勸誘之：「平正擅匈，淪洽在心，此以長壽。」（內業）又：

　　　　人能正靜，皮膚裕寬，耳目聰明，筋信而骨強。乃能戴大圓而履大
　　　　方，鑒於大清，視於大明，敬愼無忒，日新其德，……然而不反，
　　　　此生之忒。（內業）

言不知節適，求道過遠，則「生將巽舍」。除從「道」論長生久壽之可得，管子書又多以實際養生之法言之。如飲食之道，必在充攝之間，此外，又摻以儒家之人文修養（詳見前文第二章第四節）。故人謂管子書雜，或是在此？而明乎流變之理者，皆知物事莫有定，學術之遞移亦如滾雪球，時以新貌出之，必欲其如乎始初，猶緣木而求魚。故管子書雖具道家體系，亦必有成於體系之外者，正示其思想環境之變遷，有以致之也。

　　爲裁奪管學中道家思想理型，於前論，先之以屬型先秦道家學說思想，繼之評析管子書之道家學說者。以是，得結論云：

　　大體上，其與各理型間皆有些微關係。於楊朱言，楊朱主縱情欲；而管學則以養生長壽，主調節之。於莊周言，主心之鳶飛魚躍、無價之寶；而管學則求心之寂寥守分。是於老子而言，管學雖多近於老，但從思想理型上看，管學毋寧更近於愼到流派。爲明此說，茲更申述之：

民之所急，莫急於水火，然而，天不爲一物枉其時，明君（二字或衍、丁士涵說）聖人亦不爲一人枉其法。天行其所行，而萬物被其利。聖人亦行其所行，而百姓被其利。是故萬物均既誇眾矣。是以聖人之治也，靜身以待之，物至而（宋本下有「名自」二字，據王引之改）治之，正名自治（宋本下有「之」字，據王念孫改），奇名自廢（宋本作「奇身名廢」，據王念孫改），名正法備，則聖人無事。（白心）

兼合名、法，言聖人治天下之道。聖人其得道者，是以，其「法」即其「道」，其「道」即「靜因之道」。故百姓萬物被其利，聖人無事焉。然而，其「法」之具體實行謂何？心術上云：

簡物小大（宋本作「未」，據丁士涵改）一道，殺戮禁誅謂之法。

其下解文進釋之曰：「法者，所以同出不得不然者也。故殺戮禁誅以一之也。故事督乎法，法出乎權，權出乎道。」迂曲說「法」之出於不得不然，爲一天下之道。適與愼子之以「均」爲「法」出於不得不然相同。蓋二者皆不明「一」與「均」唯在天籟而可得。若降之於地籟，則吹萬不同，如之何齊歟？是以必待諸法而後可得。雖然，二者從道論法之緣由不盡相同，然其所得之結果－若無知之物，却無二致。

第二節　管子之法家與先秦之法家

一、先秦法家學說

關於法家產生之起源，歷來訾議頗多，或謂出於三晉之官術，〔註12〕或謂政治專家之所自出，〔註13〕或則溯其源以出於周制尚刑之使然。〔註14〕皆持之有故，言之而成理。然若考諸以力爲尚之春秋戰國時局，則知從變法爲要，而漸次演進成一學說理論者，爲法家學說之所由來。是由管子相齊，變法有成，爲五伯首，世稱其賢，而後世之人，遂乃成管子書以爲依託一事可知。其後，如子產鑄刑書（左傳昭公六年），雖猶僅限於刑法，且由尚書中知刑法乃古已有制，然如此確肯刑法之功用，所以爲應急之捷徑，「僑不才，不

〔註12〕參見傅斯年戰國子家敍論一文。中國通史論文選輯。
〔註13〕參見陳啓天法家述要一文引。中央研究院歷史語言研究所集刊四十本下。
〔註14〕參見沈剛伯法家的淵源、演變、及其影響一文。

能及子孫，吾以救世也。」並特別昭示於國人者，實與後來之法家學說有相通處。又三家分晉後，以法馳說於君王者，有李克、吳起二人。克相魏文侯，治之以富國強兵之術，並著李子三十二篇，漢志列之法家。〔註15〕吳起雖無著書事，然史記述其相楚悼王云：「明法審令，捐不急之官，廢公族疏遠者，以撫養戰鬥之士，要在彊兵，破馳說之言縱橫者。」（吳起列傳）可知亦為言法之士。繼之，秦有商鞅，亦以彊國之術力說孝公：「三代不同禮而王，五代不同法而霸」（史記商君列傳）主張變法是尚。韓有申不害主術以防當時姦臣之亂於下。及集法家之大成者韓非，著書十餘萬言，力圖挽危韓於一旦（史記韓非列傳）。以是，淮南要略歷述管申商之由起，皆先述其時代背景。而漢志雖陳舉各家之所從出，然於總序亦云：乃「皆起於王道既微，諸候力政，時君世主，好惡殊方。」故知，法家崛起與當世之務，實有密切關係。其所主張之方策，皆為此一時代之反映。換言之，亦即在爭戰愈演愈熾之春秋戰國時期，如何於環強中屹立不衰，達於富強，乃居首要。而變法則為達及此一目的之途徑。是以，變法之內容，不惟在重刑賞，而舉凡政治制度，政策等一切治國大綱，皆在運籌帷幄之內。此亦即為法家學說之內容。所謂「建法立制，富國強人」是也。〔註16〕

雖然法家學說於時代蔚為潮流，然絕少見於先秦品評學術之文字中，惟漢人多所闡發。此或為彼時法家尚未被視為一思想理論，但末道小物，亦令人注意。故茲所述，則從韓子之評述及漢志之備篇籍者，以商鞅、申不害、慎到等人所持法家學說，及韓非之總說者為論述之重點。於此可呈顯管子書中法家學說與先秦法家學說之關係，並從而益明管子書於先秦法家中所處之勢位。

（一）商　鞅

商鞅，本衛人，因景監事秦孝公，以彊國在變法，變法在重法，力迕眾議，終使秦國得稱霸於天下。其後，鞅雖反作法自斃，車裂以殉，然適以明其重法而具絕對客觀與公平（史記商君列傳）。有商君書行世，漢志著錄二十九篇，與今二十六篇本不合。又商君書之作者與時代問題，今人爭議頗多，〔註17〕然商君書實一如先秦諸子，為後人述其行事者，雖非鞅之自作，亦猶可為商君之傳

〔註15〕參見注2。
〔註16〕參見劉邵人物志業流。
〔註17〕參見胡適中國古代哲學史，頁79。

也。

　　商子之「法」，肇自其演進之歷史觀，而思所以應世之道者。更法篇爲其代表。云：

　　　　三代不同禮而王，五霸不同法而霸。……湯武之王也，不脩古而興，

　　　　殷夏之滅也，不易禮而亡。

是以，前世既不同教，今何法古乎？且存亡繫於其間，故聖人「禮法以時而定，制令各順其宜」，「苟可以彊國，不法其故」。則知「法」者，其乃制世之宜，彊國之道也。而聖王之治，「歸心於壹而已矣」（壹言）壹者，法也，是商君重法之所自。然而，治國各有其道，何以必待諸法而後可？商子遂出以「人心不古」論：

　　　　古之民樸以厚，今之民巧以僞，故效於古者先惠而治，效於今者前

　　　　刑而法。（開塞）

故「聖人因世而爲之治，度俗而爲之法」（壹言）至於民性何以有今古之忒，商子並不及載，而且有矛盾之嫌，如君臣篇云：「古者未有君臣上下之時，民亂而不治。是以聖人……別君臣上下之義，……分五官而守之。民眾而姦邪生，故立法制爲度量以禁之。」謂古亦以法制民。然而究其根本，商子不過意在人性唯受生理欲望之驅遣，而人君控其大端：「民徒可以得利，而爲之者，上與之也。」（君臣）其所運用者，即法也：「聖人見本然之政，知必然之理，故其制民也，……是以知仁義之不足以治天下也。聖人有必信之性，又有使天下不得不信之法。」（畫策）謂「法」適足以善用此民之生理之性。即所以用民、畏民、禁民者也。要在使民聽從於上。然而商子實亦明瞭「法」但足以治民之生理之性，故凡「有禮有樂有詩有書有善有修有孝有弟有廉有辯」（去彊）、「辯慧、禮樂、慈仁、任舉」（說民）等，非法所得以善御者，則姦邪生而民不戰。是以必在禁止之列。而惟「民愚」是理想之法治基礎（定分）。

　　「法」既是治國唯一憑據，商子以爲「法」必足以定分，而后天下可治。若欲法能定分，則一者，提高法之尊嚴，即「有敢剟定法令，損益一字以上，罪死不赦。」（定分）二者，置吏以爲天下師，使法得昭知於天下。三者，法必「明白易知而易行」，令愚者亦能知之，而萬民無陷於危險，知所避就，以之自治。是法之積極義，亦法治之最終理想。

　　賞罰爲商子所重，乃人主之柄，但人主並不以入民於罪爲目的，而是在欲致得人情所難之事，「使民之所苦者，無耕；危者，無戰。」故不得不「刦以刑

而颼以賞」（慎法）及以重刑罰達到至治之目的：「行罰重其輕者，輕者不至，重者不來，此謂以刑去刑。」（靳令）「治民能使大邪不生，細過不失，則國治，國治必彊。」（開塞）又刑賞之原則在於「壹」，亦即賞罰無等級之謂也。是可知商子之法雖嚴屬，然其客觀、公平、明白、誠不失法之基本精神。

由是可知商子重法之說，可得結語：法乃推行國務唯一之憑據，而令法得以實施者，則賞罰為其關鍵。若欲速致實效，惟重刑罰之事而已。

商子雖以重法為主，但於「勢」、「術」亦略有敷說：「凡知道者，勢數（通術）也。故先王不恃其彊，而恃其勢；不恃其信，而恃其數。」（禁使）以為人主之所必擅，為其有「雖遠必至」「雖深必得」之功。但何謂勢？商子並未說明。唯從下列諸文可知，或泛指政治權力之謂：「權者，君之所獨制也，人主失守則危，⋯⋯權制斷於君則威。」（修權）「舍勢任說，則身偷而功寡，民不從上之制。」（算地）明「勢」於人君之重要性。故若得勢之至，則「不參官而潔，陳數而物當。」（禁使）是以「先王貴勢」。然而一憑勢外，亦得抱之以法，否則「夫廢法度而好私議，則姦臣鬻權以約祿。」（修權），故明君「秉權而立，垂法而法治。」（壹言）

於「術」，商子亦未明申，然從下文可知，數者，所以使下之道：「主操名利之柄，而能致功名者，數也。聖人審權以操柄，審數以使民。數者，臣主之術，而國之要也。」（算地）但商子之「術」又有別於申韓者。禁使曰：「或曰：人主執虛以應，則物應稽驗，稽驗則姦得。臣以為不然。」蓋「見所疑焉，不可蔽（決也），員（有也）不足。」而「物至則目不得不見，言薄則耳不得不聞。故物至則變，言至則論。」以為當無時不監防臣下之決事於千里之外。又「術」亦在善用人與人之間之利害關係：「且夫利異而害不同者，先王所以為傊（當作「祿」也，故至治。夫妻交友，不能相為棄惡蓋非。⋯⋯先王之所以為端也。」（禁使）是知，韓子以商君雖十飾其法，而數十年秦猶不至於帝王者，為無術之過，洵主觀之詞也（韓非子定法）。

（二）申不害

申不害，史記云：「故鄭之賤臣，學術以干韓昭侯，昭侯用為相，內修政教，外應諸侯。⋯⋯申子之學，本於黃老而主刑名。著書二篇。」（申不害列傳）但漢志記「申子六篇」，惟今皆已亡。〔註18〕清有輯佚本數種，今人阮廷

〔註18〕參見陳啟天中國法家概論，頁 217～220。

焯重加考訂，都爲一帙，此書佚文，大抵具是矣。

關於申子學術之評論，最早始見於荀子解蔽：「申子蔽於埶而不知知，……由埶謂之，道盡便利。」但其後韓非評之曰：申子徒術而無法，故用韓七十年而不至於霸王者，法不勤飾於官之患也（韓非子定法）。按一勢一術，二說迥殊，梁啓超謂「用術者，即憑勢力以爲治也。」〔註19〕直如商子之言術：「主操名利之柄，而能致功名者，數也。」故姑存其疑。今詳觀其佚文，正見申子主術之說：

> 明君治國而晦，晦而行，行而止止，三寸之機運，而天下正，方寸之謀正，而天下治。（北堂書鈔二十九引）

> 上明見，人備之；其不明見，人惑之。其知見，人惑之；不知見，人匿之。其無欲見，人司之；其有欲見，人餌之。故曰：吾無從知之，惟無爲可以規之。（韓非子外儲說右上引）

> 愼而言也，人且知女（汝，下皆同）；愼而行也，人且隨女。而有知見也，人且匿女；而無知見也，人且意女。女有知也，人且藏女；女無知也，人且行女。故曰：惟無爲可以規之。（同右）

以爲防臣下之覿覦於上，故人君不得不「竄端匿跡，示天下無爲」，而此「無爲」即所謂「術」也。至於人君用術之原則，在由「無爲」而得「因」之道。申子以鏡與衡比喻之：「鏡設精無爲，而美惡自備；衡設平無爲，而輕重自得。凡因之道，身與公無事；無事而天下自極也。」（群書治要三十六引）如因「群臣之輻湊並進，莫得專君」，因「名以責實」，因「明法正義」。蓋因群臣之並進，則一臣不得專君，亂臣不得破國。因名而責實，則隨事定之，萬物之情無所逃矣。因明法正義，則民安樂其法者也。

是知，術乃陰鷙之計算也。其所從發，申子將之建立於人君以爲「臣必不忠」不信任之態度，及人君才智未賢於人之基礎上。申子云：「今夫弒君而取國者，……蔽君之明，塞君之德，奪之政而專其令，有其民而取其國矣。……今人君之力，非賢乎烏獲、彭祖，而勇非賢乎孟賁、成荆也，其所守者非恃（當作「特」）琬琰之美，千金之重也，而欲勿失，其可得耶。」（群書治要三十六引）故必待之以術：「失之數而求之信，則疑矣。」（韓非子難三引）是以，術論之發展極至，乃一人君之專斷政策耳：「獨視者謂明，獨聽者謂聰。

〔註19〕參見梁著諸子考釋，頁32。

能獨斷者，故可以爲天下王。」（韓非子外儲說右上引）。又其「操契以責其名」雖爲其政治哲學之特色，但守之太甚，韓非子詆難曰：「治不踰官，謂之守職可也。知而弗言，是謂過也。」（韓非子難三）是亦可見申子之嚴於法度。

法，雖申子所罕及者，然其明法乃因時制異（藝文類聚五十四引），及人君之所以尊者（繹史一百十一引）。與術同爲聖君之所任（藝文類聚五十四引），是知申子亦重法治，非盡如韓子之言也。

（三）慎　到

慎子，其術兼道、法。漢志列之法家，著錄四十二篇，與史記所記「十二論」有別。然皆已佚。〔註20〕清錢熙祚依群書治要校有慎子七篇，又今人阮廷焯重加考訂其佚文者，都四十九事。茲假以見其法家學說之大要。

慎到主勢之說，但見於韓非子難勢篇。且今慎子遺文以法論居多，而勢論反罕及焉。荀子非十二子及解蔽皆評議以「尙法而無法，下脩而好作」，豈此之謂乎？

觀慎子於「勢」，以爲乃「權位」也，爲人君唯一之憑恃者。而權位由自然而有，亦即有人君之位，乃有人君之勢：「故賢而詘於不肖者，權輕也。不肖而服於賢者，位尊也。堯爲匹夫，不能使其鄰家。至南面而王，則令行禁止。由此觀之，賢不足以服不肖，而勢位足以屈賢矣。」（威德）故「勢」之於人君，猶錙銖之於吳舟，去舟則沉，有舟則浮，勢浮之也（北堂書鈔一百三十七引）。人君用之，其助令行禁止者也。是以，慎子於「勢」，有順勢趨迫之義，其有意於造成不得不如此之形勢，故雖臣有兩位，而國猶可不亂，恃君也（德立）。確定唯君勢足以治天下。故韓子反駁曰：「勢之於治亂，本末有位也。而語專言勢之足以治天下者，則其智之所至者淺矣。」（韓非子難勢）以爲自然之勢便治亦利亂，故人君當以人設之勢，即抱法處勢，而後「勢」才遂其用。

「法雖不善，猶愈於無法」（威德）「弃道術，舍度量，以求一人之識識天下，誰子之識能足焉。」（荀子王霸注）是知，慎子亦極主張法治之必要。其功用在足以「定分」不爭（意林二引）。分言之，即一人心、私不行、塞怨望、詐僞止也。是以「大君任法而弗躬，則事斷於法矣。法之所加，各以其分。」（君人）然而要之，慎子之「定分」，其意義即在「公」。所謂「法制禮籍所以立公義也。凡立公，所以棄私也。」（威德）然而，若又究其「公」之

〔註20〕參見陳啓天中國法家概論，頁 220〜227。

義，愼子並非意於達情理圓足之「公」，而是設定一法，所造成必然之形勢。「法雖不善，猶愈於無法。所以一人心也。夫投鉤以分財，投策以分馬，非鉤策爲均也。」（威德）亦即法之本身，姑不論其公否，但在法必可致「公」之效果。故愼子從目的論之「法」，一如其由道而謂之「齊」，「公」與「齊」名異實同，皆爲勉強之說也。

關於愼子之道家思想，於上節吾人已試論之。言其對「道」之悟識，自「齊」上得。而主觀上，人君不得齊民之法，故愼子不得不出之以客觀之「法」，「所以齊天下之動，至公大定之制也。」（藝文類聚五十四引）換言之，即其由形上之道論，以爲人事之用，乃不得不以形下之器－法，以比侔於道。由之，愼之云：「以道變法者，君長也。」（同上）是其由道入法之說也。

愼子援道而得法，是以其法多以道爲解，如「因循」之道爲愼子政治哲學核心之一。以謂事無不成者唯在「因」：「天道因則大，化則細。因也者，因人之情也。人莫不自爲也。……故用人之自爲，不用人之爲我，則莫不可得而用矣。此之謂因。」（因循）「爲人君者不多聽，據法倚數以觀得失。……上下無事，唯法所在。」（君臣）又如其以道德比於君臣之關係：「君臣之道，臣事事，而君無事。君逸樂而臣任勞，臣盡智力以善其事，而君無與焉，仰成而已。故事無不治。」（民雜）是君無爲而致臣下無不爲，臣下無不爲而致君於無爲。但愼子一如其他法家學者，功利主義是其所尊奉，故愼子並未持續從道論以發揮人事，而歧入於君臣利害關係：一者，人君好爲，則臣下私其智。二者，人君有過，人臣責君。三者，君智未賢於人。四者，人君好爲則易衰，衰則不贍。（民雜）唯「利之所在，忘其醜也。」（意林二引）

此外，於爲政用人上，愼子以爲在「賢使任職」，而不在有忠，有忠適足以陷上於不義之名，故夏桀過盈天下（知忠）。並且，賢使任職之要求在「忠不得過職，而職不得過官」（知忠）是知，申愼二子於此行政用人上頗相同。唯前者從「因」之道而名，愼子則從「人務其治」之觀點立說，是二人之所異者。

（四）韓　非

韓非，爲韓諸公子。與李斯同受業於荀子。數上書於韓王，皆不見用，乃著書十餘萬言。秦王深折於其說，急征韓，非乃爲韓王赴秦。然爲李斯所忌，終見害，飲酖而亡（史記老莊申韓列傳）。其書，漢志著錄五十五篇。中有非韓非之著作，然大抵均出自非之筆，爲先秦法家之集大成者。其於商、

愼、申三氏之說，如前文所言，其有所取，亦有所改易，而成其一家之言。試分述於后：

　　韓非法治之理論基礎，建立於以人之好利爲相待原則之人性論。如人皆挾自爲之心：「人不死，則棺不買，情非憎人也。利在人之死也。」（備內）其於父母子女亦然，皆相計算以利：「人爲嬰兒也，父母養之簡，子長而怨，子盛壯成人，其供養薄，父母怒而誚之。子父至親也，而或譙或怨者，皆挾相爲，而不周於爲己也。」（外儲左上）又如：「父母之於子也，產男則相賀，產女則殺之。……慮其後便，計之長利也。」（六反）故雖如至親者，猶用計算之心以相待，況無父母之澤之君臣關係：「君以計畜臣，臣以計事君。君臣之交計也，害身而立國，臣弗爲也；害國而利臣，君不行也。臣之情，害身無利；君之情，害國無親。君臣也者，以計合者也。」（飾邪）因之，君王若欲成其事功，則必深究於其間。否則，終爲人却而不知。故徒法外，且必兼之以術。是其術論之所由。

　　術者，韓非云：「藏於胸中，以偶眾端，而潛御群臣者也。」（難三）亦即，君之情當「虛靜而無所事也」（難四）故天下莫逃於其所藏之外，亦眩困於其所藏之內，而莫可自擇自動矣。〔註21〕乃所以防奸之道也。此外，術者亦爲：「因任而授官，循名而責實，操生殺之柄，課群臣之能者也。」（定法）督察臣下，所以責效也。是知，韓非之術乃弋人謹廩之類者也。又用之以道家，故無爲而無不爲，續密而不可測。爲人主所必執也。

　　「法」之基礎除立於人性本質上，韓非又以「變古」之歷史觀及社會哲學，謂法當「論世之事，因爲之備」（五蠹）而處戰國「爭於氣力」之世，故明君務力，必待法而後可行。是以顯學篇中，韓非詆儒墨，而推之以法，即著意於此也。而以人性之好利，欲立必成之功故，韓非置法假以嚴刑厚賞，要在得令行禁止，而後國富力強。是其法治學說之完成也。是知，韓非於刑賞，設如渡者之船，渡則棄之；其初非在褒懲以其所爲，亦非以傷恩害民爲目的，乃在所以有功利之效耳。換言之，其刑罰唯止於「以刑去刑」，乃示國已治矣。其行賞罰之原則，除「法不阿貴，繩不撓曲」主君臣上下皆從法外，韓非亦主：「賞罰必於民心，賞存乎愼法，而罰加乎姦令者也。」（定法）審愼於刑罰之間。但韓非此舉亦但在用民之便捷途徑耳，故六反云：「必於賞罰，賞罰不阿則民用。」是以，刑罰其爲輔法治以行者。此外，於法之本身要求，

〔註21〕參見熊十力韓非子評論。頁22。

韓非云：亦當「不遊意於法之外，不爲惠於法之內。動無非法。」（有度）換言之，韓非亦唯在明以法治國之勢在必行，而強調法治之延伸，凡事但以「舉措而已矣」（有度）故韓非奉公（法）去私，亦即反對「人治」，儒墨所謂賢人治也：「明主使法擇人，不自舉也。」（有度）「廢常上賢則亂，舍法任智則危。故曰：上法而不上賢。」（忠孝）其極至者，則「明主之國，無書簡之文，以法爲教，無先王之語，以吏爲師。」（五蠹）爲極專利之法治，又其與「術」結合，故韓非之法家學說乃不過在成就君王一人之事功耳。熊十力評云「所謂霸王主義」，此言甚是。〔註22〕

　　勢論爲韓非學說三鼎之一，其之與「術」乃皆所以鞏固君王之權位，造就極端之君權。非云：「勢者，勝眾之資也。」（八經）「彼民之爲我用者，非以吾愛之之爲我用者也，以吾勢之爲我用者也。」（外儲說右下）故「權勢不可以借人，上失其一，下以爲百。」（內儲說下）但雖然「勢之爲道也，無不禁。」（難勢）而勢者，亦便治而利亂，故「善任勢者國安，不知因其勢者國危」（姦劫弒臣）而所謂善任勢者，即抱之以法也。至於「勢」之內容爲何？即刑賞二柄也。所以示人君之尊於人者。故刑賞信必及重刑賞之施，爲其必循之原則，蓋明君有「勢」之可畏人也。

二、管子法家學說與先秦法家學說

　　法家學說既所以代興於時勢之所使然，其目標又皆在以致富圖強爲職志，故其參差者，仳所偏有深淺不同耳。

（一）人性論

　　自戰國中葉以降，諸子群議人性善、惡、非善非惡與非非善非非惡之辨。法家學者於此亦多所闡發，以爲其學說理論之基礎。然而，法家學者並非如荀子，思乃有以導正化善之道：「以矯飾人之情性而正之，以擾化人之情性而導之也。始皆出於治，合於道者也。」（荀子性惡）而是假此以爲法治政治尋一理由，以利人君統治之手段耳。如商子之「人心不古」論，故謂必易德治以法治。管學於此雖亦謂「法出於禮」，仿似商子之論，然二子實有以較異。蓋商子以爲禮治亦在於治民風之淳厚者，其流蔽故，賢人乃裁之以法度。管學則以爲禮、法皆出於「人之心悍」，法之出，於禮且甚。皆所以不得不然也。

按此說頗近於荀子之論：「古者聖王以人之性惡，以爲偏險而不正，悖亂而不治，是以爲之起禮義、制法度。」（荀子性惡）「禮者，法之大分，類之綱紀也。」（荀子勸學）以人性本惡而爲之論禮、法。又管子書中多論禮者：「義者，謂各處其宜者也；禮者，因人之情，緣義之理，而爲之節文者也。故禮者，謂有理也，理也者，明分以諭義之意也。故禮出乎義，義出乎理，理因乎宜者也。法者，所以同出不得不然者也。」（心術上）由義而禮而法，與荀子所論「義、理也」、「禮也者、理之不可易者也。」（荀子大略）「禮義生而制法度」（荀子性惡）之思惟相同。〔註23〕史記以荀卿與慎到等稷下先生同傳，且荀卿據史載亦曾遊學於齊，則荀況或亦稷下先生者流（史記孟荀列傳）。又或謂管子書乃成於稷下先生之手，則管荀之所同，由來有自矣。惟管書內容豐富，學術亦互有影響。故不得驟定其先後次序，其可知者，但明當時學術風氣之所尚耳。

　　至於荀子之弟子韓非，則由師說而主性惡之論，且更甚於師矣。以爲人性本皆挾自爲之心，唯利是圖而已矣。將人性益推入於萬刧沉淪之深淵，以鞏固其政治哲學。雖然，管、商、韓三子對於人性論均稍有異，然其所以爲立「法」之基礎，使「法」爲陶埴人志，以便治國之利，目的則所同也。

（二）法　論

　　在法論方面，管學法家學說者與商韓二人所主大抵相同。如於法之創制原則，皆持「因時制宜，隨事而備」之變古歷史論。於刑賞之事，則以苛責成效故，皆主刑賞信必與重其刑賞，及從親貴行之。至於唯法治國說，則是諸子皆所共主者。但管學中，另有異於法家諸子之說。一者，即「無赦」論之提出，管學以爲「赦」，利少而弊多，故主「無赦」。「赦」之說起自易、書二經。於此，與管學之人性論及禮治法治論互參，可知，管學與儒家有密切關係。其次，主張「用賢」。按法家諸子之唯法論，於人君用人方面，所導致之結果，即唯法而不任賢，如慎子以「多賢不可以多君，無賢不可以無君。」（荀子解蔽注）商子以「世之所謂賢者，言正也。所以爲善正也，黨也」（慎法）賢易成黨，使污吏有所憑藉。及法度立則賢者不能增益。故「遺賢去智，治之數也。」（禁使）韓子以「廢常上賢則亂，舍法任智則危」，故「上法而不上賢」，爲治法之至明者。總之，其皆以爲政治者乃眾人之事，故唯依循一

〔註23〕參見周紹賢荀子要義，頁 67～68。

客觀標準，如「法」始易於推行。而若任賢，則「法可在賢」，而法在下矣，而生不齊之民矣，然而管子則不然，其雖主「聖君任法不任智，任數而不任說，任公而不任私，任大道而不任小物。」（任法）任法論，但又極力於主張賢人治。以爲若輔之以賢人治，則乃可致理想政治：「得賢而使之，將有所大期於興利除害。」（法法）「選賢遂材，而禮孝弟，則姦僞止。」（君臣下）書中具陳此論者有五輔、法法、君臣上及明法等篇。雖然，管學亦要在以「法」爲最後依皈，用賢亦不過爲法之功用之一，明法云：「是故先王之治國也。使法擇人，不自舉也。使法量人，不自度也。故能匿而不可蔽，敗而不可飾也，譽者不能進，而誹者不能退也。然則君臣之間明別，明明則易治也。主雖不身下爲，而守法爲之，可也。」換言之，雖用賢亦必御之以法，仍不失爲任法論，然而其法治精神，顯然較諸前者爲積極。

（三）術　論

術者，言人君所以防臣下之道。申不害運用靜因無爲之道以爲之。商子則以爲不然，以爲防臣下之枉行在「物至言薄」，嚴密監督，則臣無法乘其隙矣。及至韓非，則承申子之說且有以增益之，亦即反守爲攻，更造「七術」以爲控御臣下之資。但管子於此則甚少發揮，唯九守篇寥寥數語，但亦大多爲君德之餘論。是知，管學之政治學說，猶守正道而行，非陰鷙寡義者也。

（四）勢　論

勢者，權位也。法家學說爲功利主義，於人之相處，恒以利害計。故其尊君，非謂尊其人，乃尊其勢位也。法家諸子於此，亦稍有以異。如商子以爲人君有勢，則可「不參官而潔，陳數而物當」（禁使），故先王貴勢。而人君除用「勢」外，亦必得垂法而後治（壹言）。是抱法處勢說之前趨。而愼子則純主任勢派，以「堯爲匹夫，不能治三人；而桀爲天子，能亂天下。」（韓非難勢）故人君之所以爲人君，全繫於有君之勢位而已。其後，韓非亦主抱法處勢說，以爲勢者，便治而利亂，故當抱法處之。亦即，「法」有約束君權過度擴張之功能。即君有權位雖尊，但亦必得在法之規範內。是知，韓子之抱法處勢說乃爲治世計，法爲主，勢爲輔，爲君王之必需條件而已。管子於此，亦同韓子「賞罰可用則令可立，而治道具矣。君執柄以處勢，故令行禁止。」（八經）「聖人執一以靜，使名自命，令事自定。」（揚權）以賞罰及法令及人君所處之位，乃完成君勢之表現。故人君操三器、六柄，臣民盡皆仰

望於下。但管學中屢明「令重於君」，是知，管學於此，亦主「抱法處勢」之說。

（五）君臣分職

於君臣分職上，法家學者大抵主君佚臣勞，爲治國之大道。然諸子於此所持之理由則各有所不同。如慎子以君智未最賢於人，若勞形自爲而失誤，則臣下反責於君（民雜）。韓子從術論發端，建立人主虛靜之說：「人主之道，靜退以爲寶，不自操事，而知拙與巧，不自計慮，而知福與咎。……故群臣陳其言，君以其言授其事，事以責其功。」（主道）及從道體自然無爲而后無不爲言：「聖人執要，四方來效。虛而待之，彼自以之。」（揚權）故君當無爲於上，而臣不爲於下。與申子「操契以責其民」頗類。是知，其所造成之君臣關係，乃一相對立，國爲君有之情勢。至於管子則直從道化之觀念中轉出，故君臣分職，而后可復爲一體，爲相輔相成之政治關係。

由上可知，法家諸子之學說內容，皆大同而小異，於理論基礎而言，如皆以歷史觀、社會觀、人性論言法不得不出之由。於學說內容法、術、勢三者，亦皆各有所陳。於學說原理，亦莫不從「道」設論。雖然，從其細節參差者，亦可溯得各家學說各有其特色。如商子「重法」，申子「言術」，慎子「法勢並陳」，韓子於上三者則皆主之，尤以「言術」爲重。至於管子則重法、勢，與慎子較近。然而，從析其內容言，則管學毋寧近於韓子。惟無如韓子之深刻峻切。若推進一層言之，管學是以禮、法並重，而主人性論，此則更接近於韓子之師荀子。韓子云：「藏商、管之法者家有之。」若韓子所見管子，即今之管子書，則與吾人曾臆斷管子書或稷下之士所爲，其時代性正相吻合。是則，管子書其成於戰國末期矣。

結　論

　　管子書中道法二家學說思想，前已不憚煩而詳述之。其於道家，多與老子、慎子相類似。其在老子者，多重虛寂之道體。其在慎子者，則惟重其「因」，如一無知之物然。其於法家，大體多混融儒、法之說而爲一，且多同於荀子之學。至於道、法之關係，管子書則從道之「均」而得「一」之法，說頗近於慎子。然則，管子書既爲道亦爲法，且以道論爲法論之源。

　　自太史公以老莊申韓同傳，且以其學「歸本於黃老」，並云：「皆原於道德之意，而老子深遠矣。」至於慎到亦然，稱其「學黃老道德之術」。由斯可證，法家實源於道家之學。

　　檢覈法家諸子典籍及其佚文，其學說中以「道」爲形上基礎者，有申子之術論，用之以「靜因」與「無爲」。慎子之勢論、法論，並用之以「因」，而法論兼用之以「齊」。韓子則以「無爲」論法，「靜因」論術。至於管子則以「一」論法，故法出於道，而以「無爲無不爲」論及君臣之分職。然而，道、法二家之旨趣，殊相逕庭，其「法由道出」之說。差距實多。舉其犖犖大者，如一說生命之舒暢遂達，一說生命之賤若草芥。一則求生命自然發展，一則求國家強大，與君權無限擴張，而壓制人民生命及生活之情趣，一一均準之以「法」。嚴格言之，道、法二家實無可資融通者。而諸子或因會心不同，觀點自異，如慎子從「齊」論「道」而降之以「法」。或強爲比類，如法家以法治之最後結果爲「無法」，似道家之「無爲」。以君臣之分職在「一佚一勞」，似以道家「君逸臣勞」爲模式。甚者，以道家道體之「虛」，寂靜無端，或「無爲無不爲」而爲君術運用之憑藉。牽連所至，遂有道、法不分之糾葛。實際，其間頗能明辨者，一爲「無心無爲」，一爲「有心有爲」。「無心無爲」者，即

「無爲而無不爲」，乃道家視生命爲基本源泉也。「有心有爲」者，即「無不爲而後無爲」，乃法家視生命之如無知之物體，均由嚴酷之法控制之，藉以與「法」相符而已。故法家凡舉道家以爲說，彼此甚有距離。然管子書乃後世士子所纂輯而成，故後人遂以爲雜家，實未能眞知管子者，蓋其書之指歸迺在「道」、「法」而已矣。

參考書目舉要

1. 《易經（注疏本）》，藝文印書館。
2. 《尚書（注疏本）》，藝文印書館。
3. 《左傳（注疏本）》，藝文印書館。
4. 《四書集注》，朱熹，世界書局。
5. 《說文解字注》，段玉裁，蘭臺書局。
6. 《史記會注考證》，瀧川龜太郎，宏業書局。
7. 《漢書》，班固，鼎文書局。
8. 《新校漢書藝文志》、《新校隋書經籍志》，世界書局。
9. 《舊唐書》，劉昫，鼎文書局。
10. 《新唐書》，歐陽修，鼎文書局。
11. 《崇文總目》，王堯臣等，商務印書館。
12. 《崇文總目》，王堯臣等撰、錢東垣等輯，華文書局。
13. 《郡齋讀書志》，姚公武撰、姚應績編，廣文書局。
14. 《郡齋讀書志》，晁公武，商務印書館。
15. 《直齋書錄解題》，陳振孫，商務印書館。
16. 《別錄七略輯本》，嚴可均編，廣文書局。
17. 《文史通義》、《校讎通義》，章學誠，中華書局。
18. 《管子》，尹知章注，四部叢刊本。
19. 《管子輯評》，凌汝亨，中華書局。
20. 《管子集評》，吳汝綸，中華書局。
21. 《管子二十二子本》，趙用賢注，先知出版社。
22. 《管子今詮》，石一參，商務印書館。

23. 《管子學》，張佩綸，商務印書館。

24. 《管子纂詁》，安井衡，河洛書局。

25. 《管子集斠》，許蓋臣等，龍門書店。

26. 《老子》，王弼注，河洛書局。

27. 《老子道德經訓義（講義）》，史師孝盦。

28. 《老子釋譯》，里仁書局。

29. 《莊子集解》，王先謙，華正書局。

30. 《南華眞經正義》，陳壽昌輯，新天地書局。

31. 《列子集釋》，楊伯峻。

32. 《商君書解詁定本慎子》，朱師轍撰、錢熙祚校，世界書局。

33. 《法家佚書輯本七種—申子》，馬國翰輯，世界書局。

34. 《荀子集解》，王先謙，華正書局。

35. 《韓非子集解》，王先愼，世界書局。

36. 《呂氏春秋校釋》，尹仲容，國立編譯館。

37. 《先秦諸子考佚》，阮廷焯撰輯，鼎文書局。

38. 《淮南子注》，高誘，世界書局。

39. 《鹽鐵論校注札記》，王利器，世界書局。

40. 《漢書藝文志講疏》，顧實述，廣文書局。

41. 《先秦政治思想史》，梁啓超，中華書局。

42. 《管子傳》，梁啓超，中華書局。

43. 《中國古代哲學史》，胡適之，商務印書館。

44. 《中國中古思想史長編》，胡適之，胡適紀念館。

45. 《中國人性論史》，徐復觀，商務印書館。

46. 《國史大綱》，錢穆，商務印書館。

47. 《中國政治思想史》，蕭公權，中國文化大學出版部。

48. 《中國思想史資料導引》，馬岡，牧童出版社。

49. 《中國哲學思想史》，武內義雄，仰哲出版社。

50. 《諸子治要意林》，魏徵、馬總，世界書局。

51. 《少室山房筆叢四部正譌》，胡應麟，世界書局。

52. 《古今僞書考補證》，黃雲眉，文海出版社。

53. 《經傳釋詞》，王引之，商務印書館。

54. 《鐵橋漫稿》，嚴可均，世界書局。

55. 《讀書雜志》，王念孫，商務印書館。

56. 《讀諸子札記》，陶鴻慶，世界書局。

57. 《諸子評議》，俞樾，世界書局。

58. 《諸子新證》，于省吾，樂天出版社。

59. 《諸子卮言》，江瑔，泰順書局。

60. 《諸子考釋》，梁啓超，中華書局。

61. 《僞書通考》，張心澂，宏業書局。

62. 《續僞書通考》，鄭良樹，學生書局。

63. 《諸子斠證》，王叔岷，世界書局。

64. 《諸子考索》，羅根澤，學林書局。

65. 《先秦文史資料考辨》，屈萬里，聯經出版事業。

66. 《先秦諸子繫年》，錢穆，香港大學。

67. 《諸子通考》，蔣伯潛，正中書局。

68. 《列子辯僞及其中心思想》，嚴靈峯，時報文化出版事業。

69. 《才性與學理》，牟宗三，學生書局。

70. 《中國哲學原論原道篇卷一》，唐君毅，學生書局。

71. 《韓非子評論》，熊十力，學生書局。

72. 《荀子要義》，周紹賢，中華書局。

73. 《韓非思想體系》，王師靜芝，輔大文學院。

74. 《中國法家概論》，陳啓天，華國出版社。

75. 《管子評議》，婁良樂，文史哲出版社。

76. 《先秦諸子導讀》，徐文珊，幼獅書局。

77. 《中國哲學概論》，余雄，源成書局。

78. 《中國古代宗教研究》，杜而未，學生書局。

79. 《中西哲學思想中的天道與上帝》，李杜，聯經出版事業。

80. 《戰國子家敘論》，傅斯年，中國通史論文選輯（上）韓復智編，雙葉書廊。

81. 《法家的淵源、演變、及其影響》，沈剛伯，自由中國十七卷七期。

82. 《雜家與淮南子》，戴君仁，幼獅學誌七卷二期。

83. 《法家述要》，陳啓天，中央研究院歷史語言研究所集刊四十本下。